BARRIO DE JUSTICIA

CHUECA, SALESAS Y BARQUILLO

FRANCISCO JUEZ JUARROS

BARRIO DE JUSTICIA

CHUECA, SALESAS Y BARQUILLO

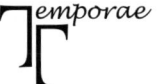

A Beatriz, en recuerdo de los maravillosos años que compartimos en el barrio de Chueca

© 2024, Francisco Juez Juarros
© 2024, de esta edición, TEMPORAE
        C/ Mayor, 80
        28013 Madrid
        Telf.: 91 541 71 70
        E-mail: info@temporae.es
        http://www.temporae.es

Cubierta y maquetación: Equipo de diseño de Ediciones La Librería
Cartografía: Rafael Sanz

ISBN: 978-84-15801-73-3
Depósito Legal: M-22154-2024
Impreso en España/*Printed in Spain*

ÍNDICE

AGRADECIMIENTOS

Quiero expresar mi gratitud a todas las personas que han colaborado con este libro mediante la cesión de sus fotografías o a través de la información que me han facilitado.

Entre los particulares, agradezco su contribución a actuales o antiguas vecinas del barrio como Carmen Traba, Mar Campos, Concha Alarcón y Ana Fuentes.

Mi gratitud especialmente a Eduardo de Madrid por sus fotografías *ad hoc*.

También agradezco a Beatriz García Traba su apoyo y su colaboración con algunos documentos y fotografías.

Asimismo, doy gracias a mi padre, Francisco Juez Enríquez, por haber puesto a mi disposición su archivo personal de documentos de cine y teatro.

Además, agradezco sus fotos a Rocío Díaz Gómez, Gloria García y al Dúo Metha.

Y un reconocimiento muy especial a Nano de Gabriel, impulsor de este proyecto.

Quiero expresar también mi agradecimiento a las entidades públicas y privadas, comercios y establecimientos que me han cedido sus fotografías y a las personas que me han atendido amablemente:

—Biblioteca Regional de la Comunidad de Madrid, en especial a Belinda Yúfera, jefa de la Sección de Materiales Especiales, y a su directora, Lali Iglesias.

—Gema Moreno, del Archivo Fotográfico del Museo Arqueológico Nacional.

—Instituto Cervantes, en especial a Beatriz Rodríguez, jefa del Departamento de Relaciones Externas e Institucionales, y a María José Romero.

—Museo Cerralbo
—Colegio Isabel la Católica, en especial a Ángel Ramírez.
—Ejército de Tierra.
—Consejo General del Poder Judicial.
—Fundación Mapfre, especialmente a María Rodrigo.
—Ignacio Salcedo, del Círculo de Bellas Artes.
—Fundación F. Largo Caballero, en especial a Nuria Franco Fernández.
—Fundación Fernando de Castro-Asociación para la Enseñanza de la Mujer, en especial a su presidenta, Trinidad Muñoz-Yusta del Álamo, y a su archivero bibliotecario, Juan José Moreno y Casanova.
—Raúl Peña, de CRISMHOM.
—Real Gran Peña, en especial a Celia Viñas.
—Asociación/Colegio Nacional de Ingenieros de ICAI.
—Antonio Saugar Benito, del Gabinete de Prensa y Contenido Multimedia de la ONCE.
—Ofelia del Corazón de Cristo, priora del convento de carmelitas descalzas del convento de Santa Teresa de Madrid.
—Felipe Asterio González Muñoz, párroco de Santa Bárbara.
—Parroquia de San José.
—José María García del Monte y Ana María Montiel Jiménez (Estudio Ataria).
—Cristina Ruiz, de Acerca Comunicación.
—Galería Elvira González.
—Carolina Bustamante Gutiérrez, de la galería Elba Benítez.
—Galería Juana de Aizpuru, en especial a Melissa Castro.
—Rafa Ruiz, de Mad is Mad.
—Rotulación a Mano.
—Grupo PYD, en especial a su directora comercial, Alejandra Suárez.
—Julia R. Rodríguez Amado, de Ephimera.
—Diana Acero, de la Asociación Efímera Acción Literaria.
—Laura Riñón, de la librería Amapolas en Otoño.
—Concepción González, de la librería Gaudí
—Enrique Pascual, de la librería Marcial Pons Derecho-Economía.

—Cristina Luengo, de Depapel.
—Taschen Store Madrid.
—Esther G-Gutiérrez Valía, gerente de El Jardín de Churruca.
—La Gloria.
—Aldao, en especial a su *brand manager*, Cristina López.
—Esperanza Nieto, del Herbolario La Fuente.
—Antonio López, de Óptica Toscana.
—Vespa Roma
—Casa Alberto Frutas y Verduras.
—Antonio Lence Moreno, director general de Viena Capellanes.
—Ángeles Blázquez, propietaria de Casa Salvador.
— Valentín Solís, director, y Susana Gibaja, jefa de administración, del restaurante La Barraca
—Café Gijón.
—Café Comercial, en especial a Rafael Noriega.
—Taberna La Carmencita, especialmente a Inés Herreros, de Deluz y Cía.
—La Cocina de los Pastores.
—María Carrión, de El Horno de Babette.
—Intruso Bar.
—Mercado de San Antón.

1. EL ACTUAL BARRIO DE JUSTICIA

Justicia es uno de los seis barrios del distrito Centro de Madrid y comprende una superficie de unas setenta y cuatro hectáreas. Situado en el extremo nororiental del Madrid histórico, su perímetro está delimitado por las calles Sagasta y Génova al norte, el paseo de Recoletos al este, la calle Alcalá y el primer tramo de la Gran Vía al sur y la calle Fuencarral al oeste.

Desde el punto de vista del relieve, el barrio de Justicia se asienta sobre una ladera del suave valle originado por el arroyo de la Castellana o del Prado, lo que explica la leve inclinación general del terreno, que asciende desde el sur y el este hacia el norte y el oeste, de manera que en Cibeles encontramos la cota más baja (647 metros sobre el nivel del mar) y en la glorieta de Bilbao la altura máxima (673). No obstante, en el interior de barrio es fácil detectar el curso de otro antiguo arroyo por las calles Fernando VI y Barquillo procedente de Chamberí y generador asimismo de un pequeño valle que deja en alto el palacio de Buenavista; desembocaba, evidentemente, en el valle de la Castellana, a la altura de Alcalá. Por el sur, otro arroyo discurría aproximadamente por la actual calle Infantas en dirección también al valle del Prado.

En 2023 Justicia reunía poco más de 18 000 habitantes de los casi 140 000 que viven en el distrito Centro, según los datos del Ayuntamiento de Madrid. Con unos doscientos veinticinco habitantes por hectárea, es un barrio con densidad de población media, mayor que la de Sol, Palacio y Cortes y menor que la de Embajadores y Universidad. En los últimos años Justicia está perdiendo habitantes, como todos los barrios del distrito. La edad media de la población, de 44,17, es ligeramente inferior a la de toda la ciudad y se encuentra prácticamente en el promedio en lo que se refiere a presencia de personas nacidas fuera de España (24,95 %).

La personalidad administrativa del barrio tiene sus precedentes más remotos en las divisiones en cuarteles de la ciudad por parte de la Sala de Alcaldes de Casa y Corte en época de los Austrias. De esta manera, el territorio a que nos referimos quedó englobado en la segunda estación de las cuatro que tenía Madrid a finales del siglo XVI y desde 1600 en el cuartel de San Luis, que en la segunda mitad del siglo XVII adquirió una extensión muy similar a la del actual barrio de Justicia, aunque por el sur llegaba hasta la Puerta del Sol y por el este hasta la orilla contraria del prado de Recoletos. En la segunda mitad del siglo XVIII pasó a llamarse cuartel de Barquillo, aunque redujo su tamaño, ya que perdió algunos territorios por el sur. A mediados del siglo XIX el espacio del actual barrio de Justicia se integró mayoritariamente en el distrito de Buenavista, salvo la zona al oeste de la calle Hortaleza, incluida dentro del de Hospicio.

A principios del siglo XX el sector al este de Barquillo-Argensola pertenecía al distrito de Buenavista —que se extendía por todo el Ensanche oriental al norte de la Castellana e incluso por terrenos de la periferia— y el resto al de Hospicio, un distrito que llegaba por el oeste hasta San Bernardo y por el sur hasta Colegiata. A mediados del siglo XX todo el territorio pasó a estar incluido en el distrito Centro, la mayor parte en el barrio de Almirante, salvo la zona occidental, perteneciente a Hospicio.

Con la reforma administrativa de 1970 se creó el barrio de Justicia, que englobó Almirante y la zona oriental de Hospicio, dentro del distrito Centro, y desde entonces no ha habido modificaciones. Sin embargo, Justicia es una denominación oficial que no se ha popularizado, sin duda por la fuerte personalidad de los sectores en los que oficiosamente se divide.

El barrio de Justicia pertenece al distrito Centro de Madrid. Sus límites son, por el norte, las calles Sagasta y Génova, por el este el paseo de Recoletos, por el sur un pequeño tramo de la calle Alcalá y la primera parte de la Gran Vía y por el oeste la calle Fuencarral.

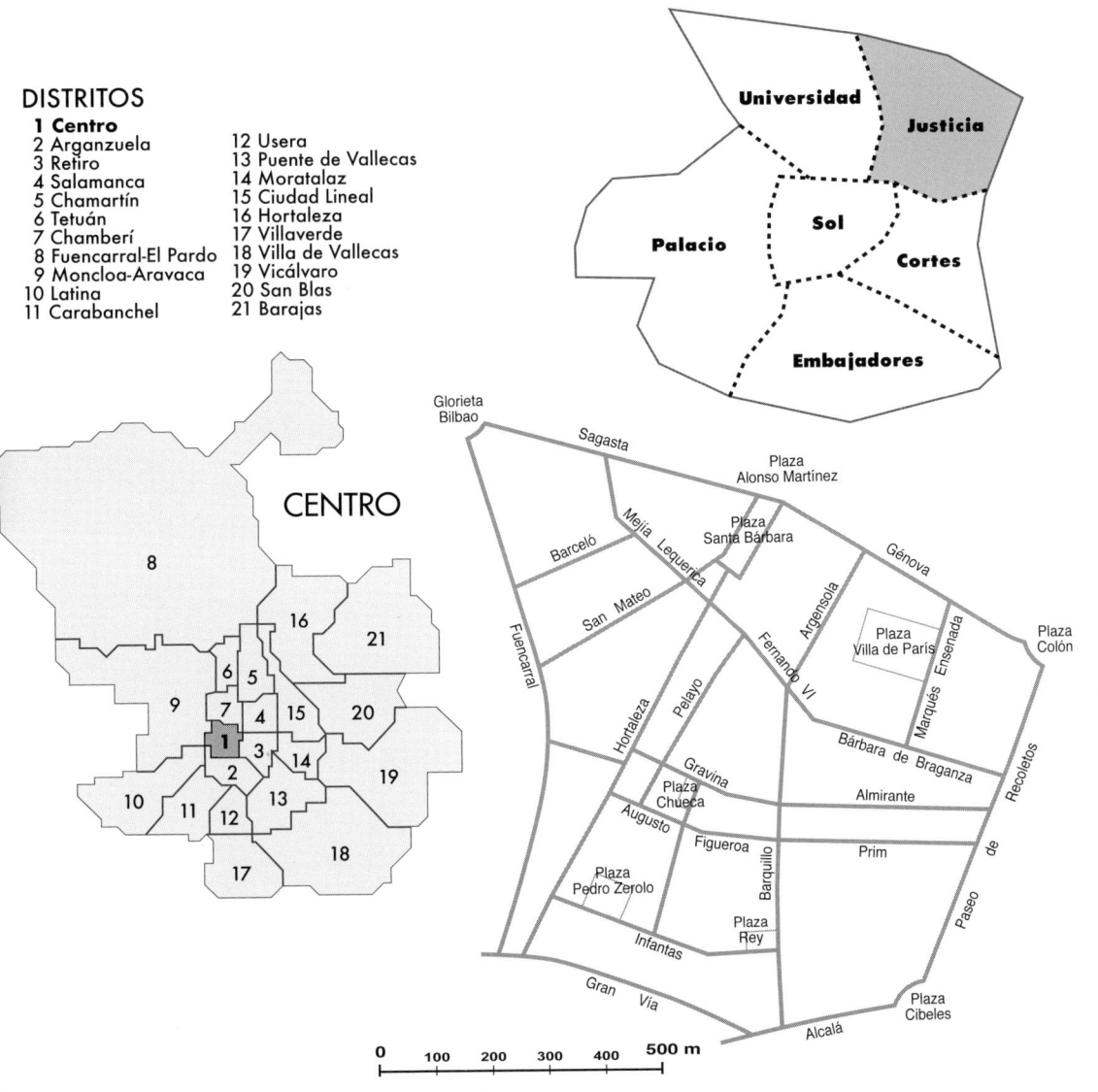

DISTRITOS

1 **Centro**
2 Arganzuela
3 Retiro
4 Salamanca
5 Chamartín
6 Tetuán
7 Chamberí
8 Fuencarral-El Pardo
9 Moncloa-Aravaca
10 Latina
11 Carabanchel

12 Usera
13 Puente de Vallecas
14 Moratalaz
15 Ciudad Lineal
16 Hortaleza
17 Villaverde
18 Villa de Vallecas
19 Vicálvaro
20 San Blas
21 Barajas

Universidad

Justicia

Palacio

Sol

Cortes

Embajadores

CENTRO

Glorieta Bilbao

Sagasta

Plaza Alonso Martínez

Plaza Santa Bárbara

Barceló

Mejía Lequerica

San Mateo

Fuencarral

Hortaleza

Pelayo

Gravina

Plaza Chueca

Augusto

Figueroa

Plaza Pedro Zerolo

Infantas

Gran Vía

Argensola

Fernando VI

Génova

Plaza Villa de París

Marqués Ensenada

Plaza Colón

Bárbara de Braganza

Almirante

Barquillo

Prim

Plaza Rey

Recoletos

de

Paseo

Alcalá

Plaza Cibeles

0   100   200   300   400   **500 m**

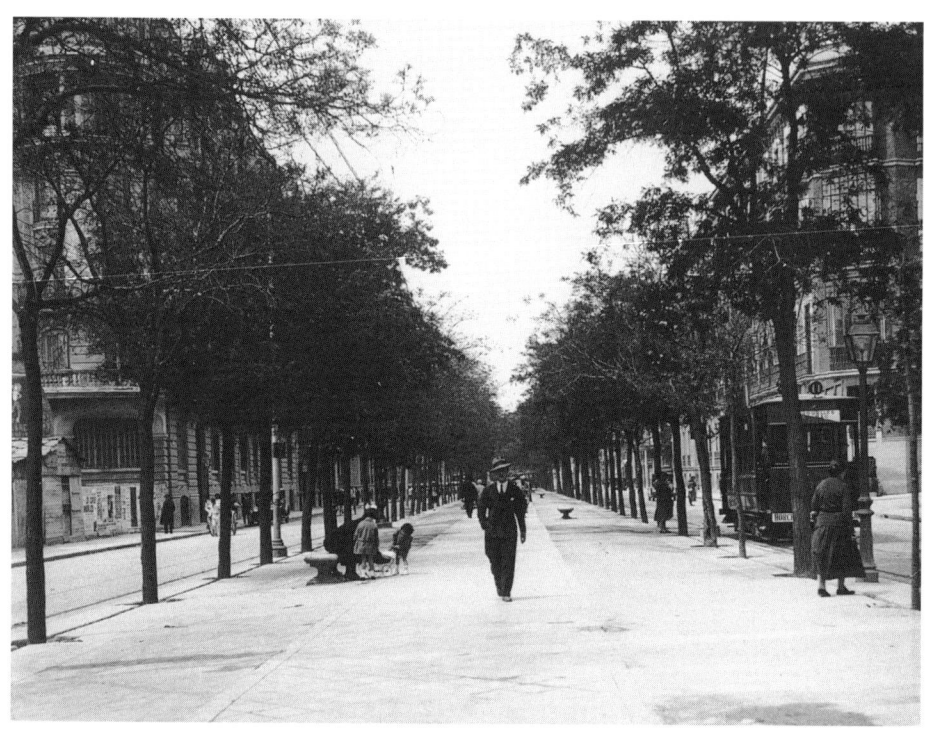

Las calles Alberto Aguilera, Carranza, Sagasta y Génova tienen su origen en los paseos arbolados trazados a mediados del siglo XVIII más allá de la cerca, a modo de cinturón verde por el norte de la ciudad histórica. Modernizados en su urbanización e integrados en el Ensanche diseñado por Castro a finales de los años cincuenta del siglo XIX, pasaron a ser el límite entre el Madrid histórico y el nuevo Madrid. Sagasta y Carranza, la primera de las cuales sirve de frontera septentrional al barrio de Justicia, se convirtieron en bulevares a principios del siglo XX. En la fotografía de los años treinta del siglo pasado observamos un tramo de Sagasta con viandantes y un tranvía de la línea 11, Argüelles-Bilbao-Retiro, que recorría los bulevares. Archivo de Ediciones La Librería.

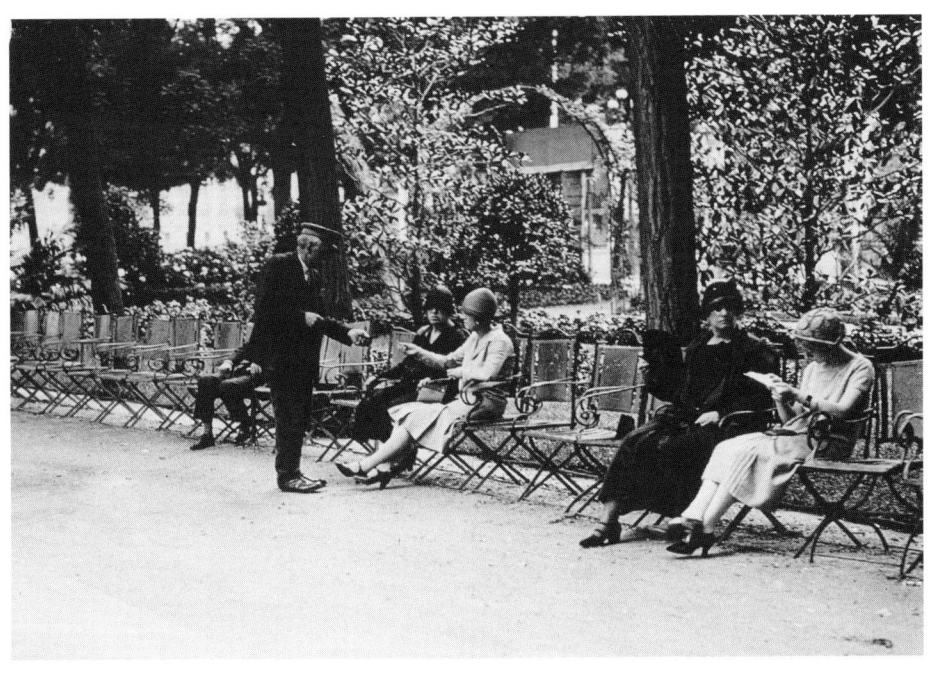

El paseo de Recoletos constituye el límite oriental del barrio de Justicia. Tiene su origen en el prado de Recoletos, es decir, en el vallecito urbanizado del arroyo de la Castellana en su tramo próximo al convento de los Agustinos Recoletos. Fue urbanizándose paulatinamente a lo largo de los siglos XVII y XVIII y en el XIX se configuró como espacio residencial aristocrático y lugar de paseo y ocio para las clases altas. En el siglo XX se incorporaron nuevas funciones, sobre todo empresariales, pero el paseo no perdió su carácter como lugar de recreo y asueto. En esta fotografía de 1929 vemos a algunas personas haciendo uso de las sillas de alquiler. Archivo de Ediciones La Librería.

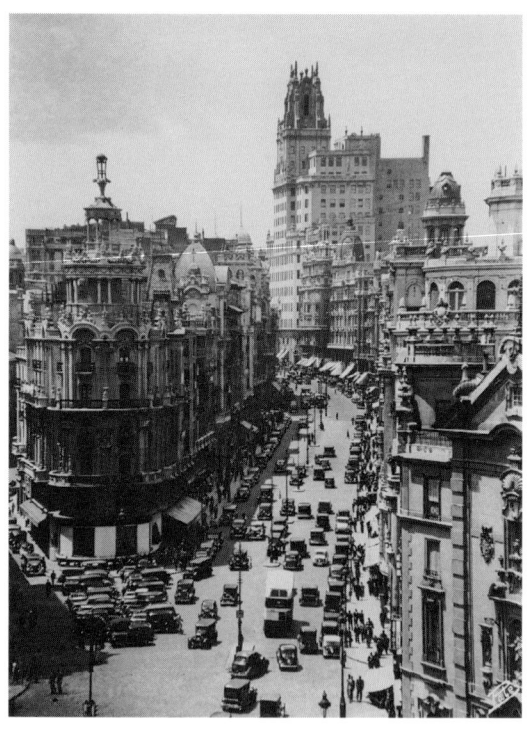

La Gran Vía comenzó a construirse en 1910. Su primer tramo, como se puede ver en esta fotografía de 1935, va desde la calle de Alcalá hasta la Red de San Luis y constituye la *frontera* meridional del barrio junto con el tramo de Alcalá que llega hasta Cibeles. Los edificios que aparecen a la derecha de la imagen pertenecen, por lo tanto, a Justicia y conforman un conjunto de interesantes construcciones de estilo ecléctico erigidas en la segunda década del siglo pasado. La iglesia de San José, en la parte inferior de la imagen, y el poderoso edificio de Telefónica, al fondo, son sendos vértices del polígono irregular que constituye el perímetro del barrio de Justicia dentro del distrito Centro. Archivo de Ediciones La Librería.

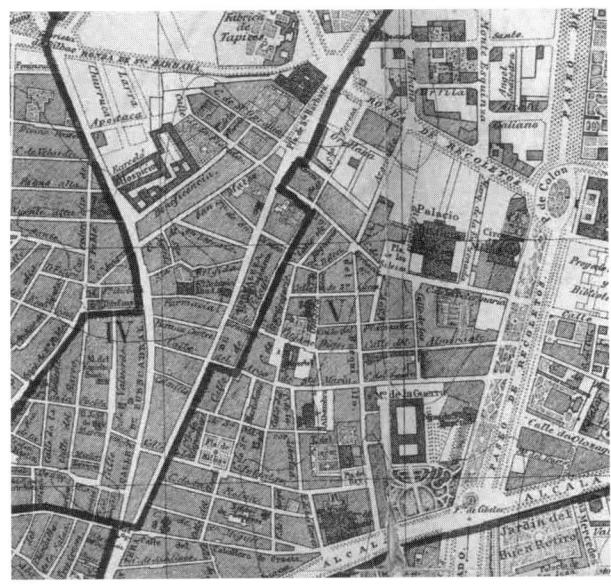

En el *Plano de Madrid* José Pilar Morales, de 1880, podemos observar que la mayor parte del territorio del actual barrio de Justicia, el situado al este de la calle Hortaleza, pertenecía al distrito V, es decir Buenavista, mientras que la zona que se encuentra al oeste de la citada calle estaba integrada en el distrito IV, Hospicio. En el norte, la actual calle Sagasta era entonces la Ronda de Santa Bárbara y la calle Génova la Ronda de Recoletos. Por lo que respecta al límite meridional del actual barrio de Justicia, todavía faltaban treinta años para el inicio de las obras de la Gran Vía. Biblioteca Regional de Madrid. Cartoteca, Mp. VIII/14.

2. CHUECA, SALESAS Y BARQUILLO, EN EL NORDESTE DEL CASCO HISTÓRICO

Tanto desde el punto de vista de la evolución histórica como si atendemos a la actual realidad social y económica podemos distinguir al menos tres áreas dentro del territorio oficial de Justicia: Chueca, Salesas y Barquillo. Chueca es el corazón de este sector de Madrid e iría de Fuencarral a Barquillo y del eje Alcalá-Gran Vía hasta Mejía Lequerica-Fernando VI. Es el núcleo más antiguo y el que conserva mejor la trama urbana original.

Un segundo sector es el de Barquillo, que iría desde esta calle hasta el paseo de Recoletos y desde Alcalá hasta Bárbara de Braganza y tiene su origen en los palacetes con huertas y jardines que se establecieron en la ladera del arroyo de la Castellana desde la época de los Austrias. Esta zona no se urbanizó hasta la segunda mitad del siglo XIX, por lo que podemos considerarlo un sector más moderno que el de Chueca, y eso se refleja en su mayor nivel económico hasta la actualidad.

El norte del barrio, el área de las Salesas, es también fruto de una reforma del borde del casco histórico del siglo XIX. Igualmente destaca por la modernidad de sus espacios urbanos y del caserío y por su renta más elevada. No obstante, la gentrificación de las últimas décadas del sector de Chueca ha moderado las diferencias entre este y los otros dos sectores del barrio, que también han aumentado su nivel económico.

Pero veamos con algo más de detalle el desarrollo general de Justicia para comprender mejor el origen de estas diferencias internas. Antes de la llegada de la corte el solar del barrio era un terreno extramuros atravesado por algunos caminos que unían Madrid con los pueblos cercanos. Pero desde el último tercio del siglo XVI el crecimiento de la ciudad hacia el norte, el este y el sur fue muy rápido, por lo que los antiguos caminos se transformaron en los ejes urbanos vertebradores del futuro barrio de Justicia, que ya quedó configurado prácticamente en su extensión actual en la segunda mitad del siglo XVII. Durante toda la época de los Austrias —siglos XVI y XVII— fue un sector periférico, situado en el extremo noroccidental de la ciudad, pero quedó dentro de la cerca de Felipe IV, la cual prácticamente se mantuvo en pie desde 1625 hasta mediados del siglo XIX. En ese muro histórico se abrían tres puertas de acceso al actual barrio de Justicia, de oeste a este: la de los Pozos de la Nieve, la de Santa Bárbara y la de Recoletos. La de los Pozos, que estaba en Fuencarral a la altura de la actual calle del Divino Pastor, era una puerta de ladrillo de un solo vano, de la que partía un camino hacia Fuencarral y Francia. La de Santa Bárbara era un portillo del que salían los caminos hacia la fuente Castellana y al pueblo de Hortaleza y hacia la carretera de Francia —con la que se encontraba a la altura de la actual glorieta de Cuatro Caminos—. La de Recoletos, en origen muy modesta, era el inicio del camino hacia la fuente Castellana.

Las calles que fueron generando la trama del barrio eran, por lo tanto, antiguos caminos en torno a los cuales se extendían campos y algunas casitas, quintas y ermitas. Desde la Puerta del Sol partía hacia el norte, la calle Montera, que se bifurcaba en dos en la Red de San Luis, ya que allí se alzaba una de las puertas de la cerca de Felipe II. De ella partían otros dos caminos hacia los pueblos de Fuencarral y Hortaleza que se convirtieron en los ejes del desarrollo urbano del sector en el siglo XVII. En 1600 la primera calle llegaba hasta la altura de la de San Joaquín y la de Hortaleza hasta el Hospital de San Antón. Durante el primer tercio del siglo XVII las calles siguieron creciendo hacia el norte hasta las nuevas puertas, ya mencionadas, de los Pozos de la Nieve y de Santa Bárbara.

El barrio se fue haciendo más denso paulatinamente, pero durante toda la época de los Austrias y el siglo XVIII era una de las zonas de la ciudad que concentraba más vegetación. El prado de Recoletos, origen del actual paseo, estaba escasamente urbanizado en la época de los Austrias, con el arroyo de la Castellana discurriendo entre árboles. En su lado occidental se encontraban los jardines de los palacios y villas allí construidos.

Durante el siglo XVIII, con Madrid convertida en corte de la nueva dinastía de los Borbones, el barrio experimentó algunas transformaciones importantes, como la construcción del Hospicio de San Fernando en el reinado de Felipe V y del complejo de las Salesas en la época de Fernando VI. Asimismo, Francisco Nangle trazó a mediados de la centuria un bulevar exterior a la cerca entre la puerta de San Bernardino y la puerta de Recoletos, un proyecto que se enmarca en los trabajos para dignificar la periferia de la ciudad: la Ronda de Santa Bárbara. También a mediados del siglo XVIII se construyó una nueva puerta de Recoletos, más monumental que la anterior. Igualmente, se levantó más al norte que la original una nueva puerta de los Pozos de la Nieve, que estuvo en pie hasta mediados del siglo XIX. Desde el punto de la vista de las iniciativas privadas, destaca la construcción del palacio de Buenavista para la XIII duquesa de Alba, bajo la dirección de Juan Pedro Arnal, a partir de 1777.

A mediados del siglo XVIII las parcelas en torno a Hortaleza y Fuencarral eran perpendiculares a las calles y tenían un tamaño medio, con un uso residencial principalmente. Era menor la presencia de conventos, hospitales y colegios que en otros lugares de la ciudad, pero, no obstante, como veremos más adelante, la implantación de estas fundaciones católicas era notable. Las propiedades nobiliarias también eran menos numerosas que en otras partes de Madrid, aunque entre Barquillo y Recoletos su presencia era destacada.

En el primer tercio del siglo XIX se construyeron asimismo nuevos edificios, como el Colegio de Farmacia de San Fernando, posteriormente Real Academia. En la *Maqueta de Madrid* de León Gil de Palacio de 1830 destaca la forma de «V» de las calles Fuencarral y Hortaleza, así como el eje norte-sur de la calle Barquillo. Los complejos de Buenavista, Salesas y Hospicio son muy llamativos por sus grandes proporciones, y sigue destacando la presencia de jardines y huertas a ambos lados de la calle Barquillo y hasta Recoletos, y también en el norte de la plaza de Santa Bárbara hacia el este. Según leyendas poco fundamentadas, el nombre de la calle Barquillo procedería de una de estas propiedades aristocráticas, que contaba en sus jardines con un estanque sobre el que navegaba un pequeño barco.

En el segundo tercio del siglo XIX, al igual que otras zonas de Madrid, el barrio experimentó un aumento de la densidad de población, ya que la ciudad seguía constreñida por la cerca histórica, pero tuvo que asumir la llegada de un creciente número de inmigrantes. Como consecuencia de este proceso los edificios residenciales crecieron en altura. En la segunda mitad del siglo XIX Madrid experimentó un fuerte crecimiento, que le hizo pasar de poco más de doscientos mil habitantes en 1850 a más de medio millón en 1900. La cerca histórica se derribó en 1860 y fue sustituida por una serie de avenidas de circunvalación y conexión con el nuevo Ensanche: las actuales Alberto Aguilera, Carranza, Sagasta y Génova, en el caso que nos ocupa. A finales de los años cincuenta se amplió el paseo de Recoletos hasta su anchura actual a costa de las propiedades de las monjas de las Salesas.

El borde septentrional del barrio se regularizó en los años sesenta del siglo XIX, una vez aprobado ya el Ensanche de Madrid. En 1862 comenzó la construcción del sector de Santa Bárbara, financiado por el Crédito Mobiliario. A finales de la década se urbanizó el solar del antiguo convento Real de la Visitación de Nuestra Señora, las Salesas, y el de Santa Teresa, y se abrieron las calles de Justiniano, Santa Teresa, Argensola y Campoamor. En una fecha tan tardía como el último tercio del siglo XIX se trazaron las calles que se encuentran al este de Argensola, como General Castaños y Marqués de la Ensenada, y se prolongó Orellana. En los años ochenta se inauguró la plaza de la Villa de París.

También en esa época se transformó el barrio de Barquillo, con el trazado de nuevas manzanas organizadas en torno a calles perpendiculares al paseo de Recoletos, donde antes se encontraban las grandes propiedades aristocráticas ya mencionadas. Destaca asimismo la construcción desde los años sesenta del siglo XIX de suntuosos palacios con jardines delanteros en el lado oriental del paseo de Recoletos, foco de atracción para la alta burguesía madrileña desde mediados de siglo. En la acera contraria, la que pertenece al barrio de Justicia, se construyeron también suntuosos edificios, aunque algo más modestos, y teatros. En el reinado de Alfonso XII aún se erigieron en la zona algunos nuevos palacios. Pero Recoletos ha sido siempre además un lugar de paseo y esparcimiento, de sociabilización de las clases acomodadas, con sus sillas de alquiler frente a la iglesia de San Pascual a principios de siglo, sus pequeños cines y quioscos de flores de los años treinta, la Feria del Libro desde su primera edición en 1933 hasta su traslado al Retiro en 1967 y otras ferias y exposiciones al aire libre. Ha perdido espacio peatonal con el tiempo, y hoy es más un lugar de paso que de paseo, pero sigue siendo un escenario propicio para el esparcimiento y para la instalación de instituciones culturales.

En el último cuarto del siglo XIX se trazaron en la ronda del casco histórico y en distintos lugares del Ensanche varios bulevares, es decir, avenidas con arbolado y espacio central para paseo y disfrute. La calle Sagasta formó parte del bulevar que iba desde la cuesta y el paseo de Areneros —actuales Marqués de Urquijo y Alberto Aguilera— hasta la plaza de Alonso Martínez, incluyendo también la calle Carranza. Como casi todos los demás, desaparecieron durante los años sesenta del siglo XX, aunque algunos taxistas siguen teniéndolos en cuenta. Además a lo largo del siglo XIX fueron llegando al actual barrio de Justicia las modernas infraestructuras urbanas, como las aceras y el adoquinado a las calles, la iluminación de las vías públicas —desde mediados de la centuria con faroles de gas y en el último cuarto de siglo ya con electricidad—, el agua corriente a las casas, la red de alcantarillado y el tranvía.

En el siglo XIX se renovó casi todo el caserío de la calle Fuencarral, dedicada prácticamente toda entera a uso residencial, con una presencia importantísima del comercio. Barquillo, recta, estaba marcada por el palacio del duque de Frías y sus jardines en su acera izquierda; posteriormente, las calles del Arco de Santa María —hoy Augusto Figueroa— y San Francisco —hoy Gravina— se prolongaron a través de los terrenos de Frías para poder llegar hasta Barquillo. En la acera derecha, la calle del Sauco, hoy Prim, también se prolongó desde la calle de las Salesas —hoy Conde de Xiquena— hasta Recoletos. La zona de Churruca, Larra y Apodaca se urbanizó a finales del siglo XIX, cuando igualmente se realizaron pequeñas intervenciones que acabaron por configurar el actual callejero: tras el derribo del cuartel del Soldado se prolongó la calle Libertad hasta Gravina, que lleva el nombre de uno de los héroes de Trafalgar, y San Marcos se alargó hasta conectar con Barquillo. Pero además de los cambios internos en el barrio, la construcción del Ensanche desde los años sesenta del siglo XIX cambió radicalmente la situación del actual territorio de Justicia dentro de la ciudad, ya que dejó de ser un espacio periférico para ganar en centralidad, lo que ha tenido importantes consecuencias.

En el primer tercio del siglo XX Madrid adquirió los rasgos distintivos de una moderna metrópolis y el barrio de Justicia no fue ajeno a esas grandes transformaciones. La llegada del Metro en 1919 y la incorporación de otras infraestructuras y servicios, el nacimiento de la sociedad de consumo y las reformas urbanas modificaron la realidad de este sector del distrito Centro. La intervención más importante de todo el siglo XX en el casco histórico madrileño fue evidentemente la apertura de la Gran Vía. El trazado de la primera parte de esta a partir de 1910 acabó por configurar el límite sudoccidental del barrio, modificó el entramado callejero de este sector de la ciudad y creó un nuevo paisaje urbano, con edificios caracterizados por un monumental eclecticismo nacionalista con referencias al plateresco y al barroco y con fuerte contraste en anchura y altura con las calles colindantes. En efecto, la construcción de esta avenida tuvo repercusiones significativas en el barrio, que quedó a la espalda de su cosmopolitismo y relegada en parte con respecto al desarrollo de la ciudad moderna.

La Guerra Civil puso un violento fin a todo este periodo de transformaciones y modernización. En Justicia, concretamente en la esquina entre Augusto Figueroa y Fuencarral, tuvo lugar uno de los últimos incidentes graves antes del golpe de Estado del 36. Me refiero al asesinato del teniente de asalto José del Castillo, acribillado por falangistas en la noche del 12 de julio de 1936. En respuesta a este crimen, varios guardias de asalto asesinaron a José Calvo Sotelo horas después. Aunque la conspiración contra la República ya estaba preparada previamente, el golpe se inició el día 17.

Los terribles bombardeos sufridos por Madrid durante la Guerra Civil impactaron también en el actual barrio de Justicia, especialmente en la zona meridional, en torno a la actual plaza de Pedro Zerolo, el inicio de la calle Barquillo, el palacio de Buenavista o el comienzo de Hortaleza, pero también en torno a la plaza de Chueca, la calle Fernando VI, alrededor de la glorieta de Bilbao y en general por casi todo el territorio. Los ataques aéreos de la aviación nazi y de los cañones franquistas del cerro Garabitas pusieron en jaque a los habitantes del barrio, pero no afectaron a su trazado urbano. El Comité de Reforma, Reconstrucción y Saneamiento realizó obras para proteger algunos elementos patrimoniales, como la fuente de Cibeles, el sepulcro de Fernando VI en Santa Bárbara y la portada del antiguo Hospicio.

Por otra parte, el miedo a los quintacolumnistas derivó en una incontrolada violencia que asoló Madrid, incluido el barrio de Justicia. La Dirección General de Seguridad, que estaba en la calle Víctor Hugo, fue incapaz de contener las acciones ejercidas contra personas de derechas o católicas. Las checas, centros que realizaron detenciones, interrogatorios, incautaciones y asesinatos durante la Guerra Civil, especialmente en los primeros meses de la contienda, se extendieron por el barrio. Entre las más conocidas cabe señalar la de la calle Fuencarral, la de San Lorenzo, la del palacio de Medina de las Torres del paseo de Recoletos, la que estaba en el convento de las Góngoras, o la del palacio de Medinaceli. Muchos de los asesinados en Paracuellos del Jarama o en otros lugares de la periferia estuvieron detenidos previamente en el edificio de los Escolapios de San Antón. Un caso muy sonado fue el del duque de Veragua, que fue sacado de su palacio en la calle San Mateo y asesinado en el verano del 36.

La dictadura de Franco y la larga posguerra supusieron un freno al desarrollo del barrio, como sucedió en toda la ciudad. Los grandes contrates sociales se ponían de manifiesto, por ejemplo, en el lujo de Chicote y Loewe y en la pobreza y el hambre en numerosos hogares de Justicia. En la segunda mitad del siglo XX la renovación arquitectónica se aprecia sobre todo en los bordes del barrio, pero en general el sector sufrió un fuerte envejecimiento arquitectónico. En los años sesenta y setenta todo el distrito Centro padeció un importante deterioro, sobre todo de habitabilidad. Ya en la transición, sobre todo, la zona de Chueca en los ochenta fue sinónimo de delincuencia y drogadicción: «Nadie podría restablecer ahora sus rastros: los muertos en vida han desaparecido de las esquinas de Augusto Figueroa. Casi todos ellos habrán ingresado del todo en el reino de los muertos, y algunos aún sobrevivirán en hospitales o en cárceles, o se arrastrarán como zombis por las veredas entre los desmontes que llevan a los poblados de latones y chatarras de las últimas afueras de Madrid, adonde la policía los fue empujando cuando vino la consigna de limpiar de drogadictos las calles del centro» (Antonio Muñoz Molina: *Sefarad*. Madrid: Alfaguara, 2001).

A partir de los años ochenta el Ayuntamiento emprendió varias remodelaciones urbanas en el distrito Centro que también afectaron a Justicia, aunque tardaron más en llegar que a otras zonas donde las intervenciones eran más urgentes. Pero ya en los noventa llegaron al sudeste y al centro de Justicia. Estas transformaciones realizadas por agentes públicos, pero también privados, han permitido la dinamización económica del barrio, pero a la vez han potenciado procesos de gentrificación que persiguen mayores beneficios económicos de las inversiones.

Ya en el siglo XXI se han producido algunas pequeñas modificaciones urbanas, como la peatonalización del sector de la calle Fuencarral más próximo a la Gran Vía, el de mayor concentración comercial. También la calle Tamayo y Baus ha sido recientemente peatonalizada, en 2022. Hay que decir asimismo que la esquina sudoriental del barrio ha pasado a formar parte del Paisaje de la Luz, declarado Patrimonio de la Humanidad. La gentrificación, la inmigración de personas de alto nivel económico, y las fuertes inversiones de capital procedente de Latinoamérica, la *boutiquización* comercial y la explosión turística están entre los últimos fenómenos socioeconómicos destacados en la realidad del barrio.

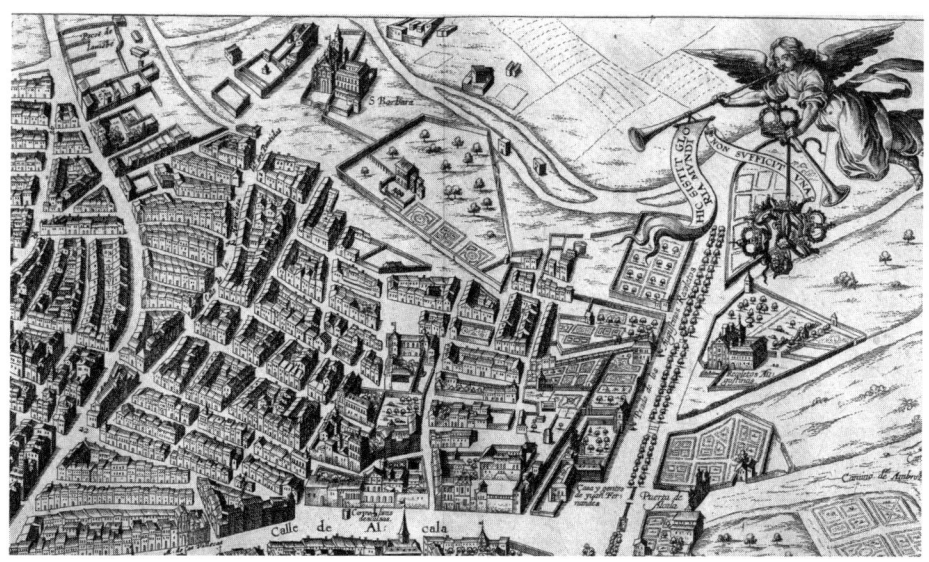

El plano de Madrid documentado más antiguo es el que dibujó Antonio Mancelli en 1623, pero no se conservan ejemplares originales. Se editaron versiones posteriores, como la de Frederick de Witt de 1700, que, se supone, está basada en el dibujo original de Mancelli. En esta imagen de *La villa de Madrid, corte de los Reyes Católicos de Espanna* vemos un detalle de una de las dos láminas de las que consta esta edición y, aunque su escala y dimensiones resultan problemáticas, nos ofrece la única vista general conocida del barrio de Justicia en la primera mitad del siglo XVII. Sus límites actuales ya están definidos, salvo en el norte, donde, junto a la zigzagueante cerca, destaca el convento de Santa Bárbara. Biblioteca Regional de Madrid. Cartoteca, Mp. XXXVI/32,2.

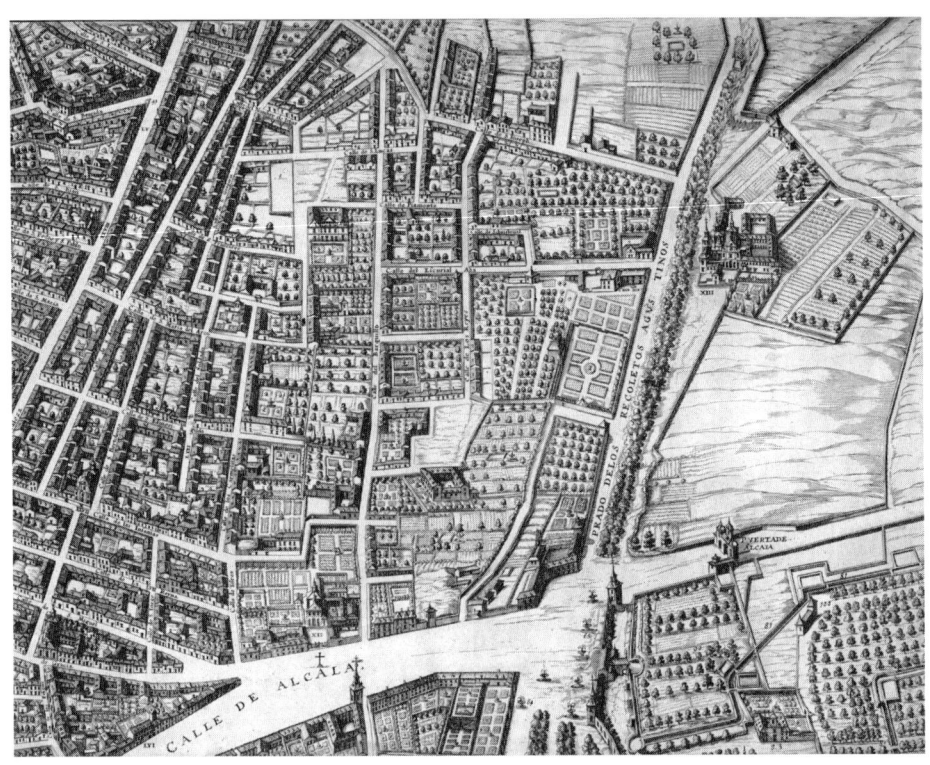

La *Topographia de la villa de Madrid*, de Pedro de Teixeira, publicada en 1656, nos ofrece otra de las imágenes más antiguas del actual territorio de Justicia. La mayor parte de su extensión se incluye dentro de la hoja 4, que aparece en la imagen. Lo fundamental del trazado urbano del presente barrio ya existía en la segunda mitad del siglo XVII, aunque la zona oriental, próxima al paseo de Recoletos, con sus casas aristocráticas dotadas de huertas y jardines, es la que más ha cambiado. Biblioteca Regional de Madrid. Cartoteca, Mp. II/45, hoja n.º 4.

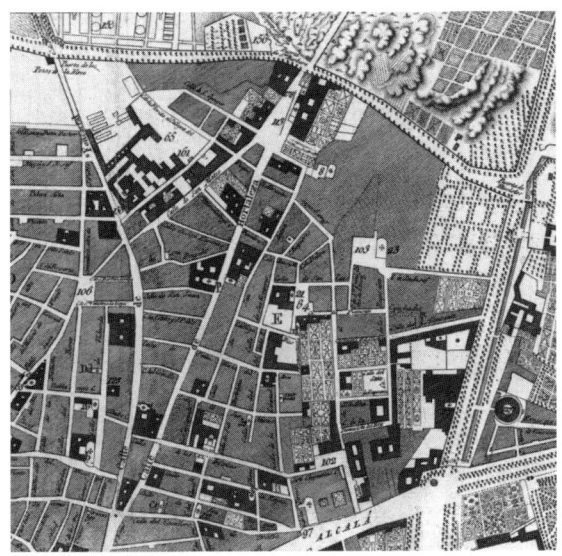

En la imagen observamos el sector de la ciudad que se corresponde con el actual barrio de Justicia en el *Plano de Madrid, dividido en diez quarteles*, editado por Juan López en 1812, bajo el reinado de José I. Las mayores diferencias con el plano actual las observamos en la zona norte, con la imponente presencia del complejo de las Salesas, y en el sector oriental, con sus propiedades aristocráticas. Muchas calles actuales de estas zonas todavía no existían. Biblioteca Regional de Madrid. Cartoteca, Mp. VI/5.

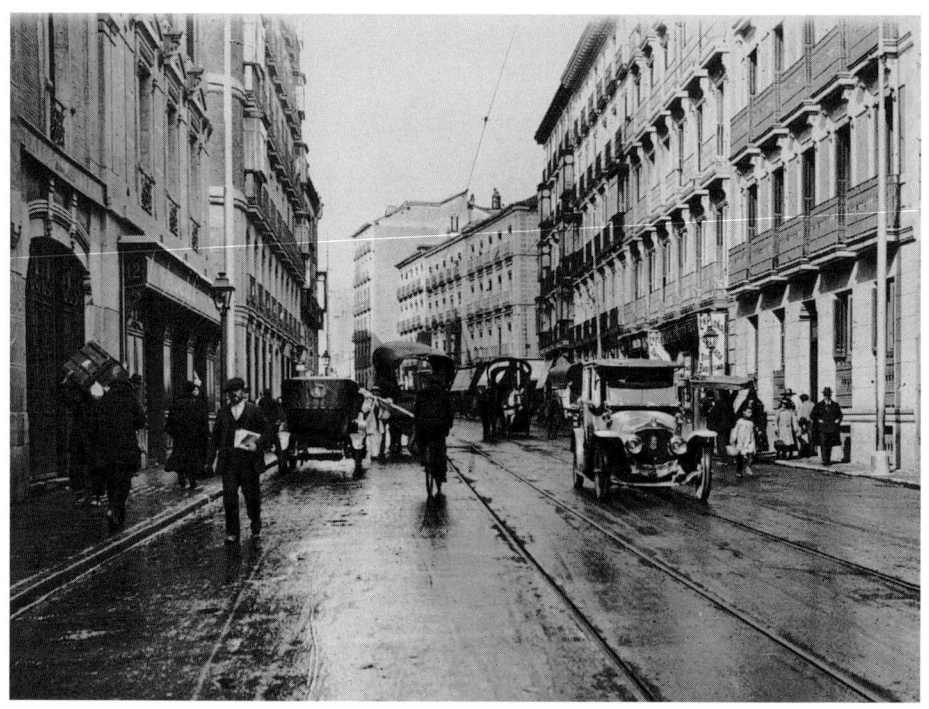

La calle Fernando VI, que nació fruto de las reformas de mediados del siglo xix, era en origen un apéndice de la calle Barquillo que giraba hacia el noroeste. El bello conjunto de edificios residenciales del periodo alfonsino que se aprecia en la foto se mantiene en pie, al menos en lo que se refiere a sus fachadas. A la izquierda se observa parcialmente la de la fábrica de Lamarca Hermanos, hoy también transformada en edificio de viviendas. La intensa actividad que se percibe en esta fotografía de los años 30 del siglo pasado nos habla de la importancia ya entonces de esta calle en la vida del barrio. Archivo de Ediciones La Librería.

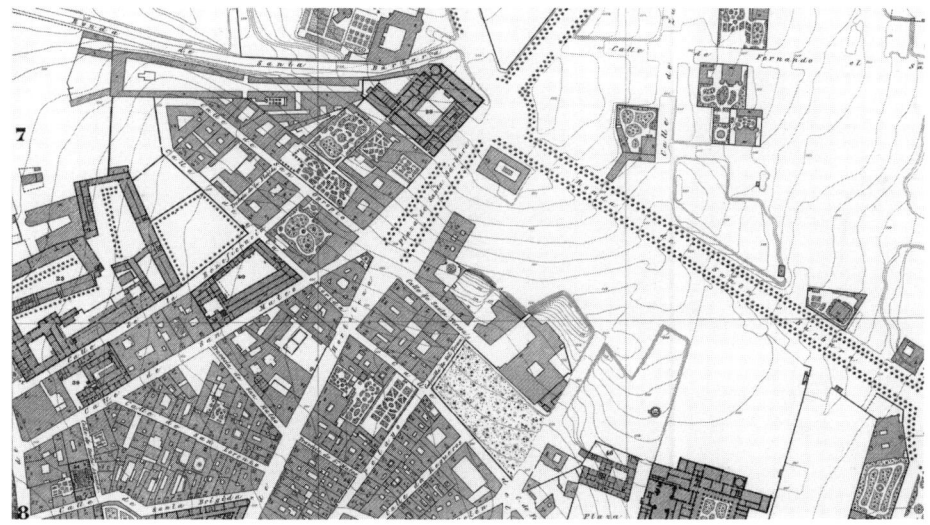

En este detalle del magnífico *Plano parcelario de Madrid* de escala 1:2000, editado entre 1872 y 1874 por el Instituto Geográfico y Estadístico que dirigía Carlos Ibañez e Ibáñez de Ibero, podemos observar la situación en esa fecha de la actual zona de Salesas. Se observan aún, cuando ya se está edificando el Ensanche, numerosos solares sin construir en esta zona septentrional del casco histórico. En las últimas décadas del siglo XIX, toda esta zona fue urbanizada y densamente construida y muchos de los edificios de dicha época permanecen actualmente en pie y conforman un atractivo paisaje urbano de arquitectura residencial alfonsina. Biblioteca Regional de Madrid. Cartoteca. Mp. VI/10, hoja nº 7.

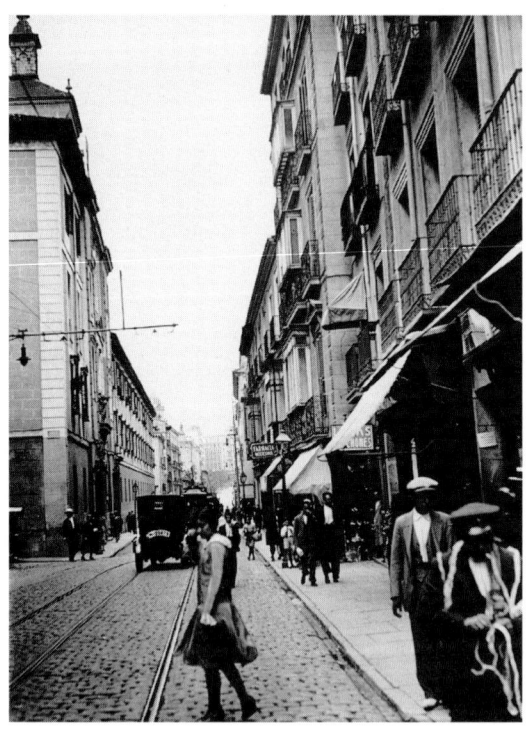

La calle Hortaleza es uno de los ejes principales del barrio, al que atraviesa desde la Red de San Luis, en su extremo suroeste, hasta la plaza de Santa Bárbara, en el norte. En la imagen de finales de los años veinte de la pasada centuria se ve en la acera de la izquierda la esquina con la calle Farmacia, más allá la fachada de la iglesia de San Antón y a continuación las Escuelas Pías. En la acera de la derecha los edificios más próximos se mantienen en pie, aunque sí han cambiado los comercios, al igual que el atuendo de los viandantes y el aspecto de los automóviles. El tranvía eléctrico, que se ve detrás del coche, comenzó a circular por la calle a principios del siglo xx. Al fondo de la imagen se atisba la plaza de Santa Bárbara. Archivo de Ediciones La Librería.

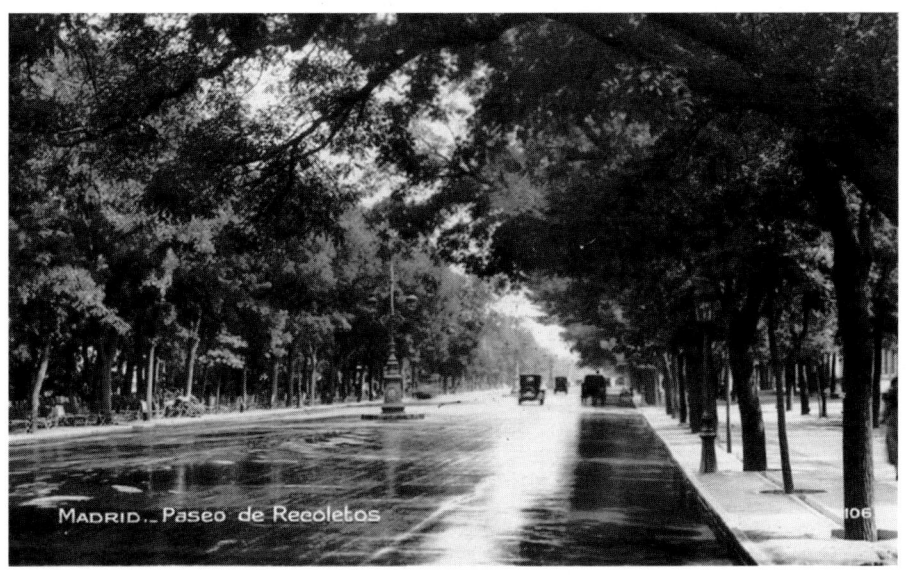

En esta tarjeta postal, editada por la Sociedad General Española de Librería, podemos apreciar el aspecto del paseo de Recoletos a comienzos del siglo xx, con frondoso arbolado. A la izquierda aparecen las sillas de alquiler, características de este paseo concebido para el disfrute y residencia de las clases acomodadas de aquella época. Biblioteca Regional de Madrid, Mg. XXVIII/1261.

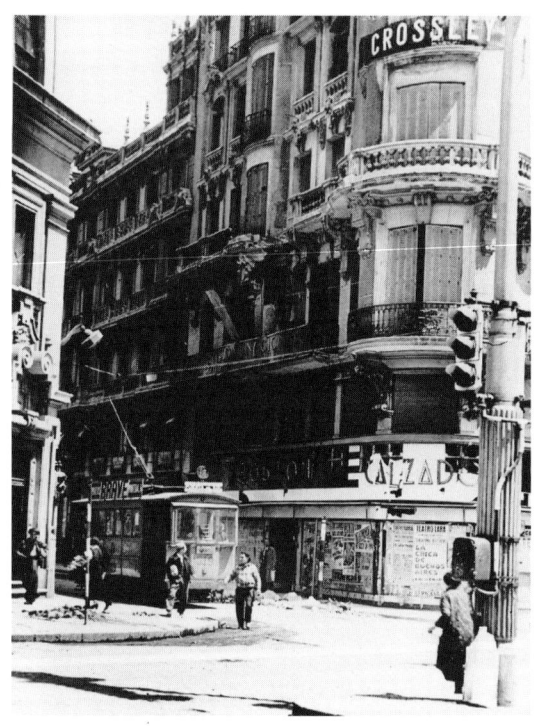

La Guerra Civil afectó sensiblemente al barrio de Justicia, como a otros de Madrid. Los obuses del bando franquista apuntaban hacia el gran edificio de la Telefónica, situado en la Gran Vía, esquina a Fuencarral, por lo que se produjeron numerosos impactos en la zona. En la imagen aparece el inicio de la calle Fuencarral, con la esquina del citado edificio a la izquierda y un tranvía en funcionamiento de la línea 18, con trayecto Obelisco-Puerta del Sol-San Francisco, pese a que el edificio de la derecha, que se mantiene en pie actualmente, había sido alcanzado por un proyectil y los escombros se acumulaban en la calle. Fotografía del Estudio Albero y Segovia. Biblioteca Nacional, GC-CAJA/109/29.

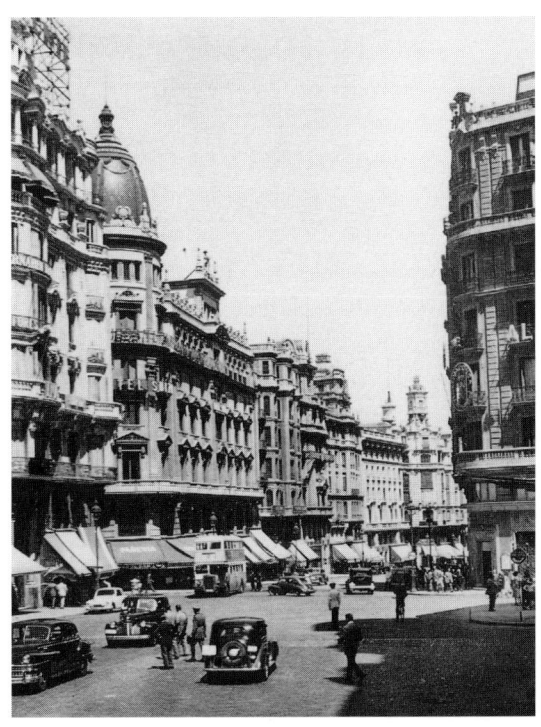

Vista de la Gran Vía en los años cincuenta, cuando se llamaba avenida de José Antonio, desde la Red de San Luis, punto que constituye el extremo sudoccidental del barrio de Justicia. El monumental estilo ecléctico de los edificios del primer tramo de la Gran Vía configura el borde meridional, junto con un tramo de la calle Alcalá. En la imagen destacan los elegantes y escasos automóviles de la época, el autobús de dos pisos, los peatones en la calzada y los toldos de los lujosos comercios en un periodo de penuria económica general. Archivo de Ediciones La Librería.

3. UN BARRIO CON PLAZAS, PERO SIN PARQUES

Como hemos visto, la trama urbana de este territorio descansa sobre tres ejes verticales, las calles Fuencarral, Hortaleza y Barquillo, que están en el origen del barrio, y sobre un sólo gran eje horizontal, formado por Mejía Lequerica, Fernando VI y Bárbara de Braganza, mucho más moderno. Pero los espacios abiertos en forma de plazas también contribuyen a la articulación del trazado de Justicia.

En la densa trama del Madrid del siglo XVII, del que tenemos un excelente documento en la *Topographia de la villa* de Pedro de Teixeira (1656), aparecen varios solares sin construir, pero sólo una plaza urbanizada, la de Santa Bárbara, en el extremo norte, que conserva trazado y nombre en la actualidad. Es singular su forma alargada y su trazado en cuesta y ha sido durante siglos lugar de encuentro y una de las plazas más grandes del Madrid histórico. Ha contado con arbolado abundante desde el siglo XIX, quiosco de libros, de prensa y de bebidas. En 2010 Fuensanta y Sobejano reformaron la plaza, ampliando el espacio peatonal para crear un nuevo *salón urbano*.

En el *Plano topográfico de Madrid* de Espinosa de los Monteros (1769) aparecen ya tres plazas más en el interior del caserío, sin contar la de armas del cuartel de Guardias de Infantería Española, donde hoy se encuentra el mercado de Barceló. Una de ellas, fruto del derribo de una manzana cuadrada de casas, es la de las Salesas, que subsiste junto a la calle Bárbara de Braganza; hoy es un pequeño espacio ajardinado, con abundante y denso arbolado, bancos, una fuente y varios monumentos, una excepción verde en el panorama de plazas duras y grises que predominan en el Madrid del siglo XXI. Otra es la del duque de Frías, hoy desaparecida, al este del convento de las Góngoras. Y tampoco se conserva la plaza de Chamberí, que, como las calles de los Reyes Alta y la de Buenavista de los Reyes, desapareció cuando se construyó el actual palacio de Buenavista a partir de 1777.

La plaza de Chamberí —no confundir con la existente en la actualidad en el Ensanche— ya no aparece en *Plano de Madrid* de Juan López (1812), aunque sí se incluye una nueva, la del Rey, que ha tenido a lo largo de sus más de dos siglos muy diversas denominaciones; esta plaza se reordenó a principios de los años ochenta del siglo XX tras el derribo en 1970 del circo Price y la desaparición de la finca colindante a la Casa de las Siete Chimeneas; José Antonio Domínguez Salazar y sus hijos, con la colaboración del paisajista Leandro Silva, introdujeron un aparcamiento subterráneo que les obligó a elevar la altura de la plaza frente a la calle Barquillo y a crear varias terrazas, lo que ha ido en perjuicio de este espacio urbano, antaño mucho más verde.

En 1850 surgió la plaza de Bilbao, que es la que actualmente lleva el nombre de Pedro Zerolo. Este espacio público se originó por la desamortización y posterior derribo del convento de los Capuchinos de la Paciencia. La plaza se dedicó a Bilbao por el recuerdo del cerco o sitio de la capital vizcaína en 1835, cuando la ciudad resistió a los carlistas y se mantuvo fiel a Isabel II. En los planos de la época podemos comprobar que la plaza contaba con un gran jardín de estilo inglés. Durante la Segunda República se llamó plaza de Ruiz Zorrilla, en recuerdo del político republicano del siglo XIX. Sin embargo, durante la dictadura de Franco cambió su nombre por el de Vázquez de Mella en 1946, cuando se inauguró el monumento dedicado a este político carlista. Se mantuvo esta denominación hasta 2016, cuando tomó la actual en recuerdo del concejal socialista y activista LGTBI Pedro Zerolo.

La plaza de San Gregorio cambió su nombre en 1946 por el de Chueca, en honor al compositor nacido en la torre de los Lujanes de la plaza de la Villa. Y desde 1970 la estación de metro de la línea 5 con entrada y salida por la plaza lleva también el nombre del popular músico. Su origen desde el punto de vista urbanístico se encuentra en el derribo de una manzana junto a la calle San Gregorio en el último tercio del siglo XIX. En aquella época la plaza disponía de una importante fuente pública de agua.

El origen de la plaza de la Villa de París está estrechamente vinculado al complejo del convento Real de la Visitación, ya que ocupa el lugar de los antiguos jardines de la Reina, la fundadora Bárbara de Braganza. Se urbanizó en 1879 y se le dio el nombre de plaza de la Audiencia, aunque en 1905 se cambió su denominación por la actual. Presidida por el imponente Palacio de Justicia, con espacios de tierra señalados por setos e hileras de plátanos, cuenta con algunos bancos y juegos infantiles, pero la gran cantidad de vallas que la suelen rodear no animan a disfrutar de esta zona verde.

Ya en el siglo XX surgieron los jardines de Ribera, a partir del derribo de la mayor parte del Hospicio. Se llamaron primero de Pablo Iglesias y en los años de la Segunda República contaron incluso con pequeñas piscinas para los niños del barrio. Actualmente es un sencillo espacio con árboles, bancos, fuentes, juegos infantiles y el monumento a Mesonero Romanos, antiguo vecino de la zona; fue inaugurado en 2017 tras la participación de los vecinos en el proyecto. Recientemente, pero todavía con Manuela Carmena como alcaldesa, se ha dado nombre a la plazuela de la Memoria Trans, entre la calle de San Gregorio y la de San Lucas. La última plaza en recibir denominación es la de Raffaella Carrà, en la calle Fuencarral, frente a Augusto Figueroa, en el límite entre Justicia y Universidad.

Finalmente, hay que mencionar el jardín del Cuartel General del Ejército de Tierra, en Cibeles, un espacio verde de tamaño importante y magnífico arbolado pero que no es de acceso público. Y el patio del Colegio de Arquitectos de Madrid, abierto durante la mayor parte del día.

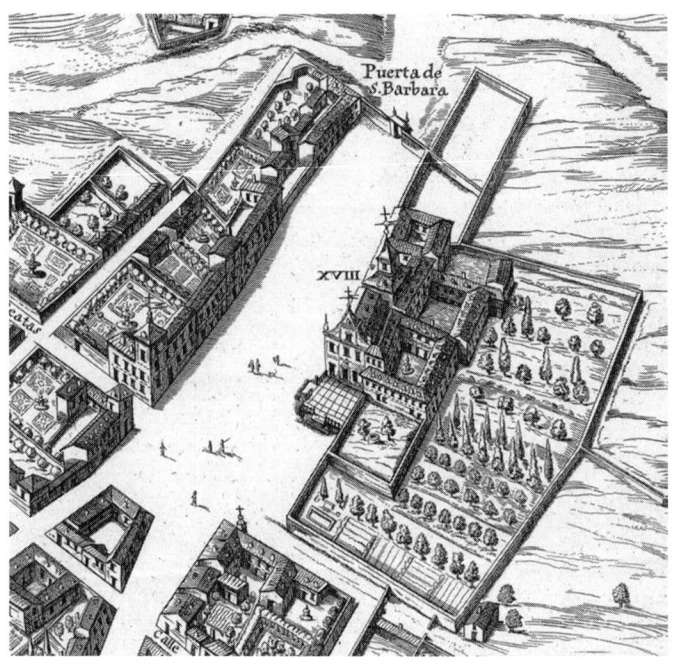

Una de las plazas más antiguas del barrio en su trazado es la de Santa Bárbara, que ya aparece perfectamente definida en la *Topographia de la villa de Pedro de Teixeira* (1656). El espacio alargado, muy similar al actual, se abría frente a la puerta del mismo nombre. Ambas, puerta y plaza, recibieron su denominación de un vecino convento de monjes Mercedarios Descalzos, dibujado con precisión en el plano, incluso en el detalle de las baldosas del atrio de la iglesia. El monasterio desapareció en el siglo XIX tras su desamortización y posterior reconversión en fábrica, para ser sustituido por edificios de viviendas y varias calles. Biblioteca Regional de Madrid. Cartoteca, Mp. II/45, hoja n.º 4.

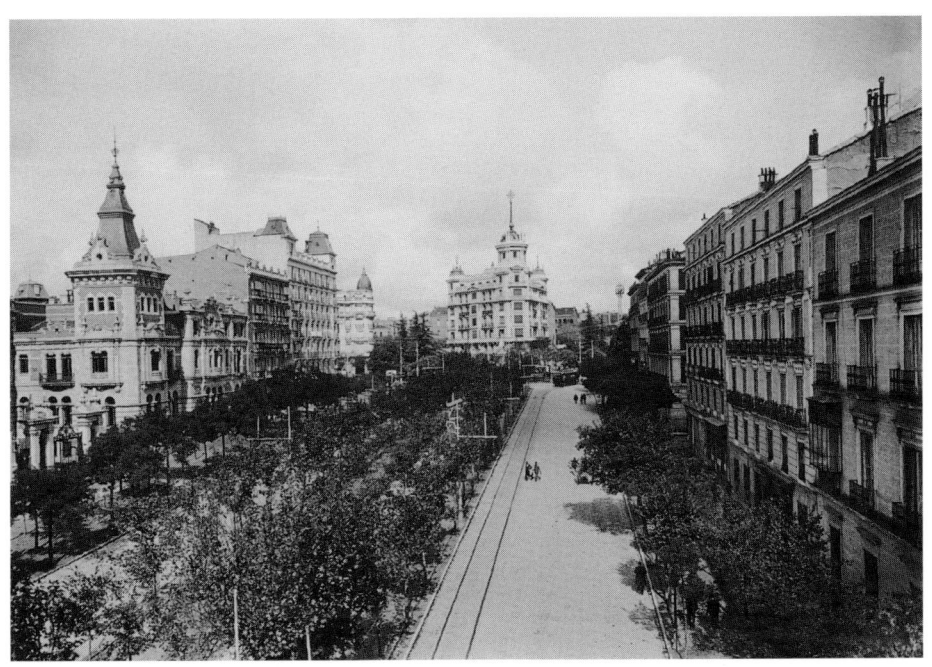

De forma rectangular y en cuesta, la plaza de Santa Bárbara se encuentra en el extremo septentrional del barrio, en el límite entre el casco histórico y el Ensanche. En la foto de los años treinta del siglo xx observamos prácticamente los mismos edificios que en la actualidad, destacando a la izquierda el palacio de los Condes de Guevara y un arbolado similar, tal vez algo más frondoso. El tranvía, sus vías y catenarias son los elementos más discordantes con el presente. Archivo de Ediciones La Librería.

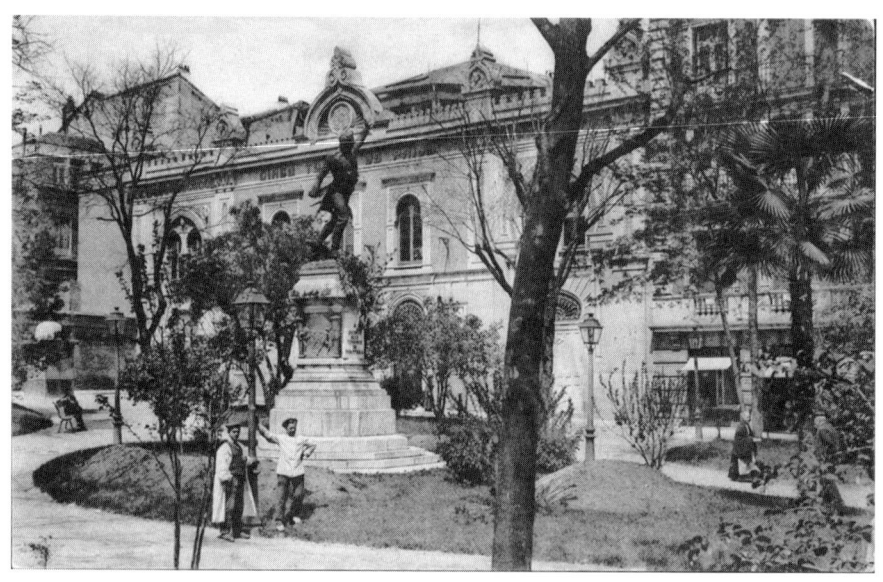

La plaza del Rey, con el monumento al teniente Ruiz en el centro de la misma, rodeado de árboles y jardines y con la fachada del circo Price detrás. El derribo de este en 1970 y la construcción de un aparcamiento subterráneo, con el consiguiente traslado de la escultura y la desaparición de la mayor parte de la vegetación, no han favorecido a este espacio urbano que se abre en el comienzo de la calle Barquillo. Tarjeta Postal. Lacoste, Madrid. Biblioteca Regional de Madrid, Mg. XXVIII/1261.

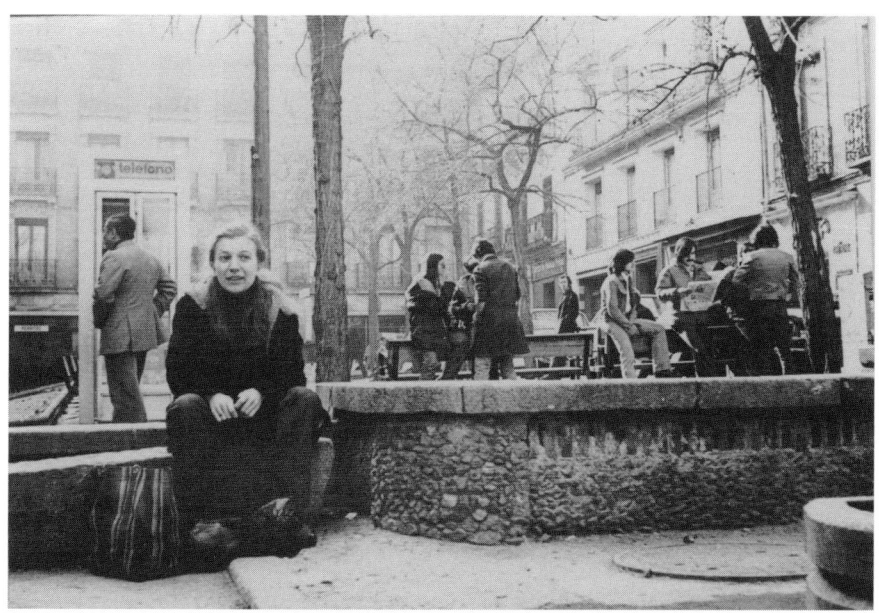

La plaza de Chueca en 1980. Situada en el centro de Justicia, la plaza es un foro imprescindible que ha acabado trasladando su nombre al barrio que la rodea. Un lugar, como vemos en la fotografía, para descansar un rato cuando vamos cargados con las bolsas, para charlar, leer el periódico o llamar por teléfono cuando no existían los móviles. Colección de Concha Alarcón.

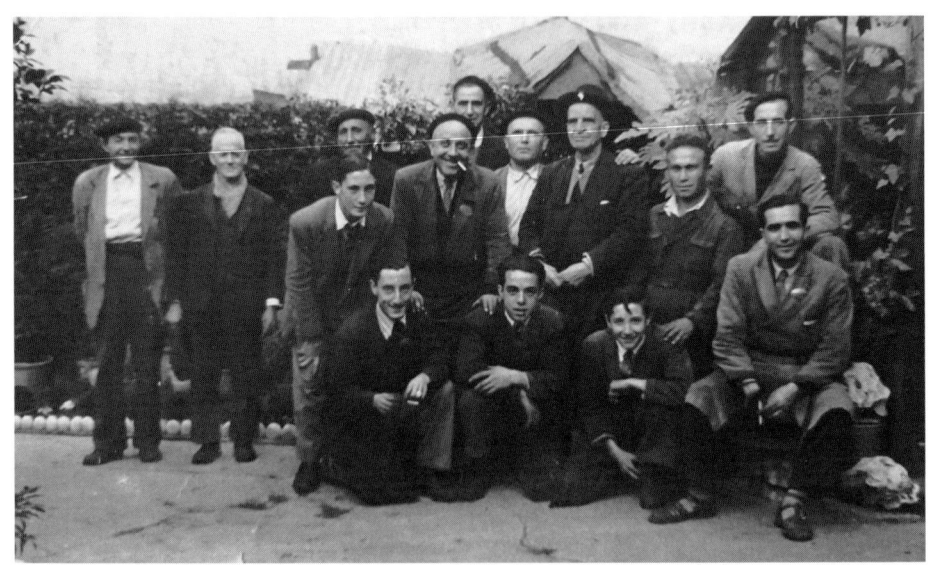

El dueño y el personal del jardín y floristería de Fausto Arroyo posan en la calle Churruca, donde desde 1906 tenían viveros e invernadero que suministraba flores para muchos de los eventos de Madrid durante décadas. Hoy el espacio en el que se ubicaba está ocupado por un moderno edificio de viviendas en el número 21 de la calle Churruca, pero en el número 19 se encuentra la floristería El Jardín de Churruca, con Esther al frente, cuarta generación del negocio familiar. Fotografía de Foto Cine Davó, 2 de noviembre de 1947. Cortesía de El Jardín de Churruca.

4. EL BARRIO DE LOS CHISPEROS

Aunque hoy sea un barrio residencial y con una actividad económica consagrada al sector terciario, Justicia atesora un considerable pasado industrial que vamos a esbozar en las siguientes líneas. Aunque Madrid durante el Antiguo Régimen fue una villa preindustrial muy dependiente de la corte, contaba con algunas manufacturas, si bien orientadas al mercado de la propia ciudad, por lo que su tamaño era modesto y estaban especializadas en una gran variedad de productos.

Entre las primeras instalaciones industriales del barrio se encuentra la de los Pozos de la Nieve, en los que se acumulaba este producto procedente de los neveros de la sierra de Guadarrama desde el siglo XVII. Situada esta fábrica en la calle Fuencarral, los pozos se hallaban en el interior de edificios, aislados de la luz para mantener la temperatura, y la nieve se protegía con paja para conservarla durante el mayor tiempo posible. Desde este lugar se distribuía el preciado material por toda la villa para mantener alimentos y medicinas y refrescar las bebidas.

En el barrio, como en el resto de la ciudad, proliferaban en la época los talleres artesanales de sastres, zapateros, guarnicioneros, cuchilleros, cerrajeros, panaderos, etc. Pero además, desde principios del siglo XVII se fueron instalando entre las calles Hortaleza y Barquillo pequeñas herrerías y fraguas que acabaron dando origen al nombre popular de barrio de los Chisperos a este sector de la ciudad. Durante el siglo XVIII siguieron funcionando a pleno rendimiento, como ha estudiado el profesor Fernando Olaguer. Estas pequeñas fábricas elaboraron los balcones y barandillas de Madrid durante siglos y dotaron a la ciudad de cerraduras, llamadores, clavos y herrajes, entre otros productos. Los artesanos del hierro conformaron una de las *tribus urbanas* de la época, la de los chisperos, que en ocasiones se enfrentaban violentamente a los manolos o los majos de otros barrios. Se caracterizaban por sus ropas sucias, a causa del oficio que desempeñaban, y su espíritu bravucón. Algunos sainetes de Ramón de la Cruz recrean estas contiendas.

En el siglo XVIII se instaló además una fábrica de la Corona en el barrio, la Real Escuela de Relojería de los Hermanos Charost, artífices franceses. Se abrió primero en la calle Fuencarral y luego se trasladó a Barquillo. También se asentó en la calle Fuencarral la Real Fábrica de Relojería a partir de 1788. Muy cerca del barrio pero extramuros se había erigido en 1721 la Real Fábrica de Tapices de Santa Bárbara, donde estuvo hasta su demolición en 1882 y posterior traslado a su actual ubicación en Atocha.

En Barquillo se emplazó también en el siglo XVIII una fábrica de sombreros del valenciano Vicente González. Igualmente existieron una fábrica de botas y zapatos y dos de sombreros en la calle Fuencarral en aquella época. En tiempos de Carlos III Ventura Rodríguez construyó un edificio en la plaza de Santa Bárbara para saladero y secadero de carne porcina y matadero de cerdos que funcionó hasta principios del siglo XIX; recordemos que era esta una zona situada en el límite septentrional de la ciudad. Una epidemia en la Real Cárcel de Corte provocó que se llevaran a este edificio los presos que allí estaban recluidos, pero lo que era una medida provisional se convirtió en permanente, ya que la cárcel del Saladero estuvo en funcionamiento hasta 1884. Sobre parte de su solar se levantó en los años veinte del siglo pasado el palacio de los Condes de Guevara, ejemplo de vistosa arquitectura ecléctica.

La Revolución Industrial provocó la paulatina desaparición de los talleres de los chisperos a lo largo del siglo XIX, incapaces de competir con las nuevas y modernas factorías. Una de ellas, la de motores de Bonaplata, se instaló en el barrio en 1839 en el desamortizado convento de Santa Bárbara. También lo hicieron los talleres de forja industrial de Tomás de Miguel, en la calle de la Reina y luego en San Gregorio. Por su parte, la Fundición de Hierros Sanford se estableció en el paseo de Recoletos, pero en la acera contraria a la del barrio.

En 1815 en el final de Hortaleza abrió la fábrica de cerveza de Santa Bárbara, la primera de las factorías modernas del sector en Madrid. Consiguió la concesión el conde de Moctezuma y su primer director fue alemán. En 1828 la Fábrica Nacional del Sello se trasladó al número 5 de la calle San Mateo, donde estuvo hasta 1866, cuando se reubicó, junto con la Casa de la Moneda, en un nuevo edificio construido por Francisco Jareño donde ahora se encuentran los jardines del Descubrimiento, muy cerca del barrio de Justicia. Por otra parte, a mediados del siglo XIX se inauguró en el número 10 de la calle Fuencarral La Deliciosa, fábrica de gaseosas, cervezas y aguas carbónicas, aunque pronto se trasladó al entonces industrial barrio de Chamberí.

En la misma época se instaló en el final de la calle Barquillo, entre Regueros y Belén, tramo que hoy corresponde a Fernando VI, la fábrica de carruajes de Tomás Lamarca. A finales de la centuria los hijos del fundador llevaron la manufactura a las cotas más alta de prestigio. En los primeros años del siglo XX una reforma urbana obligó a derribar la fachada original y construir una nueva, lo que se hizo bajo la dirección de Santiago Castellanos. Se desarrolla en horizontal en torno a la calle Fernando VI, con dos plantas y torreones en las esquinas. En la planta baja se establecieron comercios a la calle y se mantuvieron los talleres y en la superior y en los pabellones laterales se ubicaron viviendas. De estilo ecléctico, cuenta con detalles clasicistas y modernistas de estilo secesión, entre los que destaca el precioso letrero. En 2018 se ha transformado en un moderno edificio de viviendas y comercios de lujo que solamente ha mantenido la fachada de la fábrica original y que ha demolido los talleres decimonónicos para sustituirlos por un nuevo bloque en altura.

Los talleres artesanales de algunos sectores se mantuvieron activos a lo largo del siglo XIX e incluso del XX, centuria en la que también se instalaron algunas nuevas pequeñas fábricas en el barrio, como la de juguetes Muñecas Florido, primero en el número 42 de Augusto Figueroa desde 1917 y luego en Regueros desde 1928 hasta 1971, superando dos incendios en los años treinta. Tras la guerra fabricó la famosa Mariquita Pérez. En la plaza de Bilbao —hoy Pedro Zerolo— estuvo la fábrica de Lunas de Felio Pereantón desde principios del siglo XX. En la calle Pelayo queda en pie el edificio que fue de Cámaras Friko, empresa especializada en congelación y conservación de alimentos. Una panificadora en la calle San Lucas fue después el Huerto de San Lucas y ahora En Bruto. Son sólo algunos ejemplos de las pequeñas industrias existentes en el barrio hasta bien entrado el siglo XX.

Una construcción peculiar la encontramos en el llamado edificio Regium, en la calle Campoamor, ya que fue levantado en los años veinte del siglo pasado como garaje y en 1999 se convirtió en viviendas, pero manteniendo la característica fachada y su bonito letrero, al parecer de cerámica de Daniel Zuloaga. Otro garaje que sí mantiene su uso es el que se encuentra en el número 16 de la calle Piamonte, en un interesante edificio de los años cuarenta del pasado siglo. En el principio de la misma calle, con fachada también a Luis de Góngora, Manuel Gómez Ysla puso en marcha en 1958 Vespa Roma, que hoy es uno de los más antiguos concesionarios y talleres de Madrid, dirigido actualmente por su mujer e hijas. En los primeros años de su trayectoria Vespa Roma tuvo gran protagonismo en las cabalgatas de los Reyes Magos, ya que Manuel preparaba unas enormes carrozas tiradas por las Vespas. Fue un gran apasionado de las motos y sus herederas tratan de mantener vigente el estilo de vida Vespa.

Actualmente se han abierto algunos talleres de restauración de muebles antiguos y obras de arte relacionados con la creciente demanda de estos artículos entre la población del barrio. Cabe mencionar también que existen algunos antiguos espacios industriales, garajes, etc., convertidos en tiendas, como Monkey Garage, en Santa Brígida.

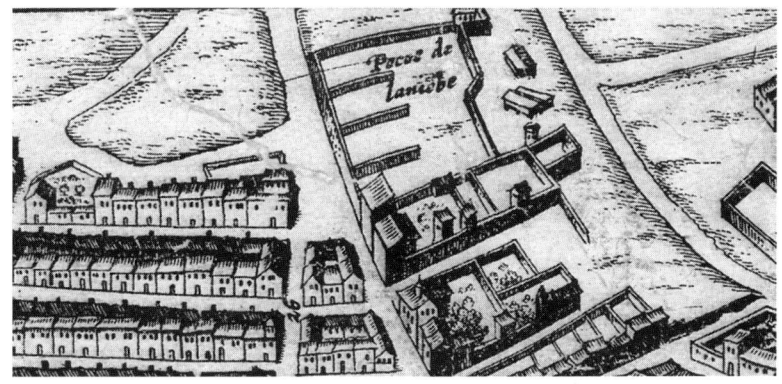

Detalle del plano de *La villa de Madrid, corte de los Reyes Católicos de Espanna*, editado en 1700 por Frederick de Witt, en el que aparece la fábrica de los Pozos de la Nieve, una de las instalaciones industriales más características y antiguas del barrio. En los pozos se acumulaba la nieve procedente de los neveros de la sierra de Guadarrama, por lo que se encontraba en el extremo norte de la ciudad, junto a la puerta del mismo nombre, en la calle Fuencarral, a la altura de la actual Barceló. Biblioteca Regional de Madrid. Cartoteca, Mp. XXXVI/32,2.

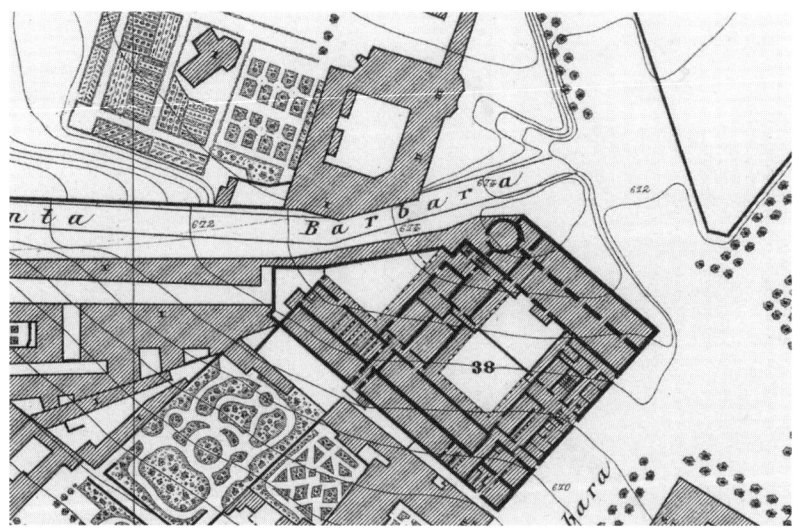

En este detalle del *Plano parcelario de Madrid*, editado por el Instituto Geográfico y Estadístico entre 1872 y 1874, se aprecia la situación de la antigua fábrica del Saladero, señalada con el número 38 e identificada como cárcel de la villa. Construida por Ventura Rodríguez como matadero, secadero y saladero de carne de cerdo, fue convertida a principios del siglo XIX en prisión, conocida como el Saladero. La Ronda de Santa Bárbara, actual calle Sagasta, separaba este edificio de la Real Fábrica de Tapices, creada en 1721, ya fuera de los límites del actual barrio de Justicia. Biblioteca Regional de Madrid. Cartoteca, Mp. VI/10, hoja n.º 7.

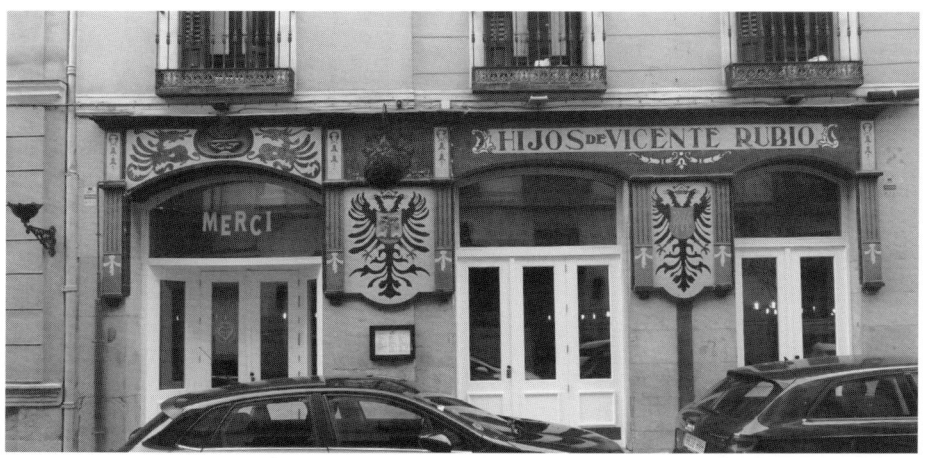

El local de las oficinas del antiguo almacén de carbón Hijos de Vicente Rubio, que abrió hacia 1870, es actualmente un restaurante, pero conserva su preciosa fachada de cerámica, gran ejemplo de los recursos publicitarios que utilizaban las pequeñas empresas de la época. En él se han sucedido diferentes negocios hosteleros en las últimas décadas. Fotografía de Francisco Juez, 9 de enero de 2024.

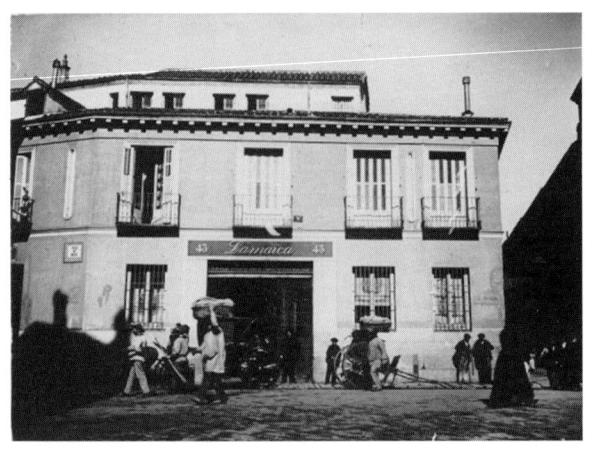

La fotografía de finales del siglo XIX nos permite observar la fachada de la fábrica Lamarca Hermanos cuando se encontraba en la calle Belén, esquina a Barquillo, que entonces llegaba hasta Hortaleza. Estaba allí desde mediados de la centuria y era una de las principales fábricas de carruajes de Madrid, con almacén de ventas en la plaza del Rey. Poco después el edificio se derribó y se sustituyó por otro, cuya fachada sigue en pie, ya en la calle Fernando VI. Biblioteca Regional de Madrid, Mg. XXII/12.

GRAN FABRICA DE LUNAS DE **FELIO PEREANTON** Pza. de Bilbao, 5-Madrid TELEFONO 16.826

Especialidad en lunas para autos y muebles – Cristales y espejos de todas clases

Anuncio de la fábrica de Felio Pereantón, especializada en lunas para automóviles y muebles, que estaba ubicada en la plaza de Bilbao, actual plaza de Pedro Zerolo. Es un buen ejemplo de la pequeña industria que todavía se mantenía en el barrio durante la primera mitad del siglo xx. *Revista Aérea*, n.º 45, febrero de 1927.

CAMARAS FRIKO

PELAYO, 34   TELEFONO 14336

Conservación de toda clase de productos alimenticios. Compartimentos especiales e independientes de diversas cabidas, para conservación de huevos.

CAMARA DE CONGELACION

Estas cámaras, montadas con todos los adelantos modernos y con dirección técnica apropiada, ofrecen las mayores garantías en sus servicios.

Anuncio publicitario de Cámaras Friko, negocio dedicado a la congelación y conservación de alimentos ubicado en la calle Pelayo, número 34 —hoy número 38—. Sigue en pie el bonito edificio construido por Luis Bellido en los años veinte del siglo pasado y el rótulo cerámico con el nombre de la desaparecida empresa en letras amarillas sobre fondo azul. *Agricultura: Revista Agropecuaria*, año IV, n.º 92, junio de 1932.

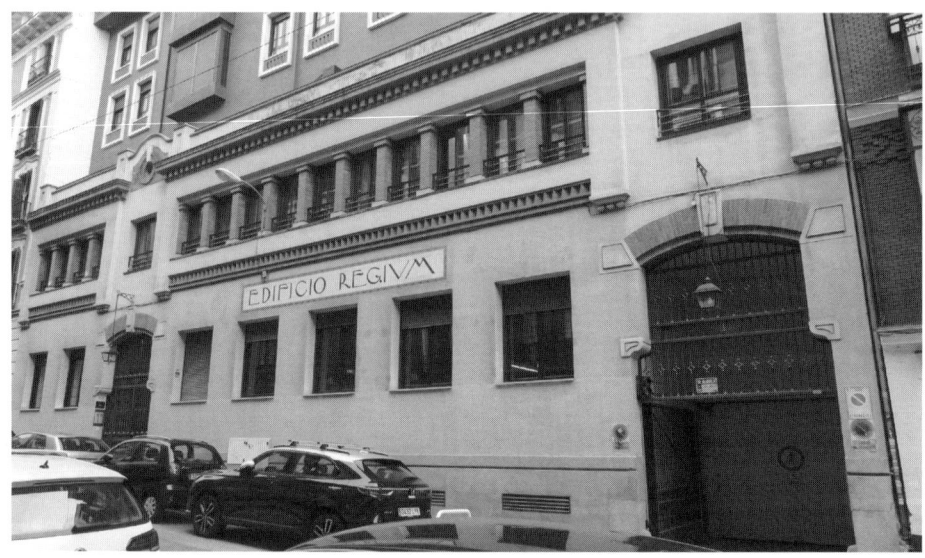

Edificio Regium en la calle Campoamor, ejemplo de antigua construcción de hace un siglo destinada a garaje, que se ha transformado en viviendas, aunque conservando su singular fachada. Es uno de los muchos ejemplos de terciarización de la economía del barrio en el último siglo. Fotografía de Francisco Juez, 9 de enero de 2024.

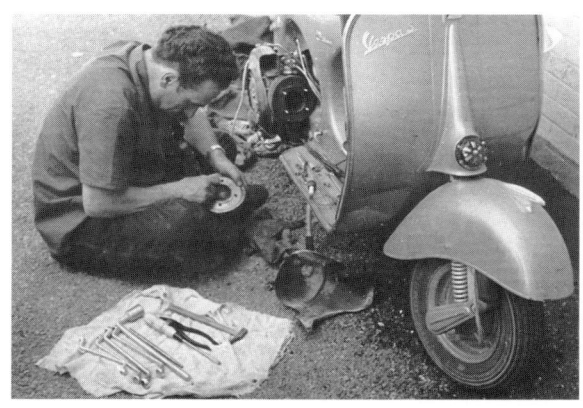

Manuel Gómez Ysla reparando una Vespa aproximadamente en 1951. Su pasión por estas motocicletas le llevó a fundar en 1958 en la calle Piamonte Vespa Roma, que, dirigido por su viuda y sus hijas, sigue funcionando como concesionario y taller de motos. En pleno siglo XXI este establecimiento continúa la tradición industrial de los pequeños talleres del barrio de los chisperos. Cortesía de Vespa Roma.

Fachada de Vespa Roma en el número 4 de la calle Luis de Góngora en torno al año 1963. En el escaparate se ven muchos de los trofeos que consiguió Manuel Gómez Ysla en las competiciones en las que participó. Actualmente sigue siendo concesionario y taller oficial de Vespa, Piaggio, Gilera y Aprilia. Cortesía de Vespa Roma.

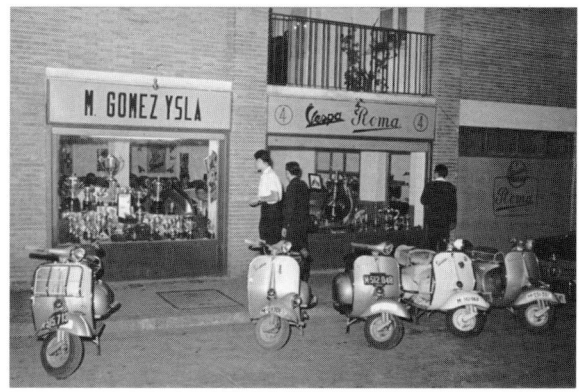

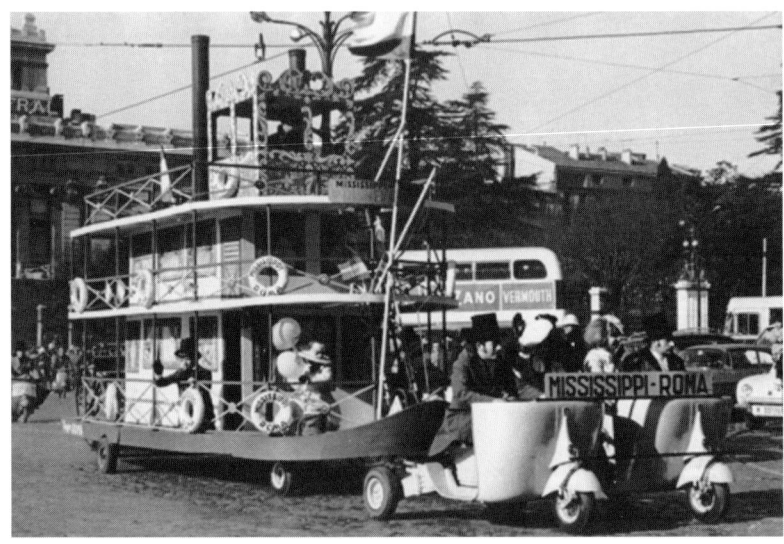

A finales de los años cincuenta y en la década de los sesenta Vespa Roma participó de manera destacada en las Cabalgatas de Reyes de Madrid, puesto que presentaba carrozas muy elaboradas y de dimensiones sorprendentes, siempre tiradas por Vespas. Manuel Gómez Ysla preparaba personalmente las carrozas con mucha dedicación. En la imagen puede verse un doble Vespacar que tira de un barco del Misisipi en la plaza de Cibeles, con el jardín del palacio de Buenavista y el edificio del Banco Central, hoy sede del Instituto Cervantes, detrás. Fotografía de 1965. Cortesía de Vespa Roma.

5. EL MOVIMIENTO OBRERO

La presencia de la industria en el pasado del barrio de Justicia explica el protagonismo de este en la historia del movimiento obrero de Madrid. Ya en época preindustrial se produjeron algunas crisis muy relevantes y los chisperos tuvieron que ver en alguna de ellas. Por ejemplo, Justicia fue uno de los escenarios importantes del Motín de Esquilache (1766) en torno a la Casa de las Siete Chimeneas, entonces residencia del ministro que da nombre al levantamiento y que fue asaltada el 23 de marzo. Según los testimonios de la época, los habitantes de Barquillo tuvieron gran protagonismo en la sublevación.

También las calles del actual barrio de Justicia vivieron con pasión el levantamiento del 2 de mayo de 1808. El hijo del general Legrand, teniente de coraceros, murió como consecuencia del golpe producido por un tiesto de flores que le arrojaron desde un balcón en algún rincón del barrio de Barquillo. Por cierto, en la calle de este nombre había nacido el Francisco Javier Castaños, el héroe de Bailén, en 1758. También se produjeron enfrentamientos en las puertas de Santa Bárbara y de Recoletos. Y son numerosos los fallecidos, heridos y fusilados que constan en los archivos como residentes en el cuartel de Barquillo.

Ya en el siglo XIX en aquel barrio de pequeñas industrias y talleres artesanales el movimiento obrero madrileño dio algunos de sus primeros pasos. Pablo Iglesias, que nació en 1850 en El Ferrol, se trasladó nueve años después con su madre y su hermano pequeño a Madrid, tras quedar huérfanos de padre. Los niños ingresaron en el hospicio de la calle

Fuencarral, donde Pablo terminó sus estudios primarios y aprendió el oficio de tipógrafo, que le permitió ganarse la vida desde muy joven. Este trabajo, en contacto directo con las publicaciones, le favoreció para adquirir una formación cultural más amplia. Se trata, por lo tanto, de una etapa relevante en la historia personal del fundador de la UGT y del PSOE.

En 1886 Iglesias alumbró el periódico *El Socialista*, primero semanario y más tarde diario, y lo hizo en pleno barrio de Justicia, concretamente en la calle Hernán Cortés, justo frente al lugar donde ahora se encuentra la sede de la Agrupación Socialista del Distrito Centro. La prensa obrera fue un importante medio de difusión de las ideas socialistas, algo que Pablo Iglesias sabía muy bien, y él mismo fue director, redactor e impresor de la publicación durante sus primeros años.

Pero el principal referente del movimiento obrero en el actual barrio de Justicia estaba situado en la calle Piamonte, donde el 28 de noviembre de 1908 se inauguró la Casa del Pueblo de Madrid, ubicada en el antiguo palacio del duque de Béjar, adaptado a su nuevo uso por el arquitecto Mauricio Jalvo. Fue sede de las diferentes organizaciones socialistas y de las secretarías de los sindicatos adheridos a la UGT, disponía de salones para asambleas y reuniones, cafetería-restaurante, biblioteca y desde 1915 un gran salón-teatro para acoger los congresos del PSOE y la UGT, así como otros eventos. La Casa del Pueblo fue además un lugar de reunión y de cultura alternativa, ya que promovió entidades y organizaciones educativas, artísticas, deportivas y asistenciales. Llegó a tener durante la Segunda República más de cien mil afiliados, pero fue incautada en 1939 y pasó a depender de la Delegación Nacional de Sindicatos. El edificio se derribó en los años cincuenta del pasado siglo. En 2008 la UGT colocó una pequeña placa conmemorativa, apenas visible en la fachada del edificio de viviendas que ocupa el histórico solar.

Con menos protagonismo en Madrid que el socialismo, también el anarquismo, la otra gran rama del movimiento obrero, estuvo presente en el barrio de Justicia. La Federación Local de Sindicatos Únicos de Madrid de la CNT tenía su sede en los años veinte y treinta del siglo pasado en el número 3 de la calle San Marcos, donde también estaban asentadas otras organizaciones anarquistas, como el Ateneo de Divulgación Social.

Por último, hay que mencionar que la sede de la Unión General de Trabajadores ha estado en el número 88 de la calle Hortaleza durante treinta años, tras la adquisición en

1987 del edificio del antiguo convento de María Magdalena, del que hablaremos en el capítulo correspondiente. Ha sido la sede confederal del sindicato hasta 2017. Después de su traslado a avenida de América, UGT ha alquilado el inmueble a una empresa hotelera, aunque el edificio sigue cerrado en 2024.

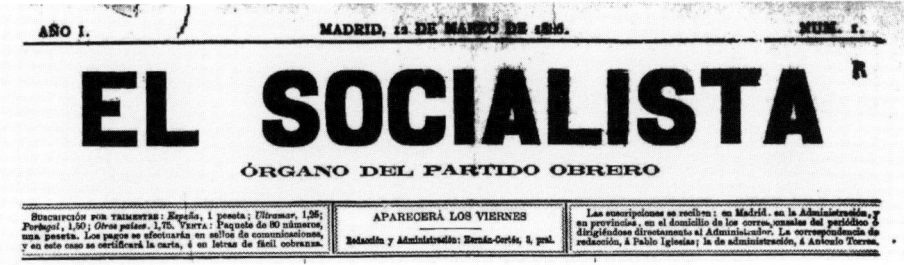

Cabecera del primer número del semanario *El Socialista* publicado el 12 de marzo de 1886. Puede leerse la dirección de la redacción y administración: «Calle Hernán Cortés número 8, principal». Pablo Iglesias era su fundador, director, redactor e impresor. Como órgano del Partido Socialista Obrero, en este número inaugural se publicó su programa, seguido de un amplio comentario sobre el mismo; también incluía noticias internacionales acerca del movimiento obrero. Contaba con cuatro páginas y se vendía por veinticinco céntimos de peseta.

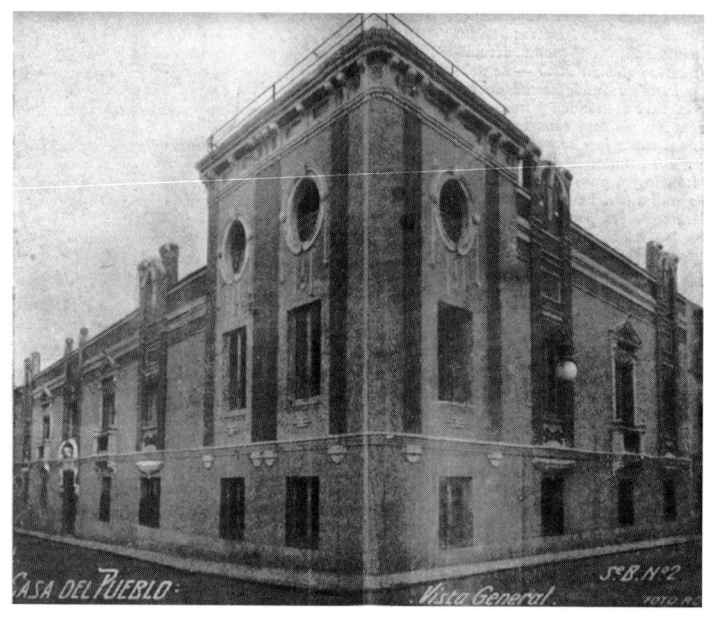

El edificio de la Casa del Pueblo en 1908, año en el que se inauguró en el antiguo palacio del Duque de Béjar, adaptado a su nuevo uso por el arquitecto Mauricio Jalvo. Acogió hasta el final de la Guerra Civil a las diferentes organizaciones socialistas, entre ellas, los organismos centrales del PSOE, las secretarías de los sindicatos adheridos a la UGT y sus órganos de dirección, las Juventudes Socialistas y la Agrupación Socialista Femenina. La Casa del Pueblo desempeñó un papel fundamental en la historia de España. *Tiempos Nuevos: Revista Quincenal de Estudios Socialistas Municipales*, 10 de diciembre de 1935. Biblioteca Regional de Madrid. Hemeroteca, R. 3317.

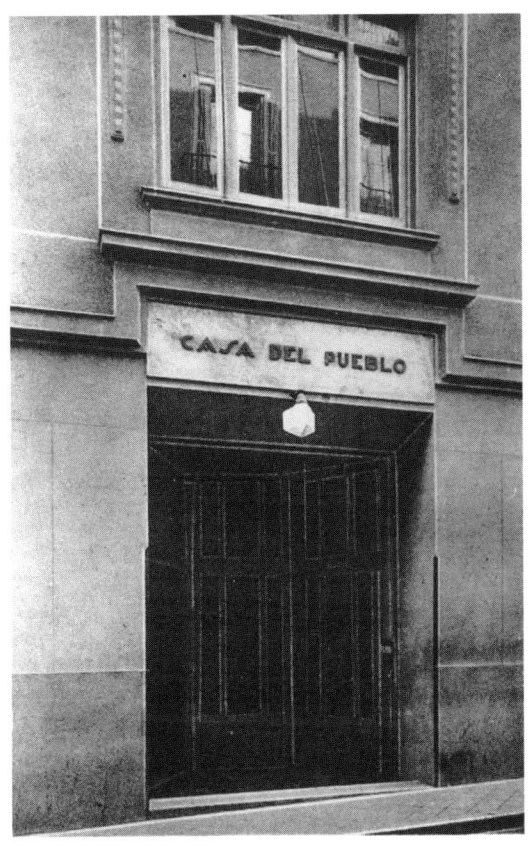

En esta tarjeta postal podemos ver el detalle de la entrada de la Casa del Pueblo de Madrid en el número 2 de la calle Piamonte, después de la reforma y ampliación del edificio bajo la dirección del arquitecto y dirigente socialista Gabriel Pradal. Fotografía de Ángel Castellanos. Heliotipia de Kallmeyer y Gautier, 1932. Fundación F. Largo Caballero.

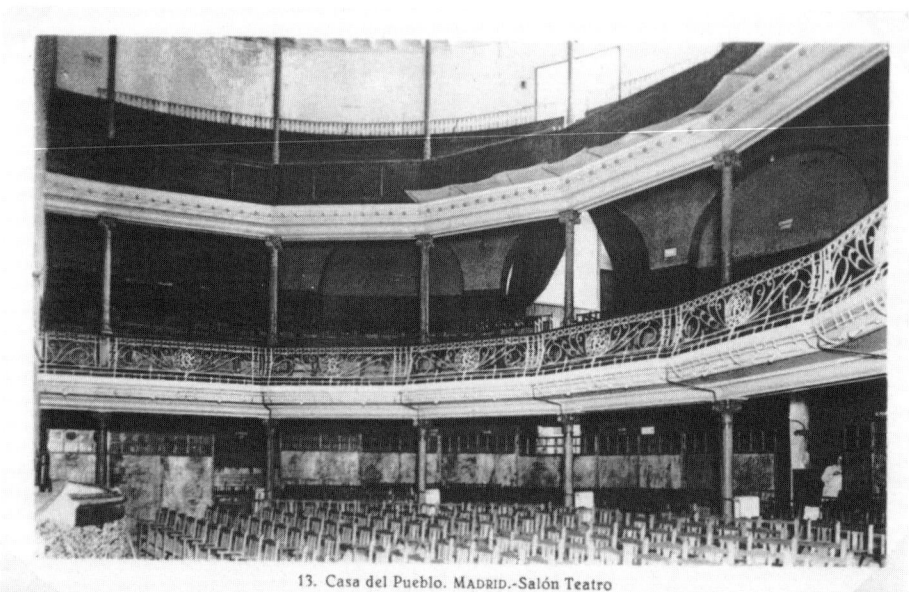

13. Casa del Pueblo. MADRID.-Salón Teatro

Como se observa en esta tarjeta postal, la Casa del Pueblo dispuso desde 1915 de un magnífico salón-teatro con capacidad para cuatro mil espectadores con entrada por la calle Gravina. En este espacio se celebraron los congresos del PSOE y la UGT a partir de entonces, así como diversas actividades. Fotografía de Ángel Castellanos. Heliotipia de Kallmeyer y Gautier, 1932. Fundación F. Largo Caballero.

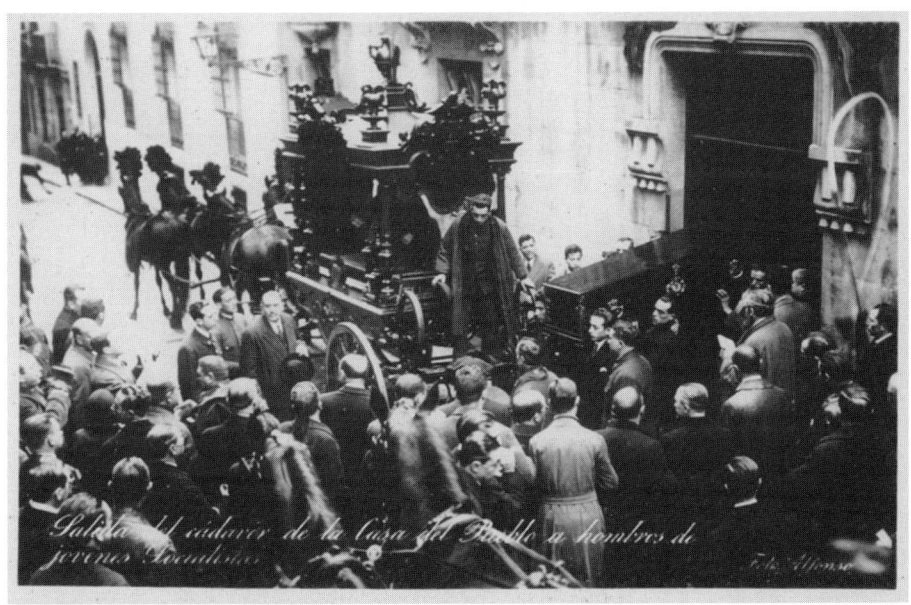

Salida del cadáver de la Casa del Pueblo a hombros de jóvenes Socialistas

Foto Alfonso

El 28 de noviembre de 1908 Pablo Iglesias inauguró la Casa del Pueblo en el antiguo palacio del Duque de Béjar; fue uno de los días más felices en la vida del fundador de la UGT y del PSOE. Diecisiete años después falleció en su domicilio de la calle Ferraz y su cadáver fue trasladado a la Casa del Pueblo, donde recibió el último adiós de miles de madrileños y centenares de obreros de toda España que se desplazaron a la capital. En la imagen observamos la salida del féretro del edificio por su puerta de la calle Piamonte, a hombros de miembros de las Juventudes Socialistas, para comenzar un multitudinario traslado hasta el cementerio Civil. Tarjeta postal. Fotografía de Alfonso, 13 de diciembre de 1925. Biblioteca Regional de Madrid. Hemeroteca. Mg. XXVI/62.

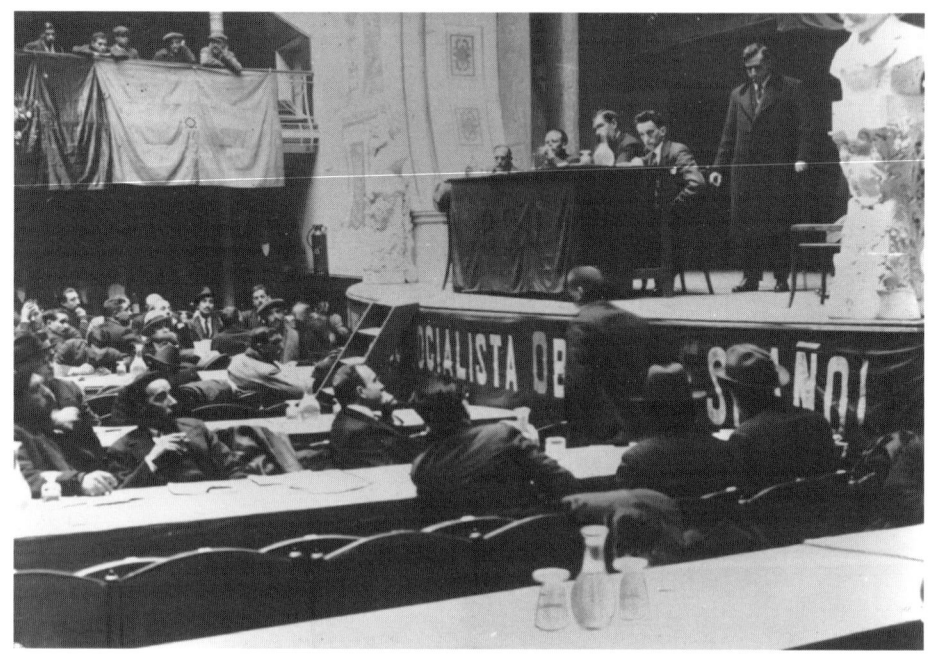

Julián Besteiro, de pie, en un mitin electoral del PSOE, en la Casa del Pueblo de Madrid en 1933. El salón-teatro fue escenario de importantes encuentros políticos durante los años de la Segunda República. En la imagen se observa el escenario, enmarcado por un gran arco de herradura, del que sólo se ve su arranque, y flanqueado por los bustos de Karl Marx y Pablo Iglesias. Fundación F. Largo Caballero.

Anuncio de la Cooperativa Socialista. En torno a la Casa del Pueblo se abrieron algunas sedes de organismos dependientes que no cabían en el edificio, como la Cooperativa Socialista de la calle Gravina, número 16, o la de Libertad, número 34, que contaban con tienda de ultramarinos, bar, restaurante, talleres de reparación de calzado y otros servicios para los cooperativistas. *Tiempos Nuevos: Revista Quincenal de Estudios Socialistas Municipales*, 10 de diciembre de 1934. Biblioteca Regional de Madrid. Hemeroteca, R. 3317.

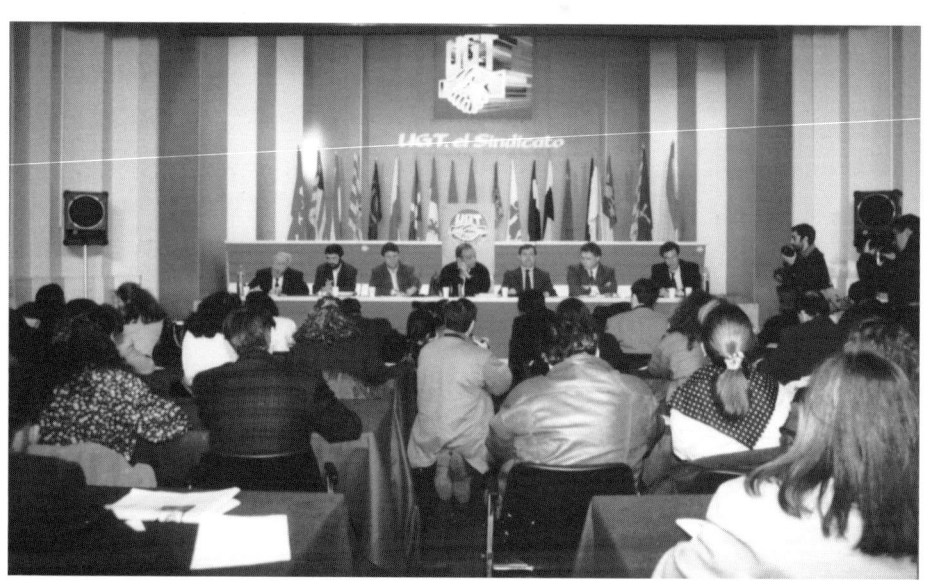

Cumbre Sindical celebrada en la sede de la Unión General de Trabajadores en el número 88 de la calle Hortaleza el 30 de noviembre de 1992 en la que participaron UGT, CCOO, ELA, CIG, USO y CGT. En 1987 UGT adquirió el edificio del antiguo convento de María Magdalena y se inauguró dos años después como sede confederal del sindicato, función que ha desempeñado hasta 2017. Fundación F. Largo Caballero.

6. LOS TEMPLOS DEL CAPITAL: OFICINAS, SEDES FINANCIERAS Y CLUBES

La progresiva implantación del capitalismo financiero en España a lo largo del siglo XIX modificó profundamente el paisaje urbano de algunas calles del centro de Madrid. Especialmente las compañías de seguros y las entidades bancarias, así como otras grandes empresas, fueron construyendo sus sedes centrales desde las últimas décadas del siglo XIX hasta mediados del siglo XX en el primer tramo de la calle Alcalá, hasta Cibeles, y en las calles adyacentes, constituyendo una verdadera *city* madrileña. En este mismo espacio se instalaron también los clubes, verdaderos cenáculos del poder económico. De este modo, los antiguos conventos y palacios nobiliarios dejaron su lugar a los nuevos templos del capitalismo. Sin embargo, en las últimas décadas las grandes empresas se han trasladado a la Castellana primero y después a la periferia e incluso al área metropolitana de Madrid, y los edificios de la antigua *city* han sido ocupados en una primera fase por organismos del Estado, la Comunidad de Madrid y el Ayuntamiento y más recientemente por hoteles y centros comerciales de lujo.

Ya en 1881 el Banco de Castilla compró la Casa de las Siete Chimeneas a los condes de Colmenares, todo un signo de los tiempos, en una época en la que se realizó una gran trasferencia de propiedades nobiliarias a la burguesía. En 1957 el singular edificio pasó al Banco Urquijo y fue reformado por José Antonio Domínguez Salazar y Fernando Chueca. Finalmente, a comienzos de la década de los ochenta del siglo pasado fue adquirido por el Ministerio de Cultura para situar en él su sede.

En el corto tramo de la calle Alcalá que forma uno de los límites del barrio de Justicia encontramos tres edificios bancarios, notables ejemplos de la arquitectura financiera. Una de las entidades que quiso estar presente en este escenario del poder económico madrileño fue el Banco Español del Río de la Plata, fundado en 1887 por mercaderes españoles en Buenos Aires y el principal banco privado de la Argentina a principios del siglo XX. Antonio Palacios y Joaquín Otamendi construyeron su sede entre 1910 y 1918 en la esquina de Barquillo. Se trata de un monumental edificio de modernas fachadas de cristal, pero ordenadas por columnas clásicas de escala gigante, con un potente acceso arquitrabado flanqueado por cariátides que se sitúa sorprendentemente en el chaflán. Su interior se organizaba en torno a un gran espacio cúbico, un patio cubierto por una cúpula de cristal. Pero en 1947 el Banco Español del Río de la Plata se integró en el Central, que tomó la decisión de ampliar el edificio por la calle Barquillo y, desgraciadamente, dividir el patio interior en una serie de pisos. Actualmente es la sede del Instituto Cervantes.

El Banco del Río de la Plata pronto se vio acompañado por el Banco Urquijo (1921) y el Banco de Vizcaya (1930-1934). El primero es fruto de una reforma de Ricardo Bastida sobre el palacio del marqués de Urquijo de finales del siglo XIX; posteriormente fue sede de Tabacalera y actualmente de la Comisión Nacional de los Mercados y la Competencia, con variaciones importantes en su arquitectura y decoración. Junto a ellos, en la misma calle Alcalá, Manuel Ignacio Galíndez y Fernando Arzadún construyeron en los años de la Segunda República la sede del Banco de Vizcaya. Su composición se relaciona bien con el entorno, pero a través de una imponente modernidad *art déco*, con bellos relieves de José Capuz y Juan Adsuara. En la actualidad el edificio pertenece al Ayuntamiento.

En la zona septentrional del barrio encontramos un edificio muy interesante, el de Papelera Española en la calle Mejía Lequerica, construido en 1913 por José María Mendoza Ussía para almacén de papel, oficinas y viviendas. Se desarrolla en torno a un patio alargado y destaca por sus fachadas neorrenacentistas con profusión de cerámica de Ruiz de Luna. Actualmente es un hotel.

Cuando se construyó la Gran Vía el espacio de la *city* madrileña se amplió y se levantaron en sus nuevas manzanas flamantes templos del capital. En el primer tramo de la Gran Vía, en la acera de los pares, que es la que nos interesa, encontramos grandes edificios propiedad de clubes de la alta sociedad como la Gran Peña o instituciones para promover el capitalismo como el Círculo de la Unión Mercantil e Industrial. Instalada en un local está la Asociación Nacional de Mujeres Emprendedoras y Autónomas (ANMEYA) en el número 4 de Gran Vía, más acorde con los tiempos actuales. También se construyeron durante la segunda década del siglo XX en este tramo de la Gran Vía, que se conocía entonces como avenida del Conde de Peñalver, sedes de compañías de seguros y bancos, todas ellas con un estilo historicista, y el hotel Roma, coronado hoy por una copia de loba capitolina original. Arquitectos como Eduardo Gambra, Antonio de Zumárraga, los hermanos Sáinz de la Lastra, José Mendoza y Ussía, Felipe de Sala, Francisco Pérez de los Ríos, Pedro Mathet, Eduardo Reynals o Pablo Aranda contribuyeron a crear la imagen señorial que caracteriza a este tramo. En el número 22 está la antigua sede del Banco Matritense, construida por Secundino Zuazo entre 1919 y 1922 con un estilo neobarroco moderado.

En otro de los bordes geográficos del barrio de Justicia, el paseo de Recoletos, encontramos también algunos edificios empresariales destacados pero más modernos. En el comienzo del paseo estuvo la sede de la Caja Postal, que desde 1947 contó con un icónico anuncio luminoso de una hucha en la que caían monedas una tras otra. Fue diseñado por Manuel Tabuyo y despareció a finales del siglo pasado, pero los que lo conocieron lo recuerdan perfectamente. El edificio Bayer, de Luis Blanco-Soler y José Antonio Domínguez, fue uno de los primeros inmuebles modernos de oficinas construidos en el barrio, concretamente en la esquina de Bárbara de Braganza y Recoletos entre 1955 y 1956. El Banco Pastor, en otra esquina de Recoletos, la de Almirante, es ya de los años setenta del siglo XX; exteriormente es una moderna de caja de cristal, pero trata de adaptarse al entorno historicista con desarrollo de zócalo, miradores y cornisa.

Muy cerca, en la esquina de Augusto Figueroa con Barquillo, Casto Fernández-Shaw y José Luis Sanz-Magallón levantaron entre 1959 y 1961 una sede de Caja Madrid en línea con el Movimiento Moderno, con fachadas de cristal y carpinterías de aluminio. Otro de los edificios de oficinas más interesantes del barrio es el que construyó Bernardo Giner de los Ríos en 1926 en la esquina entre Barquillo y Almirante; destaca por su monumentalidad a pesar del pequeño tamaño del solar que ocupa. También en Barquillo, en el nº 38, se construyó un edificio de oficinas en los años 80 del pasado siglo.

En el encuentro de Recoletos y Génova Antonio Perpiñá erigió entre 1969 y 1971 la sede del Banco de Valladolid, un interesante edificio con fachada de hormigón cercana al brutalismo que luego pasó al Barclays Bank. Ha sido sustituido recientemente por un edificio más insustancial de Norman Foster, con fachada de vigas metálicas que se entrecruzan en forma de red de rombos. En el vecino Centro Colón se encuentra desde 1972 el Club Financiero Génova, lugar de encuentro del sector empresarial, financiero y político de España, que nació bajo el impulso de Juan Garrigues Walker. En la zona de Salesas encontramos también algunos clubes, como el Círculo Orellana, ubicado en dicha calle; nació en 2020 con el objetivo de visibilizar el talento femenino y generar referentes entre las mujeres. En Santa Teresa está la Fundación Foro Agrario y en el final de la calle Hortaleza se encuentra el Club de Excelencia en Sostenibilidad.

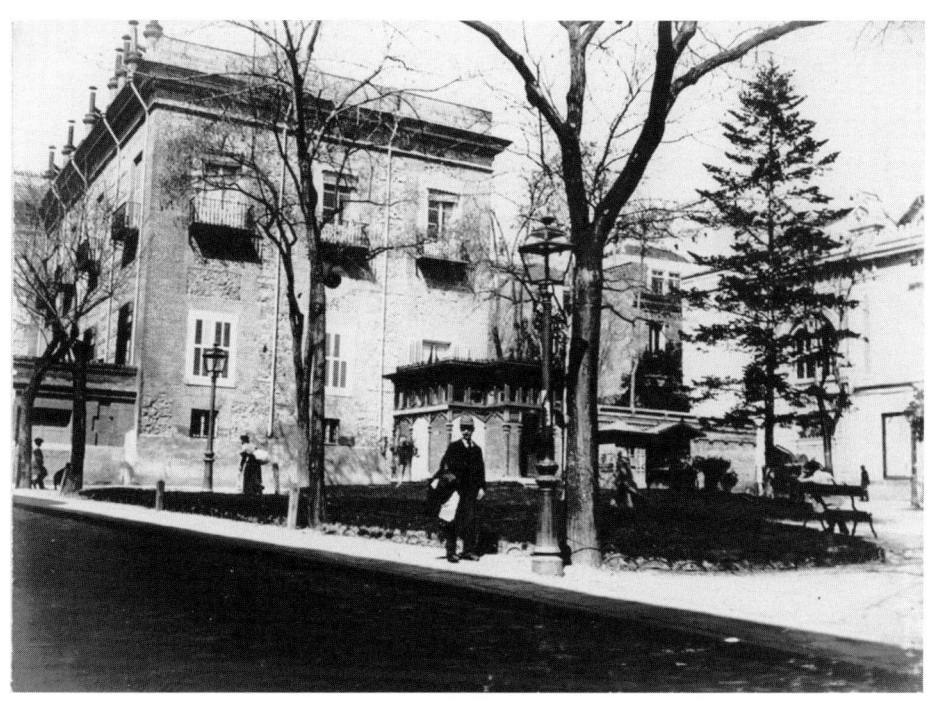

En la imagen observamos el Banco de Castilla alrededor de 1900, cuando tenía su sede en la Casa de las Siete Chimeneas. En 1881 Jaime Girona había adquirido el histórico edificio al conde de Colmenares para la entidad bancaria y el arquitecto Manuel Antonio Capo se ocupó de su restauración con la intención de darle un aspecto similar al que tenía en el siglo XVI. En 1957 el Banco Urquijo compró el edificio, hasta que a principios de la década de los ochenta del siglo pasado pasó a manos del Ministerio de Cultura. Biblioteca Regional de Madrid, Mg. XXII/12.

UN NUEVO Y GRANDIOSO EDIFICIO

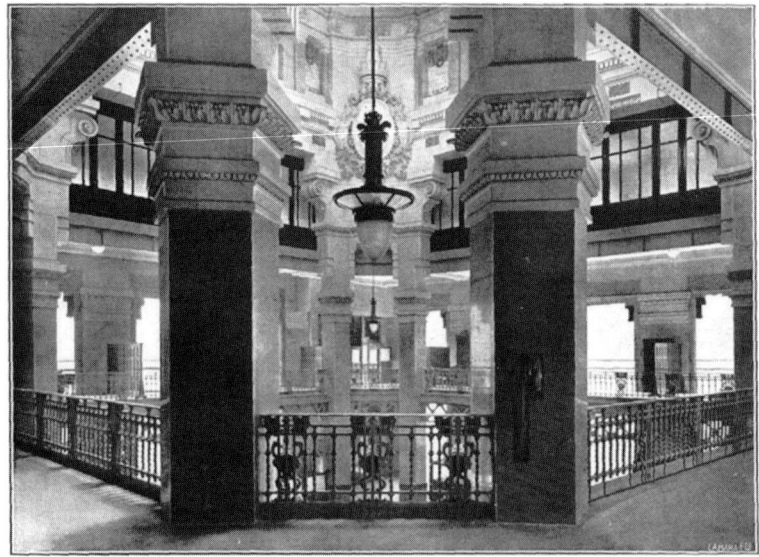

Galería del piso tercero del nuevo edificio del Banco Español del Río de la Plata

FOT. CAMPÚA

Fotografía de Campúa de la inauguración de la sede madrileña del Banco Español del Río de la Plata, singular edificio diseñado por Antonio Palacios y Joaquín Otamendi en el solar del palacio del Marqués de Casa-Irujo. En la imagen se aprecia el estado original del interior del edificio, que se organizaba en torno a un luminoso patio de operaciones central, coronado por una gran cúpula con vidrieras. Desgraciadamente, la reforma de 1947 cerró el patio a la altura del nivel principal para ganar más espacio útil. Revista *La Esfera*, n.º 227, 4 de mayo de 1918.

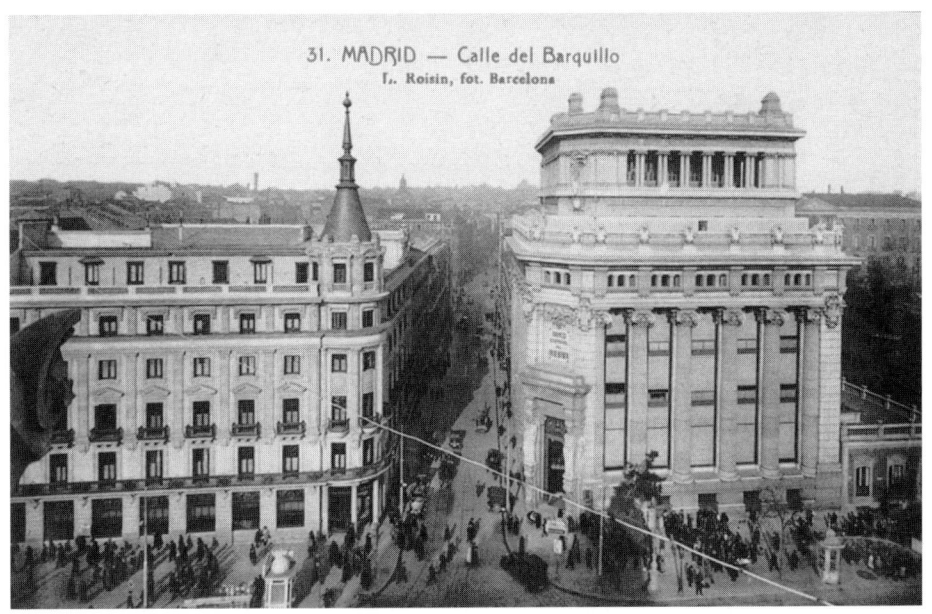

En la imagen aparecen los edificios del Banco Urquijo, a la izquierda, y del Banco Español del Río de la Plata, a la derecha, situados en la calle Alcalá a ambos lados de Barquillo. Estas dos monumentales sedes financieras formaban parte de la *city* madrileña que se fue configurando desde finales del siglo XIX en torno a la calle Alcalá, entre Sevilla y Cibeles. Tarjeta Postal. Roisin, Barcelona, c. 1920. Biblioteca Regional de Madrid, Mg. XXVIII/1261.

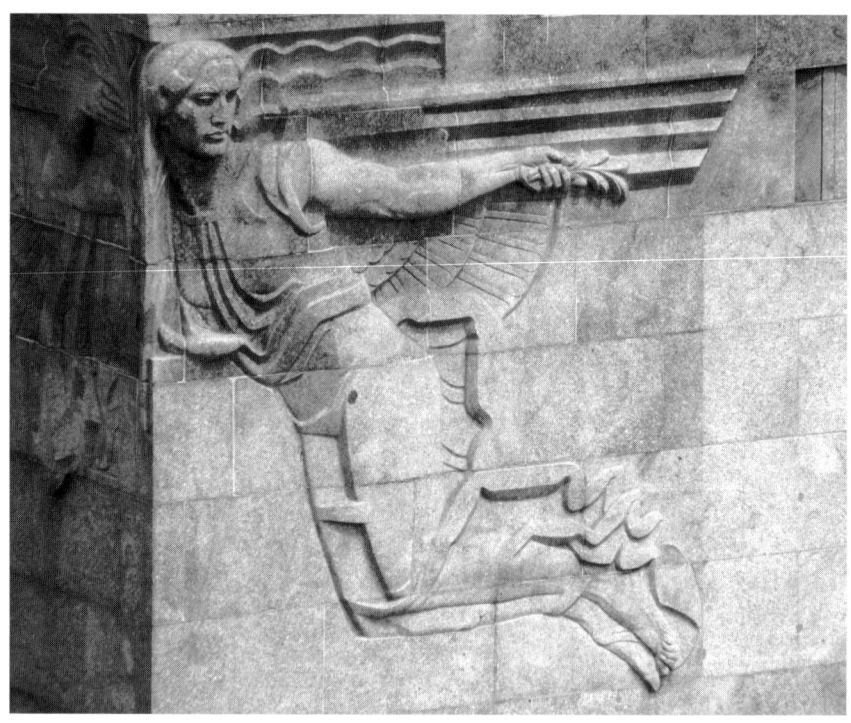

El edificio del Banco de Vizcaya, situado en la calle Alcalá, ocupa el solar del teatro Apolo. Fue proyectado en 1930 por Manuel Ignacio Galíndez y construido entre 1931 y 1934 por Fernando Arzadún, ambos arquitectos vizcaínos. En la imagen de Eduardo de Madrid observamos un detalle de su fachada, concretamente el bajorrelieve de estilo *art déco* situado en uno de los dos torreones que enmarcaban el nombre del banco. A cada lado del mismo, una victoria, diosa romana, proyectaba la imagen triunfal de la empresa en su competencia con las demás entidades bancarias asentadas en esta zona de la ciudad. Los relieves de José Capuz y Juan Adsuara se extienden por las dos caras de la esquina. 2 de julio de 2024.

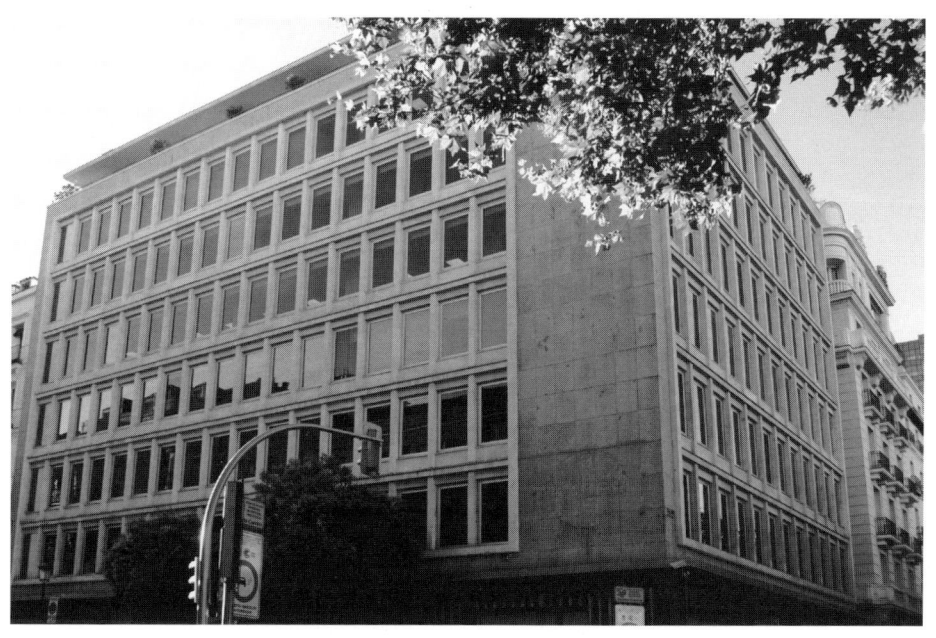

El edificio de La Química Comercial y Farmacéutica, luego de Bayer, diseñado y construido por Luis Blanco-Soler y José Antonio Domínguez entre 1955 y 1956, sigue hoy transmitiendo una imagen de modernidad desde la esquina de Bárbara de Braganza y Recoletos. Es un gran ejemplo de arquitectura empresarial de la segunda mitad del siglo XX en la espina dorsal de Madrid, límite oriental del barrio de Justicia. Fotografía de Eduardo de Madrid, 2 de julio de 2024.

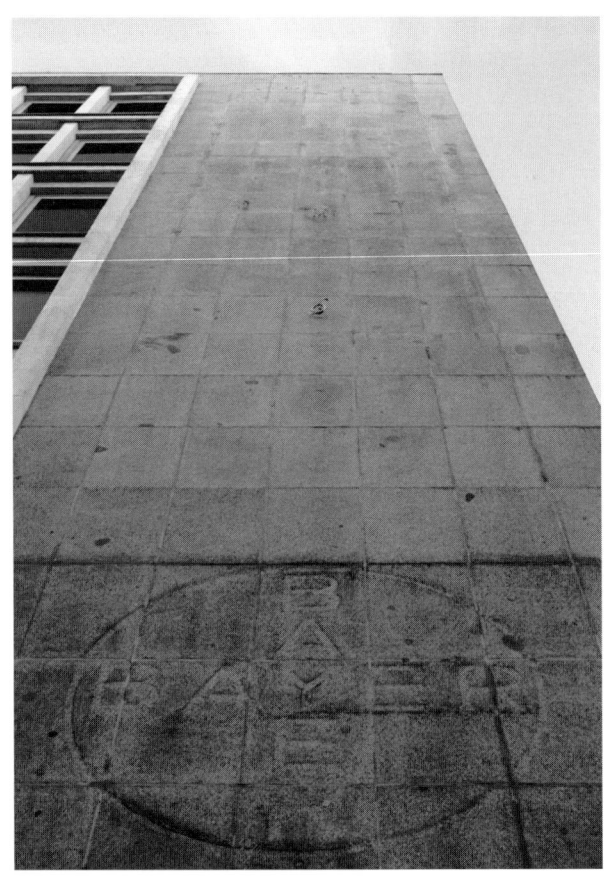

Impronta del logo de Bayer en la esquina de la calle Bárbara de Braganza después de su retirada, ya que en la actualidad el edificio pertenece a la Fundación Mapfre. Fotografía de Eduardo de Madrid, 2 de julio de 2024.

7. COMERCIO

Como en otros barrios del distrito Centro, existe una importante concentración de establecimientos comerciales en Justicia, que cuenta con casi ochocientos establecimientos mi-
noristas. Se trata de un sector dinámico y diverso, con una larga tradición histórica detrás
que no es fácil resumir en unos pocos párrafos.

Durante la época de los Austrias el territorio del actual barrio de Justicia estaba alejado
del centro de la ciudad y el comercio era muy modesto y destinado a atender las necesi-
dades básicas de sus habitantes. Pero ya a lo largo de los siglos XVIII y XIX se fue creando
un potente sector comercial en las calles principales, sobre todo de venta de productos de
alimentación y de otros bienes de primera necesidad. El paisaje comercial del barrio en
esa época estaba marcado por los pequeños establecimientos y por los puntos de venta de
los talleres, así como por una notable presencia de vendedores callejeros. A esto se suma
la prostitución en calles, como Fuencarral o San Antón —actual Pelayo— al menos desde
el siglo XVIII, con presencia creciente en siglos posteriores por el nuevo carácter central del
barrio. La calle Santa Brígida ha sido especialmente conocida por esta razón en épocas más
recientes, también la de San Marcos, con varios burdeles, así como Barbieri, Libertad o
Gravina, donde estaba Madame Teddy Maison Française.

El barrio contó también con un pasaje comercial, llamado de la Alhambra, entre la
calle del Arco de Santa María —hoy Augusto Figueroa— y San Marcos. Se inauguró en
1888 y contaba con tiendas, talleres y viviendas repartidos en seis casas junto al teatro de

la Alhambra, del que tomó el nombre. Fue derribado en los años setenta del siglo xx y en su lugar se elevaron modernas viviendas de ladrillo visto en torno a un patio abierto.

En el siglo xx se consolidó el sector comercial, con establecimientos especializados, un comercio tradicional variado y complejo, especialmente en las arterias más importantes. Prácticamente desaparecieron los talleres, que fabricaban y vendían los productos, y se impusieron las tiendas dedicadas exclusivamente a la venta. Los escaparates y las fachadas con vocación publicitaria fueron transformando las calles del barrio. La apertura de la Gran Vía supuso, en este sentido, una nueva oportunidad para el comercio.

En el primer tercio del siglo xx al comercio tradicional modesto se empezó a unir otro de lujo en el que las familias más pudientes del barrio podían hacer acopio de novedades y bienes suntuarios. Este tipo de comercio permanece actualmente y ha crecido muy notablemente en los últimos años. Y dentro de este sector tenemos que destacar el protagonismo histórico y presente de la moda. Ya entre 1918 y 1924 Isaura Botella trabajó en su taller de la actual calle Tamayo y Baus. Poco antes habían abierto el suyo las hermanas Cottret en la calle Fernando VI, en la que también se instaló Emanuel Kowarik. Desde los años cuarenta trabajaron en la plaza de Santa Bárbara Madame Rosina y Lino Martínez. En los años sesenta del siglo xx Herrera y Ollero abrieron taller en la calle Almirante. El de Jesús del Pozo estuvo en la misma calle desde 1974, y también en ella abrió su primera tienda; antes había estado en Almirante el taller de cestería de su familia, trabajo de gran tradición en Madrid.

Otra novedad destacada en el comercio del barrio de Justicia llegó en los años veinte con los primeros grandes almacenes, concretamente Almacenes Eleuterio, que se instaló en 1922 en la esquina de Fuencarral con Infantas. Era famoso por sus promociones comerciales, vendían todo tipo de textiles, muebles, alfombras, etc., y tenían anuncio luminoso en la Gran Vía. Muy poco después abrió sus puertas Almacenes San Mateo, en la esquina de esta calle con Fuencarral; se inauguró en 1925 y se dedicaba a la venta de tejidos, confecciones, complementos y otros productos.

Desde los años sesenta del siglo xx el comercio tradicional fue perdiendo dinamismo, proceso que se ha acentuado en los últimos años. Una calle tan emblemática como Fuencarral entró en crisis en los noventa. Las últimas décadas del siglo xx y lo que llevamos del siglo xxi se caracterizan por una homogeneización y banalización del comercio en toda la ciudad y también en el barrio de Justicia. Hay que destacar además la aparición de un nuevo sector comercial de lujo muy exclusivo.

Por lo que respecta a la distribución geográfica, posiblemente la calle Fuencarral, límite occidental del barrio, ha sido siempre la que ha mostrado una mayor vitalidad comercial, sobre todo a lo largo del siglo XX con un rico y variado pequeño comercio, aunque hoy está tomada por las marcas multinacionales de moda. La gente se agolpaba junto a las tiendas en las estrechas aceras, ya que ha sido una calle con considerable tráfico rodado. Entre los innumerables comercios de la calle Fuencarral deben mencionarse las ferreterías del siglo XX o las zapaterías, especialmente a mediados de la centuria. En el 18 de Fuencarral se podían encontrar «para otoño madrileño, gabardinas Butragueño». Conocida también fue la Ortopedia Alonso, en el número 98 de Fuencarral, cerca de la glorieta de Bilbao, fundada en 1886 y desaparecida en 1997. Todavía permanece la farmacia más antigua del barrio, El Águila, que abrió en 1883, cuando ofrecía remedios propios para lo sabañones. En su bonita fachada aparecen, no uno, sino dos águilas, y el interior conserva algunos muebles antiguos. Un comercio singular mucho más moderno es Appaloosa, antes llamada La Reserva, una pequeña tienda instalada en el portal número 64 de la calle Fuencarral y que trae a Madrid joyería, platería y pieles, ropa y complementos de los indígenas de Norteamérica desde los años noventa del pasado siglo. En las últimas décadas el paisaje comercial de la calle se ha homogeneizado con la invasión de las multinacionales, especialmente en el tramo peatonalizado en el inicio de la calle, que se ha convertido en algo muy parecido a un centro comercial a cielo abierto.

Otro de los ejes del barrio, la calle Hortaleza, ha acogido comercios de todo tipo a lo largo de su historia, y lo sigue haciendo. Ella y las vías adyacentes han sido un foco de atracción para artistas y aficionados por la cantidad de negocios de bellas artes existentes, aunque hoy quedan pocos establecimientos abiertos. La tienda más antigua aún en funcionamiento es Jer, en el número 72; fue antes la papelería Casa Estevan, fundada en 1870, y lleva casi un siglo atendiendo a artistas y estudiantes. Jeco, de 1957, continúa abierta en Hortaleza y en Pelayo. Acaba de desparecer la tienda-taller que fabricaba las pinturas al óleo que vendía; abrió en 1942 en Augusto Figueroa con el nombre de La Paleta Española y luego se estableció en el número 10 de Pérez Galdós, con otra denominación: Bellas Artes. Ha cerrado también recientemente Cámara, en la propia Hortaleza. Pero, de igual modo, en esta calle han proliferado otro tipo de negocios, como las tiendas de máquinas de escribir, joyerías y perfumerías, como Shangai, fundada en la posguerra por el padre del empresario Florentino Pérez. Flores Miguel permanece abierta desde 1969 y Tarín Maletas, que abrió en 1973 muy cerca de Gran Vía, sigue funcionado. También están activas peluquerías tradicionales como Manoli, que abrió en 1967, o Sanabria, junto a otras muy modernas que podemos encontrar igualmente en otros lugares del barrio. En 1942 Francisco Oliva abrió en la calle Pelayo una tienda de bombillas, Lámparas Oliva, que se trasladó en 1958 a Hortaleza, número 64. Tras convertirse en una empresa de referencia en el sector con sedes en otros lugares de Madrid, en 2011 pasó a llamarse Oliva Iluminación. En 2013 abrió un *showroom* en la esquina de Hortaleza con Hernán Cortés que ha cerrado recientemente. También de finales del siglo XIX es la farmacia Cepeda, que se encuentra en el número 96 de Hortaleza

Barquillo ha sido asimismo una calle muy comercial en los últimos siglos, pero no quedan apenas negocios históricos en funcionamiento. El más antiguo es el estanco Cava Barquillo, en la esquina con Prim, abierto desde 1925 y con la misma familia al frente. Posiblemente fue Barquillo la primera calle del barrio en contar con negocios destinados a clientes de elevado poder adquisitivo. Ya en las décadas iniciales del siglo XX se ubicaron establecimientos como la tienda de complementos llamada de manera muy expresiva la Maison de Luxe. La joyería Gómez Echevarría estuvo desde principios del siglo XX en el 4 y 6 de Barquillo y actualmente continúa en el 9 de la misma calle. El bazar Durán abrió en el número 36, con su portada de finales del siglo XIX con decoración de cerámica modernista. En el número 8 estuvo también el salón de moda Tachín desde 1929. Las sastrerías, como Vestifex, ubicada donde luego estuvo el COAM entre 1955 y 2012, y las tiendas de moda siempre han estado presentes en la calle, donde encontramos además tiendas tan curiosas como Macchinine, dedicada al coleccionismo de automóviles en miniatura desde 2004. En el número 40 de Barquillo estuvo la colchonería y lanería Barquillo, fundada en 1862, luego tienda de sonido y ahora tienda de alimentación *gourmet*. Conserva la estructura de la portada de la primera tienda, de los años veinte del siglo pasado, originalmente pintada en azul, y los letreros de la segunda. También se mantiene la fachada de Santa Rita y parte del interior en la librería de la editorial Taschen. Recientemente ha cerrado Caballero, farmacia que estaba desde hace en un siglo en la misma calle.

Barquillo contó también desde principios del siglo XX con modernas tiendas de electrodomésticos y despachos de instalaciones de calefacción y otros servicios para los hogares, o bombas de agua, como la tienda que abrió a finales del siglo XIX el ingeniero Carlos Dal Re. Pero para muchos Barquillo es sobre todo la calle del Sonido, como fue conocida durante los años ochenta y noventa del siglo pasado, cuando llegó a tener más de veinte tiendas de electrónica, de las que sólo quedan dos en 2024: Musical Barquillo 32 y RSP Acustic. También está La Casa de los Altavoces en la vecina calle Válgame Dios desde 1969.

El primer tramo de la Gran Vía, cuya acera de los pares es la única dentro del barrio de Justicia, acogió igualmente desde sus orígenes comercios de lujo que sólo empezaron a declinar desde los años sesenta del siglo pasado. Uno de ellos fue Casa Lacoma, creada en 1925 por Margarita Lacoma como salón de moda de alta costura, situado en el actual número 20 de la Gran Vía. También la camisería Butler se instaló en el inicio de la Gran Vía. Y la sastrería González se estableció en el número 16 de la avenida de José Antonio en 1942. Continúa abierta Loewe en Gran Vía, una de las boutiques de estilo europeo más antiguas de Madrid, ya que surgió a finales del siglo XIX en la actual calle Echegaray y luego se trasladó a Príncipe y más tarde a Gran Vía y a Barquillo para extenderse después a otras zonas de Madrid.

En el primer tercio del siglo XX en Conde de Peñalver, como se llamaba entonces el primer tramo de la Gran Vía, se abrieron asimismo elegantes concesionarios de automóviles, como Fiat Hispania. Calzados Bravo Java se encuentra desde los años cuarenta del siglo XX en el número 22 de Gran Vía. Muy cerca, en la calle Infantas, estuvo desde 1923 hasta hace poco tiempo la sastrería Casa Benítez. También ha desaparecido recientemente en la misma calle la ferretería Vasco-Madrileña, con su precioso letrero.

Un eje comercial más secundario lo encontramos en Mejía Lequerica-Fernando VI-Bárbara de Braganza. Han existido hasta hace poco tiempo comercios como el que se encontraba en los bajos del palacio de Villagonzalo, en la calle Mejía Lequerica, donde ha lucido su fachada de piedra la ferretería de Hijos de E. Saiz desde principios del siglo XX hasta los comienzos del XXI. Sí se mantiene la cestería Sagon desde 1956 en la calle Fernando VI, en la que, como en Bárbara de Braganza, dominan ahora los locales dedicados a la moda. Desapareció hace algunos años Plantas y Flores Domingo, que estaba en la calle

Fernando VI, esquina a Belén desde 1973, aunque había iniciado su andadura a principios del siglo XX en la calle Hortaleza.

Una zona con menos presencia del comercio es la del extremo noroccidental, donde se mantienen algunos establecimientos históricos como El Jardín de Churruca, floristería ubicada en el número 19 de la calle que la da nombre; se trasladó allí hace unos cuarenta años desde el vivero situado en el solar contiguo, correspondiente al número 21, donde hoy se levanta un moderno edificios de viviendas que intenta no desentonar con la arquitectura de la calle. Por otro lado, muy cerca del gran conjunto arquitectónico erigido por orden de la reina Bárbara de Braganza, gran melómana, se encuentra una de las tiendas musicales más antiguas de Madrid. Se trata de la casa de pianos inaugurada en la plaza de las Salesas en 1890 con el nombre de Pianos Fristch, luego llamada Pianos Izabal a partir de los años cuarenta del siglo pasado, y desde la década de los sesenta hasta hoy, Rincón Musical.

En los últimos tiempos en la zona de Salesas, en el extremo septentrional del barrio de Justicia, han abierto numerosos comercios de lujo dirigidos a los nuevos vecinos de alto nivel adquisitivo y orientados también hacia un turismo que se promociona bajo la etiqueta del Soho madrileño. Se han extendido las tiendas de diseñadores de moda, boutiques, zapaterías artesanales, joyerías, menaje del hogar, centros de cosmética, estética, etc. Además, los primeros sábados de mes se despliega el mercadillo de Salesas en la esquina de Campoamor y Fernando VI.

Un poco más al sur subsisten algunos negocios casi centenarios, como Almacenes Los Ángeles, que abrió en 1940 en la calle San Mateo y está especializado en textil de importación para el hogar y en la confección a medida de ropa de cama y de mesa. Recientemente ha cerrado la mercería Amós, que estaba en la calle San Lucas, después de casi un siglo y tres generaciones de la misma familia. En los últimos tiempos han abierto tiendas de bolsos de lujo y de artesanía, establecimientos de diseño e interiorismo en San Mateo y establecimientos dedicados a decoración en Santa Águeda. Y han aparecido espacios singulares como Monkey Garage, en la calle Santa Brígida, tienda de ropa y espacio para eventos artísticos, mercadillos y presentaciones en un antiguo garaje.

Ya en la zona de Chueca encontramos un comercio más variopinto. Destacan las tiendas especializadas en el público LGTBIQ+: moda, *sex-shops*, librerías, etc. También hay tiendas de decoración, tatuajes, *piercings*, librerías, ropa *vintage*, modernas peluquerías o barberías de *hipsters*. Aunque estaba en la acera del barrio de Universidad, hay que mencionar el mercado de Fuencarral, que abrió en 1998 como centro comercial de moda alternativa, muy rompedor; cerró en 2015.

La calle Pelayo mantiene algunos comercios históricos como Casa Pajares, en el número 37 de Pelayo. Abrió nada menos que en 1873 como ropavejero y lleva el nombre actual desde 1905. Destacan sus columnas de hierro, sus muebles de madera y su viejo mostrador y sigue dedicada al comercio textil de segunda mano. Contrasta vivamente con los pulcros negocios de moda abiertos en los últimos años. También en Pelayo se encuentra el herbolario La Fuente, considerado el más antiguo de Madrid, con su portada de madera, hasta hace algunos años decorada con las flores que pintó José Bardasano (1910-1970). En el interior destaca su mostrador de caoba y sus cajones de madera y una gran variedad de plantas medicinales en frascos de cristal. Se fundó en 1856 en la calle de Santa Engracia y se encuentra en Pelayo desde 1900 aproximadamente.

Otra calle comercial es Augusto Figueroa, donde se encuentra uno de los locales más antiguos del barrio, en el tramo entre Fuencarral y Hortaleza: La Gloria. Fundada en 1892, se dedica desde entonces a la comercialización de ropa y zapatos de cocina, hostelería y laboral. Pero Augusto Figueroa fue famosa sobre todo por las zapaterías de muestrario, aunque ya no quedan muchas. Sigue Estellés, que abrió en 1978 en la calle San Bartolomé y ahora tiene varias tiendas, una de ellas en Augusto Figueroa y otras fuera del barrio. Están también Rue St Honoré y El 16, en dicho número de la citada calle, dedicado desde 1960 a reparación de calzado.

En el número 8 de Gravina una moderna peluquería conserva la fachada de Cuellas, fontanero y vidriero. Y desde los años cuarenta del pasado siglo está en el número 2 Martín, un excelente negocio de reparación de bolsos y maletas, también con fachada tradicional. Desgraciadamente se trasladó el famoso taller de guitarra de los hermanos Conde, que estaba en el número 7 de la misma calle. En Libertad subsiste Casa Postal desde los años ochenta del pasado siglo.

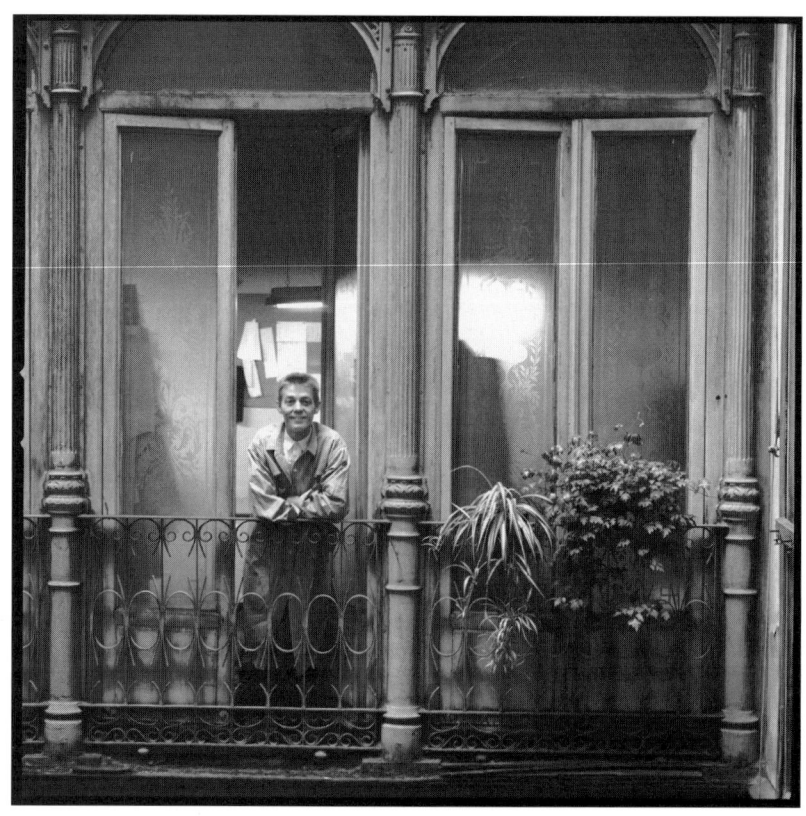

El gran diseñador de moda Jesús del Pozo asomado a la galería de hierro y cristal del patio del edificio del número 9 de la calle Almirante, donde instaló su estudio en 1974 y lo mantuvo hasta su fallecimiento en 2011. Nacido en esa misma calle, Jesús del Pozo contribuyó a que se convirtiera en uno de los ejes fundamentales de la alta costura madrileña, asentada desde hace más de un siglo en el barrio de Justicia. Fotografía cortesía de la Fundación Jesús del Pozo.

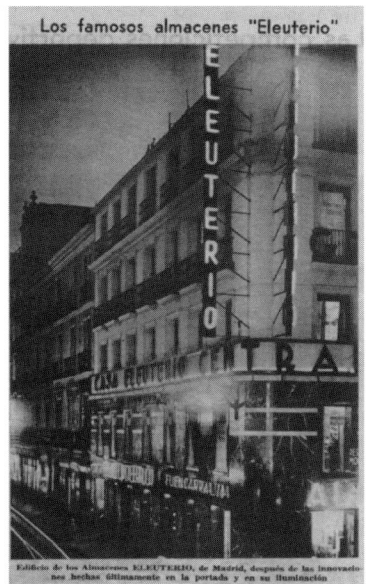

Los famosos almacenes "Eleuterio"

Edificio de los Almacenes ELEUTERIO, de Madrid, después de las innovaciones hechas últimamente en la portada y en su iluminación

Fotografía de los Almacenes Eleuterio, que estaban situados en la calle Fuencarral, esquina a la de Infantas. La información gráfica informa sobre las novedades realizadas en 1933 en su fachada, en especial, en sus carteles luminosos. Estos grandes almacenes habían abierto en 1922 y recibían el nombre del de su fundador, el burgalés Eleuterio Martínez, que también era dueño de otro establecimiento en la calle Luna. Fue así uno de los grandes introductores de los modernos almacenes en el primer tercio del siglo xx. Diario *Ahora*, 28 de febrero de 1933.

Los Almacenes San Mateo, situados desde 1925 en la esquina de esta calle con la de Fuencarral, fueron muy innovadores en sus promociones comerciales, como con la creación del pegadizo eslogan de «¡Si no lo veo, no lo creo, pero qué barato vende almacenes San Mateo!», que tenía incluso canción. En la imagen, un anuncio publicado en el diario *La Libertad*, 22 de septiembre de 1927.

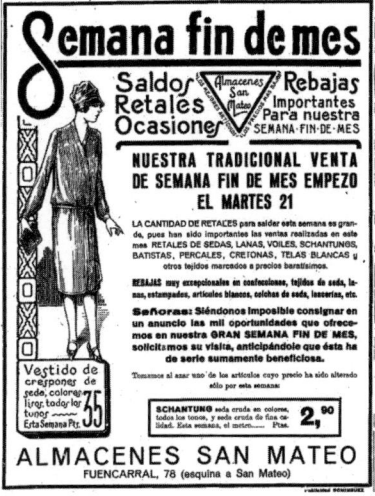

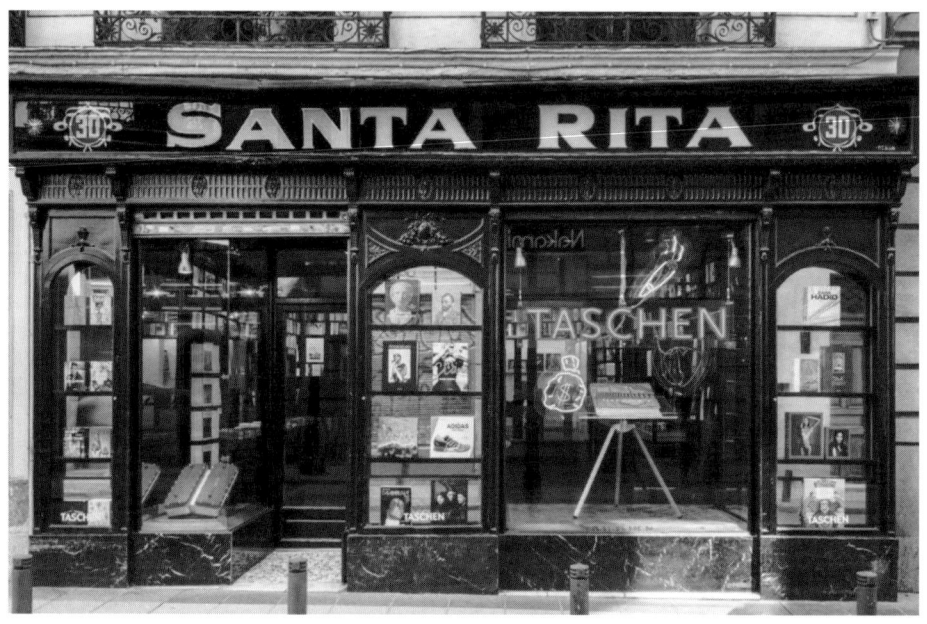

En 2020 la editorial Taschen abrió su primera librería en España en el local ocupado hasta el año anterior por Santa Rita, una pequeña *boutique* que a su vez sustituyó a una tradicional mercería de la que se conserva su fachada. El pequeño comercio especializado ha tenido una gran presencia en el barrio históricamente y, al menos en algunas zonas, la continúa teniendo, si bien con una orientación diferente. Fotografía de 2020. Cortesía de Taschen Store Madrid.

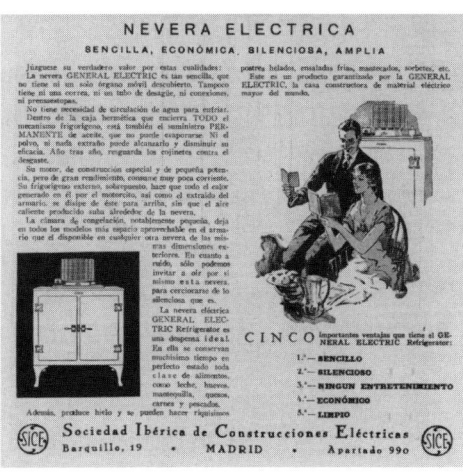

Anuncio de la nevera eléctrica de General Electric, «sencilla, económica, silenciosa y amplia», comercializada de forma exclusiva en España por la Sociedad Ibérica de Construcciones Eléctricas, desde su tienda-expositor situada en el número 19 de la calle Barquillo. Revista *Arquitectura*, año XIII, n.º 147, julio de 1931.

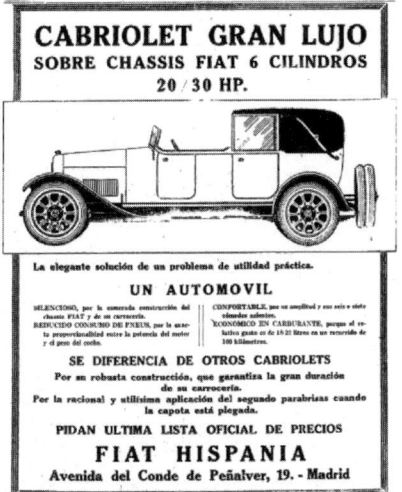

El Cabriolet Gran Lujo de Fiat se podía adquirir en el número 19 de la avenida del Conde de Peñalver, nombre que tenía el primer tramo de la Gran Vía. El concesionario de la Fiat Hispania contaba con un elegante salón de exposiciones donde los clientes más pudientes podían descubrir y comprar los modelos de automóviles más modernos. Revista *Nuevo Mundo*, 17 de julio de 1921.

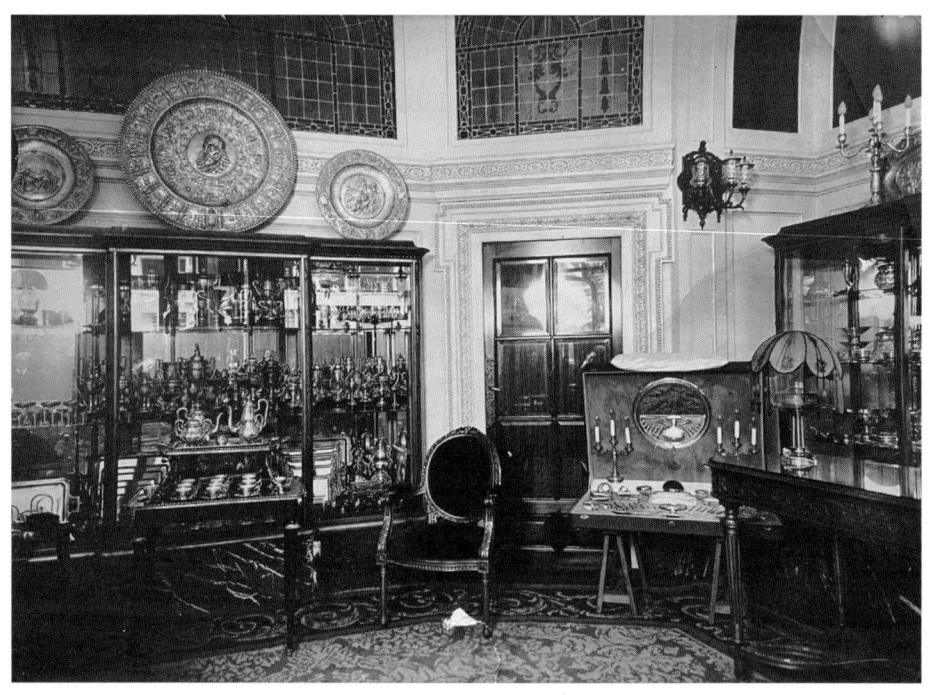

Fotografía de 1920 que muestra el interior de la joyería Aldao, situada en la acera del primer tramo de la Gran Vía que no pertenece al barrio de Justicia, aunque en la actualidad se ha instalado en la calle Argensola. Es una imagen muy elocuente del comercio de lujo establecido en las dos aceras de la entonces conocida como avenida del Conde de Peñalver. Cortesía de Aldao.

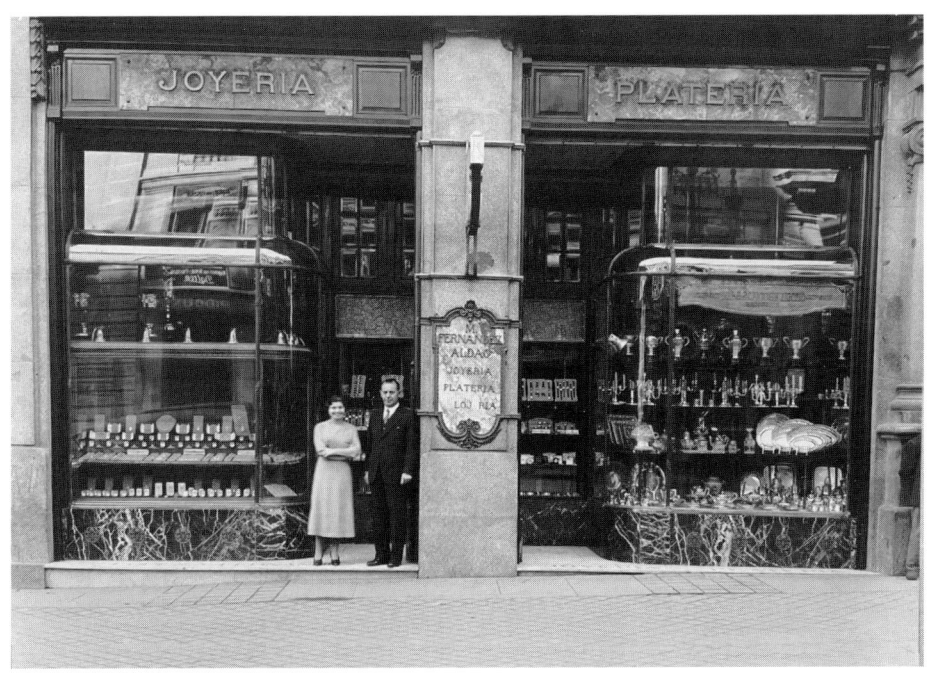

El fundador de la joyería Aldao posa con su hija ante la fachada del local de la avenida de Conde de Peñalver, hoy primer tramo de la Gran Vía. Destacan los grandes escaparates que ofrecen tentadores productos a los viandantes. Fotografía de 1950. Cortesía de Aldao.

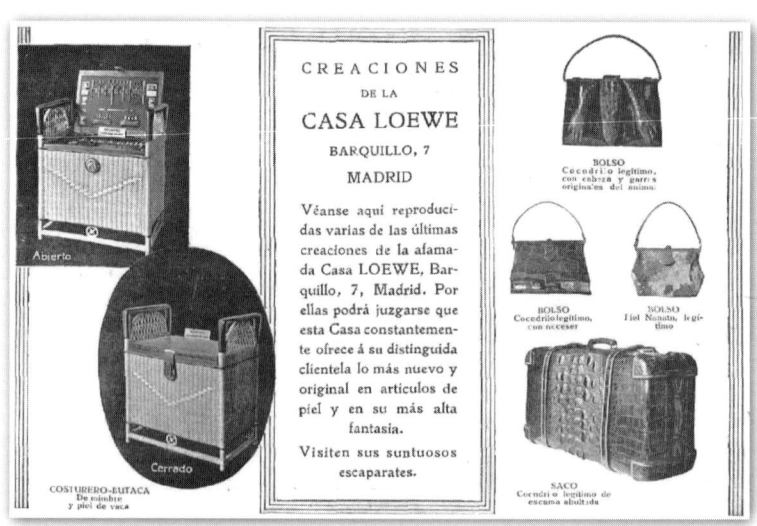

CREACIONES
DE LA
CASA LOEWE
BARQUILLO, 7
MADRID

Véanse aquí reproducidas varias de las últimas creaciones de la afamada Casa LOEWE, Barquillo, 7, Madrid. Por ellas podrá juzgarse que esta Casa constantemente ofrece á su distinguida clientela lo más nuevo y original en artículos de piel y en su más alta fantasía.

Visiten sus suntuosos escaparates.

COSTURERO-BUTACA
De mimbre
y piel de vaca

BOLSO
Cocodrilo legítimo, con cabeza y garras originales del mismo.

BOLSO
Cocodrilo legítimo, con neceser

BOLSO
Piel Nonatu, legítimo

SACO
Cocodrilo legítimo de escama abultada

Anuncio de la tienda de Loewe ubicada en el número 7 de Barquillo, en la esquina con San Marcos. El alemán que da nombre a la empresa la abrió con capital francés como taller de marroquinería en la calle del Lobo (Echegaray) a finales del siglo XIX. Posteriormente inauguró una tienda en la calle del Príncipe y en 1905 se convirtió en proveedor de la Corona. Luego se instaló en la Gran Vía, en varios locales sucesivos, y en 1923 en el actual número 13 de Barquillo, esquina a San Marcos. Revista *La Esfera*, n.º 274, 1 de enero de 1928.

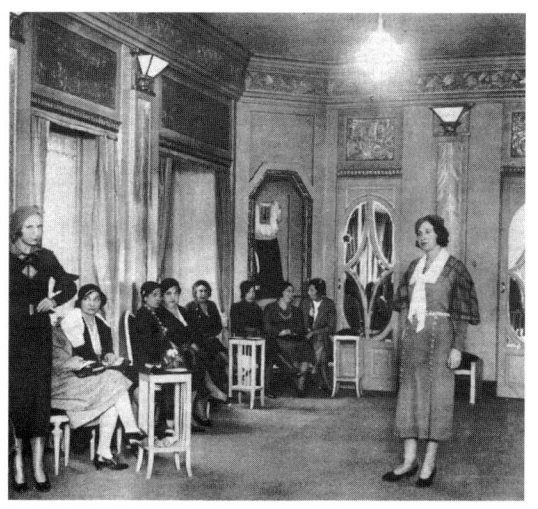

Pase de modelos en Casa Lacoma, ubicada en el número 7 de la avenida Conde de Peñalver, actual número 20 de la Gran Vía. Margarita Lacoma concibió este establecimiento de 1925 como salón de moda de alta costura y organizaba en él desfiles que también realizaba en los principales hoteles de Madrid. Revista *Crónica*, 23 de octubre de 1932.

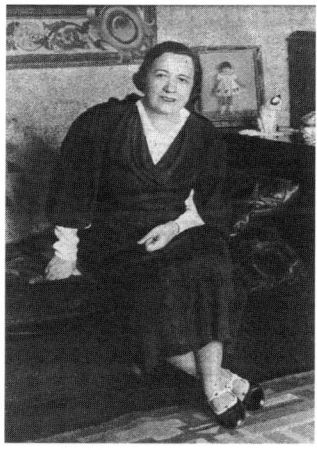

Retrato de Margarita Lacoma, modista y creadora del salón de moda Casa Lacoma. Su éxito como empresaria le llevó a promover una colonia de viviendas obreras en el barrio que hoy lleva su nombre. Revista *Crónica*, 23 de octubre de 1932.

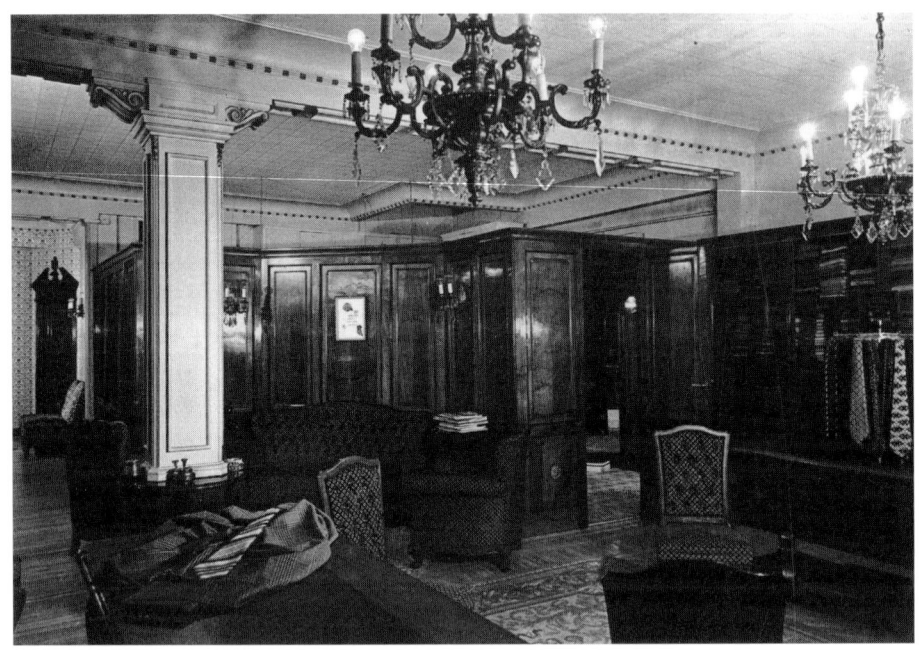

Tarjeta de ediciones Vistabella de la sastrería González, que estaba ubicada en el número 16 de la avenida de José Antonio, en la esquina con Clavel. Destacan los elegantes muebles diseñados por el ebanista José Gallar en 1942, fecha en la que abrió la tienda en esa localización. Es un buen ejemplo de los negocios de lujo que dominaron durante buena parte del siglo xx el paisaje del primer tramo de la Gran Vía. Los muebles, el instrumental de trabajo y la documentación se conservan en el Museo del Traje. Colección Beatriz García Traba.

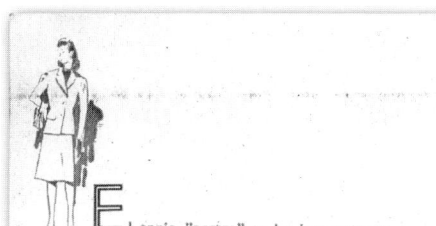

E l traje "sastre" se ha impuesto ya
en la moda femenina.

Tenga una delicada atención con su
esposa, hija o hermana, en la seguridad
de que se lo agradecerán vivamente.

Gonzalez

SASTRERÍA

AV. JOSÉ ANTONIO, 16, Entlo. · TEL.217230

MADRID

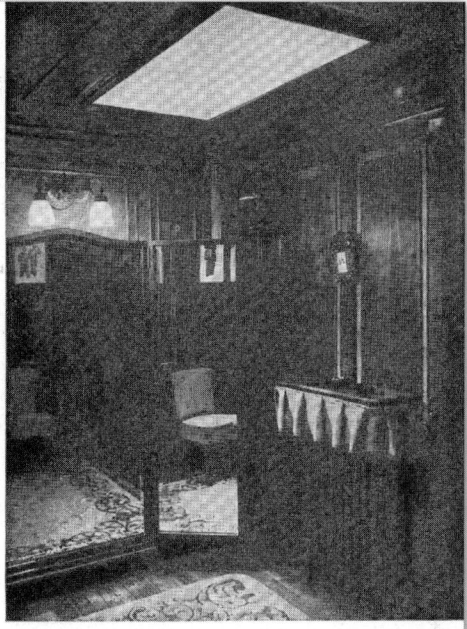

PROBADOR

Detalle de un folleto publicitario de los años cuarenta del siglo XX de la sastrería González, con la fotografía del probador y el siguiente texto dirigido a los varones: «El traje sastre se ha impuesto ya en la moda femenina. Tenga una delicada atención su esposa, hija o hermana, en la seguridad de que se lo agradecerán vivamente». La sastrería González había sido fundada en 1863 y presumía de ser la más antigua de España. Tras pasar por diferentes ubicaciones, se instaló en 1942 en la entonces llamada avenida de José Antonio. Después de cuatro generaciones de sastres de la misma familia al frente del negocio, acabó cerrando en 2005. Colección Beatriz García Traba.

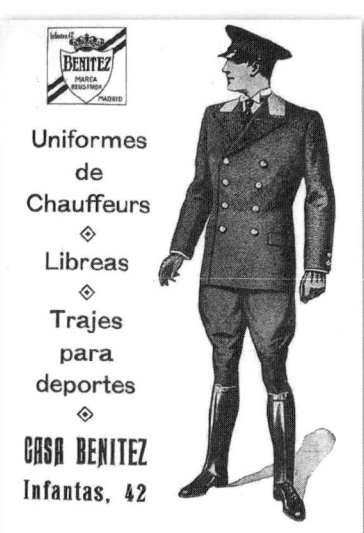

Anuncio de Casa Benítez Sastrería y Confecciones, establecimiento abierto en la calle Infantas en 1923. No llegó a ser centenario por muy poco, ya que cerró en 2019. El nombre de la calle se cambió durante la Segunda República por el de Rosalía de Castro. Revista *La Sociedad de Madrid*, año 1931. Biblioteca Regional de Madrid. Hemeroteca, R. 672.

Uno de los pocos comercios históricos que se mantienen en la actualidad en el barrio de Justicia es La Gloria, en el número 4 de Augusto Figueroa. Abrió sus puertas en 1892, como puede leerse en la fachada, y desde entonces cuatro generaciones de la misma familia han estado suministrando ropa y zapatos de cocina, hostelería y laboral a muchos establecimientos de Madrid. Fotografía de los años cincuenta del siglo xx. Cortesía de La Gloria.

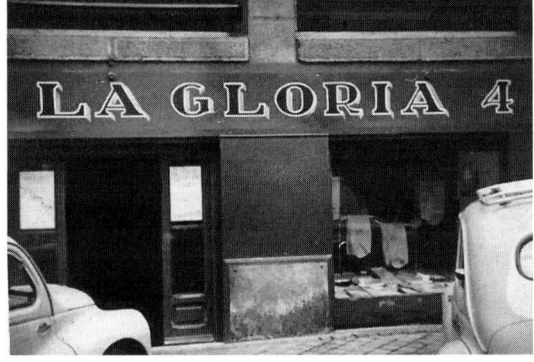

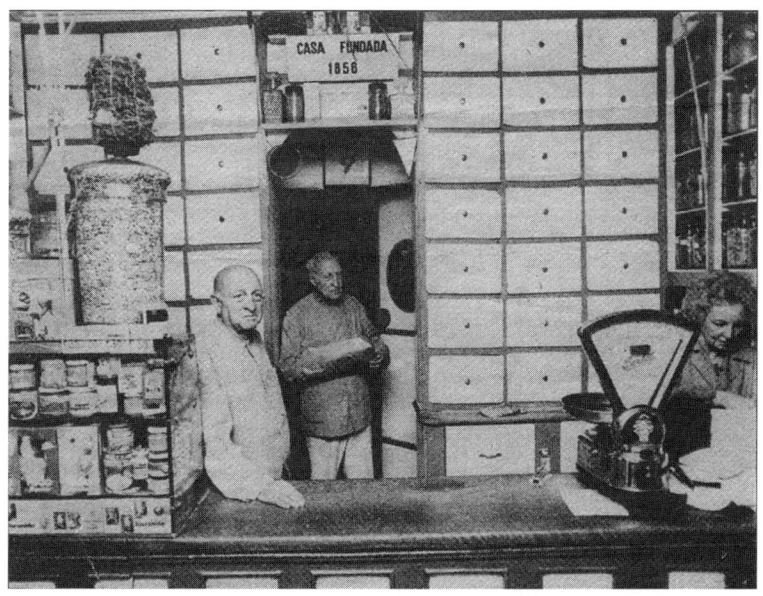

Enrique, Arturo y Encarnación de la Fuente en el interior del herbolario La Fuente, posiblemente el establecimiento más antiguo del ramo que permanece abierto en Madrid. Lo fundó su abuelo en 1856 en la calle Santa Engracia y se trasladó hace más de un siglo a la calle Pelayo, donde sigue abierto. Carmen Benito lo compró en 1986, su hija Rocío continuó con el negocio y ahora está al frente la hermana de esta, Esperanza. Es un ejemplo de los característicos pequeños comercios familiares especializados que han poblado el barrio durante siglos y que ahora escasean. Fotografía de Rosa Muñoz, 1976. Colección Herbolario La Fuente.

8. ABASTO Y ALIMENTACIÓN

Actualmente existen dos mercados de abastos en el barrio de Justicia, el de Barceló y el de San Antón, si bien comparten espacio con los establecimientos hosteleros. También funcionan supermercados y tiendas pequeñas de alimentación. En siglos pasados proliferaron los modestos comercios de productos de alimentación de primera necesidad y los mercados callejeros. Desde la época de los Austrias se instalaron comercios de abastos en torno a la calle Hortaleza, sobre todo establecimientos de gallineros y cabriteros. En el *Plano de Teixeira* podemos ver cómo el tramo de la actual travesía de San Mateo entre Hortaleza y Pelayo se llamaba calle de los Panaderos. El pan fue durante siglos el producto básico de alimentación y su venta se extendía por toda la ciudad; la calle Fuencarral también acogió pastelerías y panaderías, al menos desde el siglo XVIII. Durante mucho tiempo la vida ha estado marcada por la compra diaria de las amas de casas populares y de las sirvientas.

A lo largo del siglo XIX y buena parte del XX abundaban en el barrio las bodegas y despachos de vino a granel, que igualmente se podía adquirir en las tabernas. A finales del siglo XIX todos los barrios de Madrid, también el de Justicia, se llenaron de lecherías y vaquerías con establos para las vacas que abastecían de leche recién ordeñada a los clientes. Benito Pérez Galdós menciona en *Fortunata y Jacinta* un «establecimiento de burras de leche» en la calle del Colmillo, la que después se rebautizó con el nombre del escritor canario; esta leche se consideraba muy adecuada para parturientas y enfermos. Un comercio muy característico es el que en 1881 abrió en la calle Hortaleza, el almacén de semillas de Robustiano

Díez Obeso, que en 1992 se convirtió en Óptica Toscana, negocio que ha tenido el acierto de mantener la fachada, el suelo de baldosa hidráulica y los muebles de la histórica tienda.

En la primera mitad del siglo XIX todos los mercados de la ciudad seguían siendo callejeros. Uno de ellos era el que estaba ubicado en la calle San Antón —actual Pelayo—, al que el singular sacerdote y académico Francisco Gregorio de Salas en su *Verdadero retrato de la calle de San Antón de Madrid* (1816) describe sin edulcorantes: «Perros, borricos y machos / viejas horribles y eternas, / bodegoncillos, tabernas, / y suciedad de muchachos; / gran número de borrachos, / juramentos y disputas, / cáscaras de varias frutas, / verduleras y cabreros, / muchos chiquillos en cueros, / y rabaneras astutas».

Hubo un proyecto a mediados del siglo XIX para construir un moderno mercado de hierro en la plaza de Santa Bárbara, pero no prosperó. Sí se inauguró el nuevo mercado de San Antón en 1850, un modesto establecimiento cubierto situado entre las actuales calles de Pelayo, Augusto Figueroa y San Bartolomé. Un siglo después se construyó un nuevo mercado, algo más al oeste, que se derribó en 2007 y en su lugar Ana María Montiel y José García del Monte proyectaron y construyeron un nuevo edificio inaugurado en 2011. Por fuera es un volumen compacto de ladrillo que en su interior se organiza en torno a un patio acristalado de formas muy austeras. Acoge un supermercado, un mercado de abastos gurmé, múltiples puestos de degustación y restaurantes. Entre 2020 y 2022 se ha renovado con el proyecto del estudio de arquitectura BURR y ha incorporado más puestos de abastos y nuevos espacios hosteleros, entre ellos, el de un veterano vecino del barrio, el Café Comercial.

En los años cincuenta del siglo XX se construyó el mercado municipal de abastos de Barceló, que se inauguró en 1956 y que incorporó al año siguiente un proyecto experimental de supermercado, al parecer, el primero de España. El edificio fue derribado en 2007 y sustituido por un nuevo complejo con proyecto de Fuensanta Nieto y Enrique Sobejano que se inauguró en 2014. Cuenta con tres volúmenes independientes ordenados en torno a una nueva plaza pública, el nuevo mercado de abastos, un pabellón deportivo con una cubierta que es una terraza desde la que se domina buena parte del barrio y la biblioteca Mario Vargas Llosa, adosada al colegio Isabel la Católica. La volumetría cúbica y el cerramiento con piezas de vidrio blanco dan unidad a los tres edificios.

Desde los años sesenta las tiendas de alimentación tradicionales han ido desapareciendo y se han sustituido por supermercados y en las últimas décadas por modernas tiendas gurmé. Un ejemplo de comercio tradicional desaparecido lo tenemos en La Ciudad de Ávila, en el número 17 de la calle Argensola; o Tomad Mucha Fruta, negocio de los años veinte del siglo pasado en la calle Fernando VI que llegó hasta principios de este. Muy recientemente despareció también la frutería Casa Aragón, que abrió en 1924 en la plaza de las Salesas, con su bonita fachada pintada de verde. Igualmente dijo adiós la pescadería Fernando VI, en el edificio de Lamarca Hermanos, abierta desde los años cincuenta del siglo xx y considerada una de las mejores de Madrid. Sí se mantiene la tienda del Patrimonio Comunal Olivarero, que abrió en 1960 en la Casa de los Lagartos y hoy es La Comunal. Frutas Eloy, más moderna, funciona desde 1996 en la calle Barbieri, junto a la plaza de Chueca.

La churrería de Santa Teresa, en la calle del mismo nombre, es un castizo establecimiento posiblemente de principios del siglo xx que resiste a la boutiquización del barrio de Salesas; abastece a todos los locales hosteleros de la zona. La fábrica de patatas fritas El Patio de Chueca, en la plaza del mismo nombre, ha funcionado desde los años cuarenta del siglo pasado hasta hace muy poco. Este tipo de establecimientos ha ido dejando paso en los últimos años a las tiendas gurmé, entre ellas panaderías, chocolaterías y pequeños supermercados, especialmente en la zona de Salesas.

Un capítulo especial lo protagonizan las panaderías y pastelerías del barrio de Justicia en los dos últimos siglos. Una de las panaderías más antiguas de Madrid está en la calle Argensola: La Flor del Pan, de 1888. Viena La Baguette elabora pan artesanal desde 1906 en la calle Santa Brígida; desde hace poco tiempo es Viena Lacrem, especializada en pastelería y repostería, dentro del grupo La Baguette.

Por lo que se refiere a los dulces, la confitería Casa Hidalgo en Barquillo es una de las más antiguas de las que tenemos noticia, aunque desapareció hace más de cuarenta años. Muy lujosa también fue la pastelería La Villa Mouriscot, que estaba ubicada en el número 12 de la misma calle y que tampoco ha llegado a nuestros días. La más antigua de las que continúan abiertas es La Duquesita, confitería fundada en 1914 en la calle de Fernando VI, en un local donde antes funcionó otra pastelería. Desde el comienzo sus productos estaban dirigidos a un público selecto con una primorosa presentación. El propio local destacaba por su elegancia, por una figura en alabastro de una duquesita y, por supuesto, por sus bartolillos, soconuscos, buñuelos, huesos de santo y otras delicias. En 2015 el local, tras permanecer durante tres generaciones en manos de la familia Santamaría, fue adquirido por el premiado pastelero Oriol Balaguer, que ha cambiado su fachada y decoración, manteniendo mostradores, vitrinas, espejos y lámpara central; en 2021 abrió un salón de té contiguo al local.

En el número 2 de la calle Génova estuvo en funcionamiento uno de los locales históricos de Viena Capellanes en Madrid desde 1918 hasta 1958. El establecimiento del número 4, que continúa abierto, se inauguró en 1951 y sustituyó a una tienda de ultramarinos y chocolates llamada Molino de Chocolates Isidro López de Cobos. Muy cerca, en la otra acera de la calle Génova, en el del actual número 25, es decir, ya en el distrito de Chamberí, se encuentra otro local de Viena Capellanes aún más antiguo, puesto que abrió en 1911.

La pastelería Niza es otro de los establecimientos históricos de Salesas. Abrió en 1921 en la esquina de Argensola con Orellana y sustituyó a otros negocios anteriores del mismo ramo. La familia Vaquero estuvo al frente de Niza, famosa sobre todo por sus rusos, hasta su cierre en 2009. Actualmente el local es una tienda de ropa y una panadería, pero conserva su fachada de madera, aunque con otros colores, y algunos de sus mostradores, estantes y espejos de su interior. Entre las más modernas puede mencionarse a Celicioso, en la calle Hortaleza, que elabora productos sin gluten, veganos, sin azúcar o sin lactosa; o Manolo Bakes, en la plaza de Santa Bárbara, donde se venden los famosos manolitos.

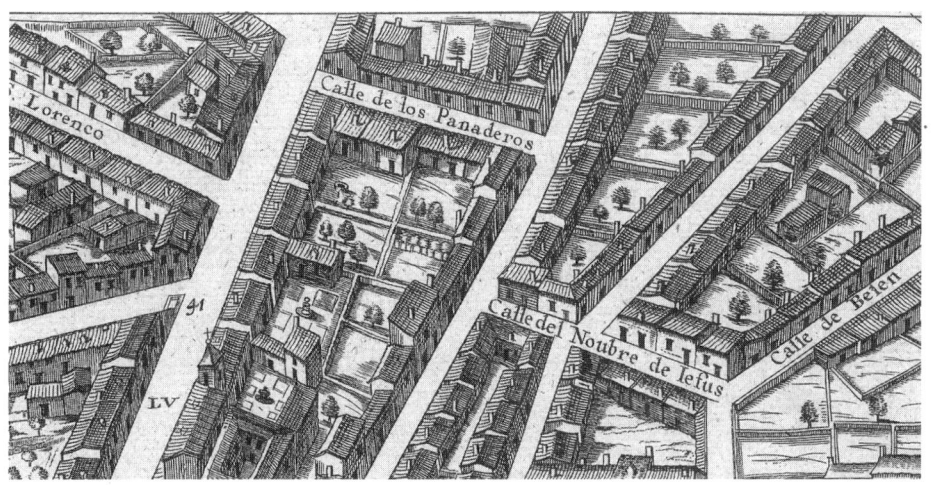

En la *Topographia de la villa* de Pedro de Teixeira (1656) descubrimos que la actual travesía de San Mateo se denominaba calle de los Panaderos a causa del establecimiento en ella de dicho gremio, lo que da testimonio de la presencia de tiendas de productos básicos desde antiguo en el barrio. Biblioteca Regional de Madrid. Cartoteca, Mp. II/45, hoja n.º 9.

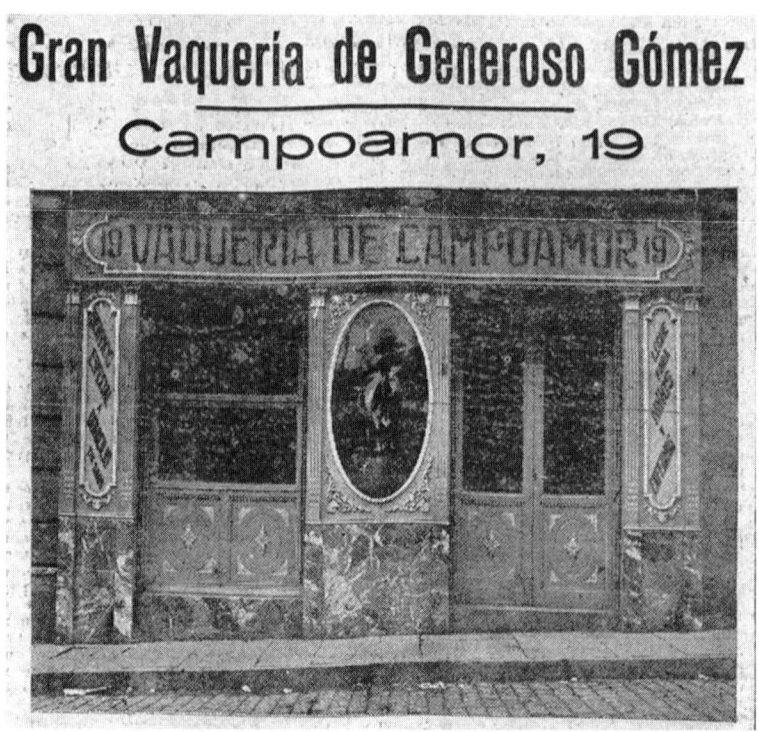

Fotografía de la fachada de la Gran Vaquería de Generoso Gómez, situada en la calle Campoamor, muy cerca de Génova. Según el texto que acompaña a la fotografía, había abierto sus puertas en 1881 y el empresario era en la fecha de la publicación de la noticia el presidente del gremio de vaqueros de Madrid. Diario *La Acción*, 16 de noviembre de 1921.

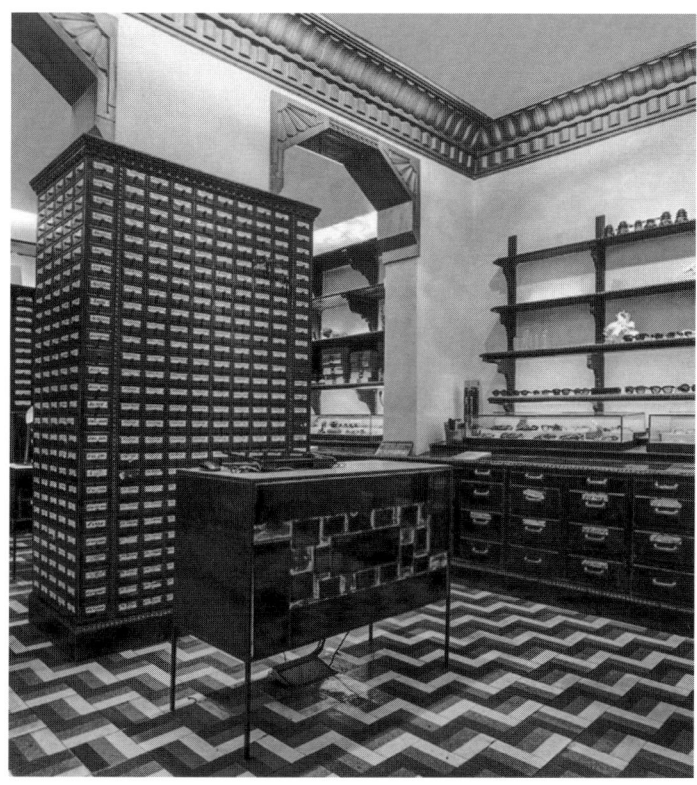

Óptica Toscana ofrece gafas de autor a sus clientes en la calle Hortaleza desde 1992. Se encuentra ubicada en un local singular porque los dueños han tenido la sensibilidad de conservar y restaurar la fachada y en gran medida el interior del almacén de semillas de Robustiano Díaz Obeso, que abrió en 1881 y durante casi un siglo abasteció a los madrileños desde el corazón del barrio de Justicia. En la fotografía observamos los muebles, con sus cajones de simientes, semillas, granos y legumbres, y la decoración del antiguo negocio. Fotografías cortesía de Óptica Toscana.

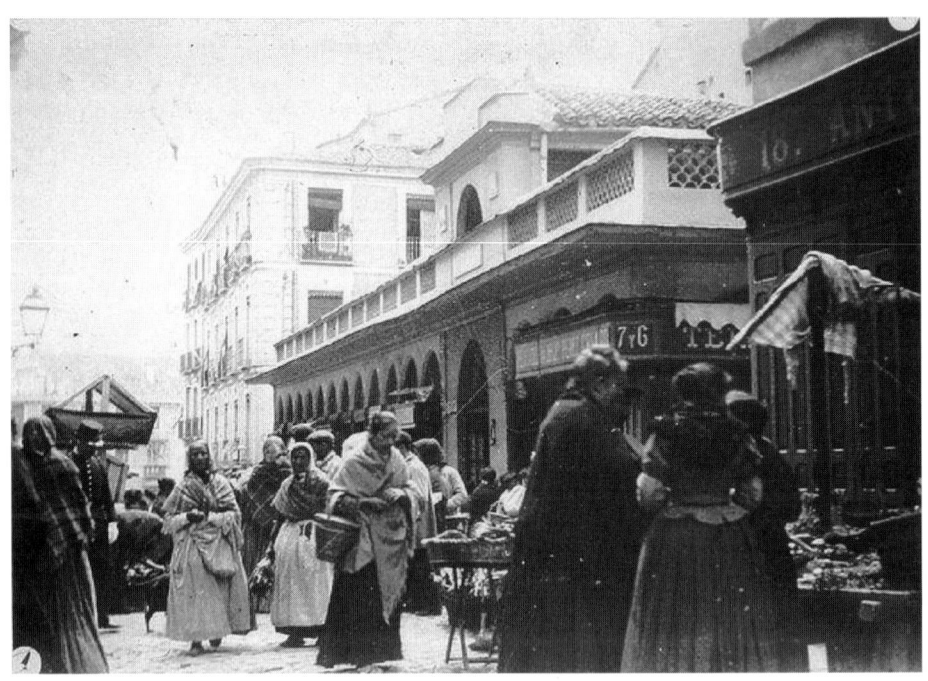

El primitivo mercado de San Antón, en una foto de la primera década del siglo XX. Era un modesto edificio, situado entre las actuales calles Pelayo, Augusto Figueroa y San Bartolomé, que se inauguró en 1850. Se levantó para sustituir al mercado callejero de San Antón —actual Pelayo—, pero la imagen nos demuestra que este sobrevivió. El edificio que se ve detrás del mercado, a su izquierda, sigue en pie. Galdós se refiere a este mercado en *Fortunata y Jacinta*, cuando la primera de las dos protagonistas vivía en una casa en la que «los vecinos eran de dos clases: mujeres sueltas, o familias que tenían su comercio en el próximo mercado de San Antón. Huveras y verduleras poblaban aquellos reducidos aposentos, echando sus hijos a la escalera para que jugasen». Fotografía cortesía del mercado de San Antón.

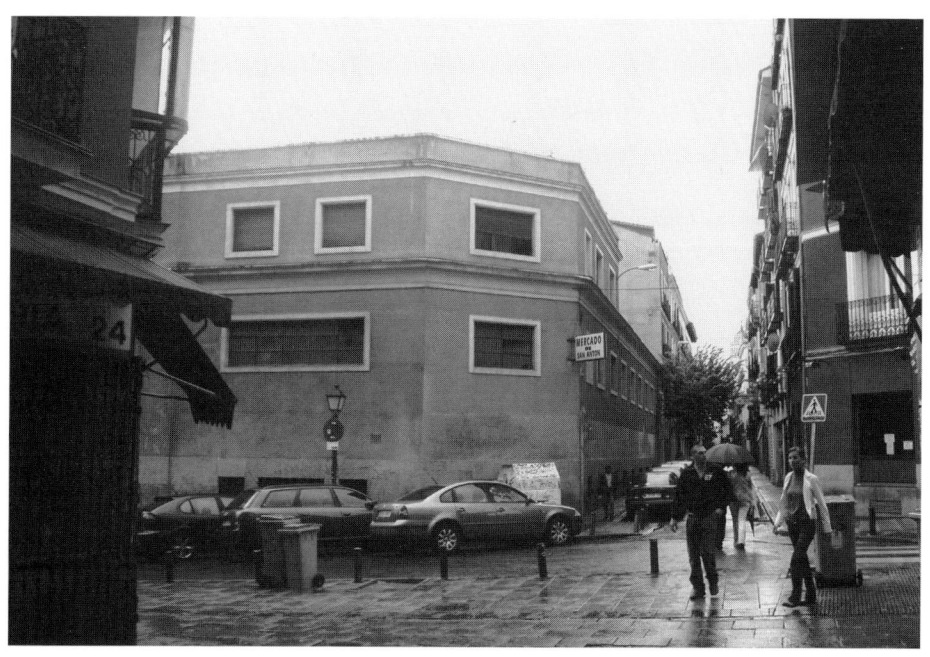

El mercado de San Antón, antes de su derribo en 2007. El primitivo edificio fue sustituido en 1945 por el que vemos en la imagen, diseñado por Carlos de la Torre, funcional, sin demasiado interés arquitectónico, entre las calles Barbieri, Libertad y Augusto Figueroa, un poco más al oeste del primero. Funcionó durante décadas, entró en crisis, como el barrio, en los años ochenta y acabó siendo sustituido por un nuevo edificio en el mismo solar. Cortesía del mercado de San Antón.

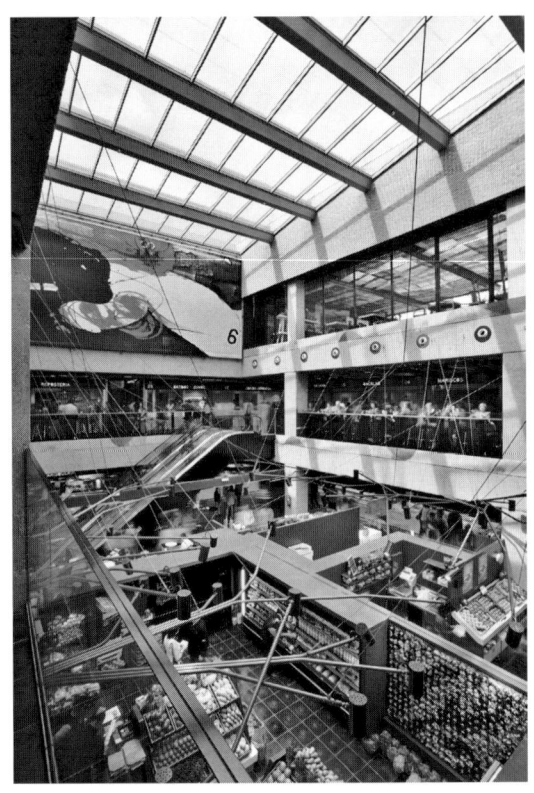

Imagen del patio interior cubierto del actual mercado de San Antón. Según la memoria de los arquitectos Ana María Montiel y José García del Monte, «no es sino una plaza más, desde donde la calle se entiende como una prolongación (la mirada es directa y casi a cota) y el mercado como lo que en origen fue: la plaza donde los mercaderes se aposentaban para vender sus productos. En muchas ciudades castellanas se sigue diciendo *ir a la plaza* a ir de compras al mercado». Fotografía de Jorge Crooke, 2012. Cortesía de Estudio Ataria.

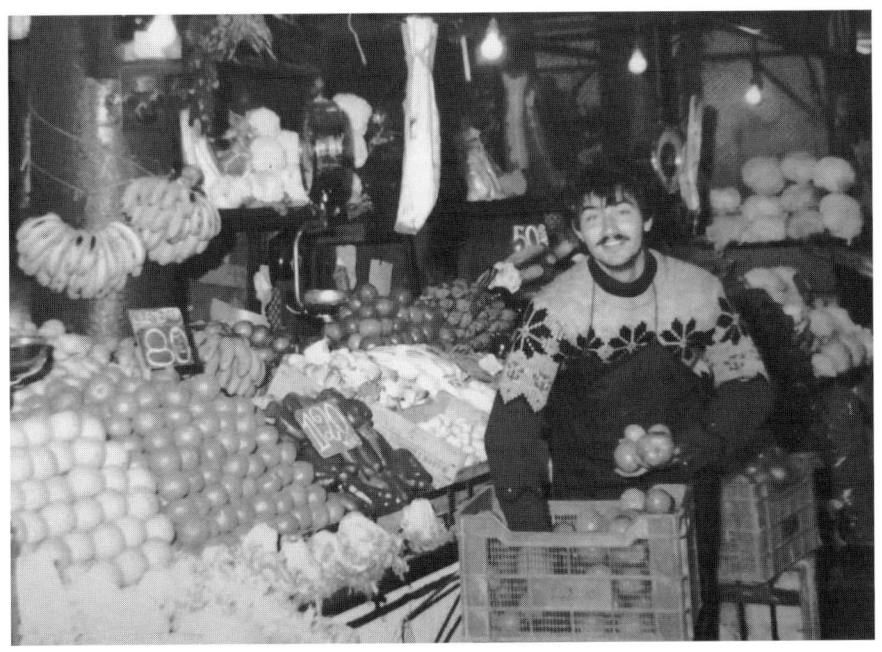

Frutería Casa Alberto en el antiguo mercado de Barceló. Almudena Grandes publicó en 2003 una recopilación de sus artículos de *El País Semanal* escritos entre 1999 y 2002 con el título *Mercado de Barceló* que recoge múltiples historias que tiene en común dicho escenario. Fotografía de los años noventa del siglo xx. Cortesía de Casa Alberto Frutas y Verduras.

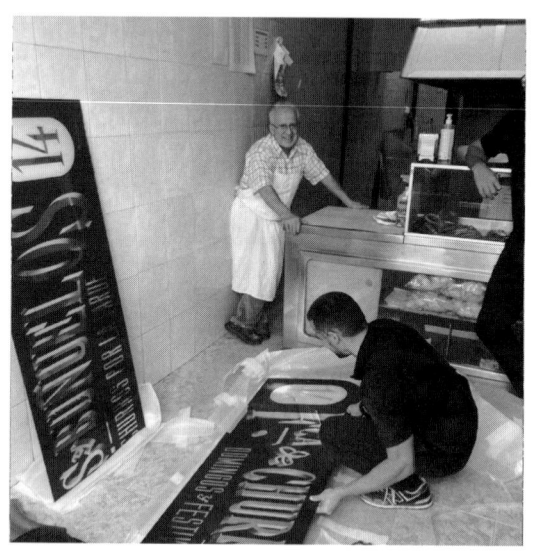

La Fábrica de Churros y Buñuelos de la calle Santa Teresa es uno de los establecimientos históricos de la zona de Salesas. Su cartel de vidrio pintado enmarcado en madera, obra del rotulista Pina de 1940, ha sido recientemente restaurado por Rotulación a Mano, gracias a la intervención de Paco Graco y Patrimonio Gráfico. Fotografía de octubre de 2021 en la que vemos cómo los restauradores entregan el letrero una vez recuperado su esplendor. Cortesía de Rotulación a Mano.

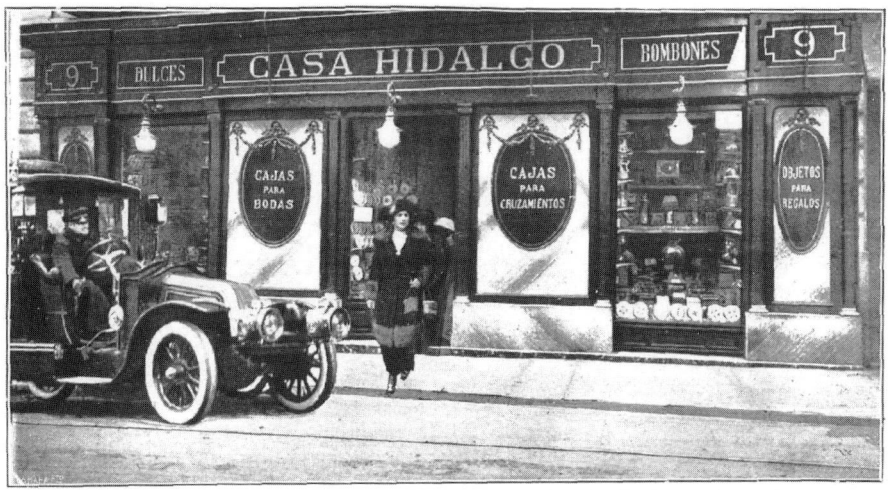

LA REINA EN CASA DE HIDALGO

CASA HIDALGO

9 DULCES | BOMBONES | 9

CAJAS PARA BODAS

CAJAS PARA CRUZAMIENTOS

OBJETOS PARA REGALOS

L A fotografía que ilustra esta plana representa á S. M. la Reina Victoria en el momento de salir de la Casa Hidalgo, establecida en la calle del Barquillo, de esta corte. La augusta dama, en su visita á esta prestigiosa Casa madrileña, sigue su costumbre de conocer los establecimientos más acreditados para admirar el primor y el arte de las instalaciones y el alarde industrial que hacen sus poseedores. En la Casa Hidalgo pudo ver la noble señora un verdadero derroche en la preparación de los artículos que allí se expenden, dispuestos con exquisito gusto y la mayor delicadeza, en armonía con la distinción de la clientela que la favorece. La Casa Hidalgo es, efectivamente, uno de los establecimientos que más honran á la industria madrileña.

La reina Victoria Eugenia de Battenberg sale de la elegante confitería Casa Hidalgo, que estaba situada en el número 9 de la calle Barquillo —el actual número 15—. Esta fotografía de 1919 publicada en la revista *La Esfera* es un testimonio de un histórico establecimiento famoso por sus cajas pintadas a mano. El edificio fue derribado en 1972, por lo que Casa Hidalgo se trasladó a la acera contraria de la calle, pero acabó desapareciendo del barrio en 1978. Revista *La Esfera*, n.º 280, 10 de mayo de 1919.

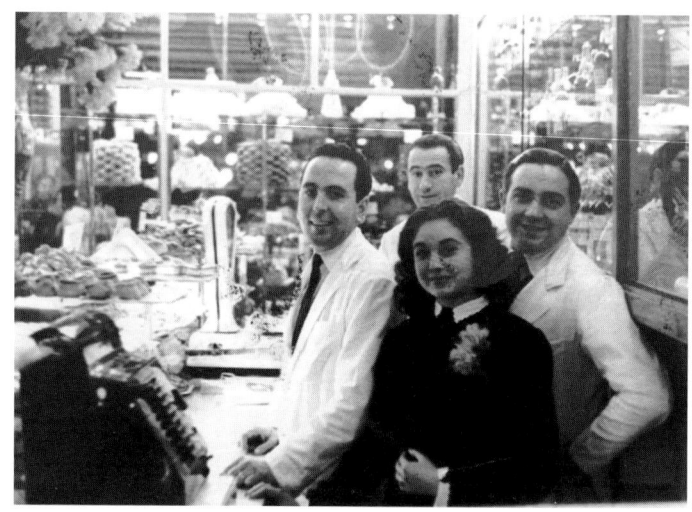

Empleados en el local de Viena Capellanes situado en el número 4 de la calle Génova, donde todavía está en funcionamiento. Este establecimiento abrió como tahona en 1873 en la calle Capellanes, actualmente Maestro Victoria, donde despachaban su innovador pan de Viena. A principios del siglo xx comenzó a extender por la ciudad sus sucursales. Archivo Histórico de Viena Capellanes.

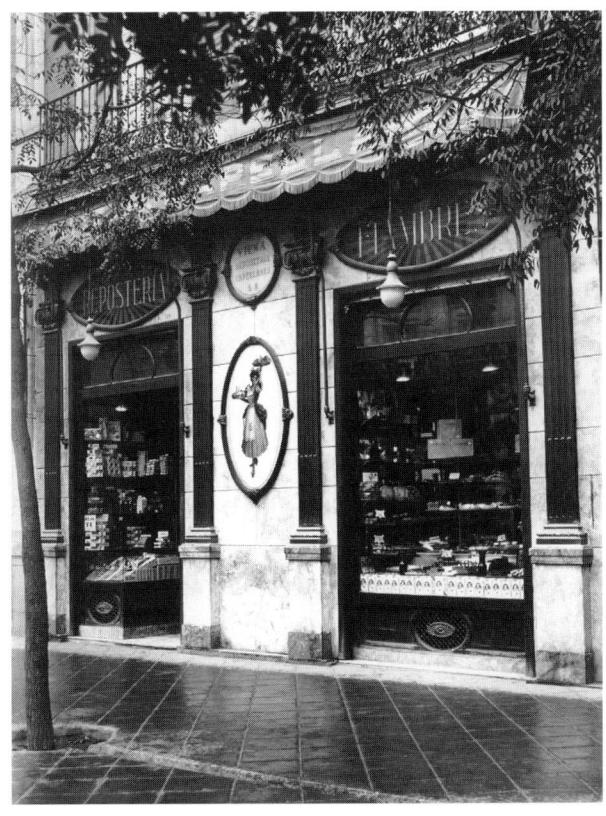

Fachada del establecimiento de Viena Capellanes en el número 2 de la calle Génova, muy cerca de Alonso Martínez, en los años cincuenta del siglo pasado. Abrió en 1918 y permaneció hasta 1958; en los últimos años introdujo en su oferta cerveza de grifo, salchichas y otros productos alemanes, lo que le convirtió en un establecimiento de referencia para el público madrileño. Archivo Histórico de Viena Capellanes.

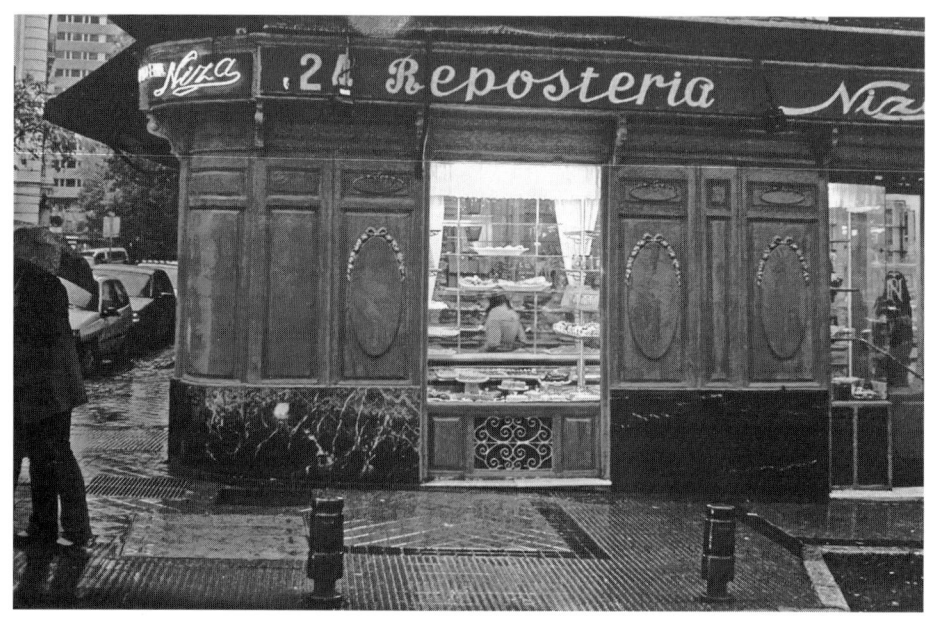

Fachada de la antigua repostería y pastelería Niza, poco antes de su cierre en 2009. Era «una de las mejores y más reputadas de Madrid», según cuenta el pintor Eduardo Arroyo en sus *Memorias*. Sus paneles de madera con adornos dorados, su puerta y escaparates y el letrero, con el neón en el pequeño chaflán, conferían a la esquina de Argensola con Orellana el encanto propio de los establecimientos históricos. Fotografía de Ana Vaquero González (DEP), c. 2009.

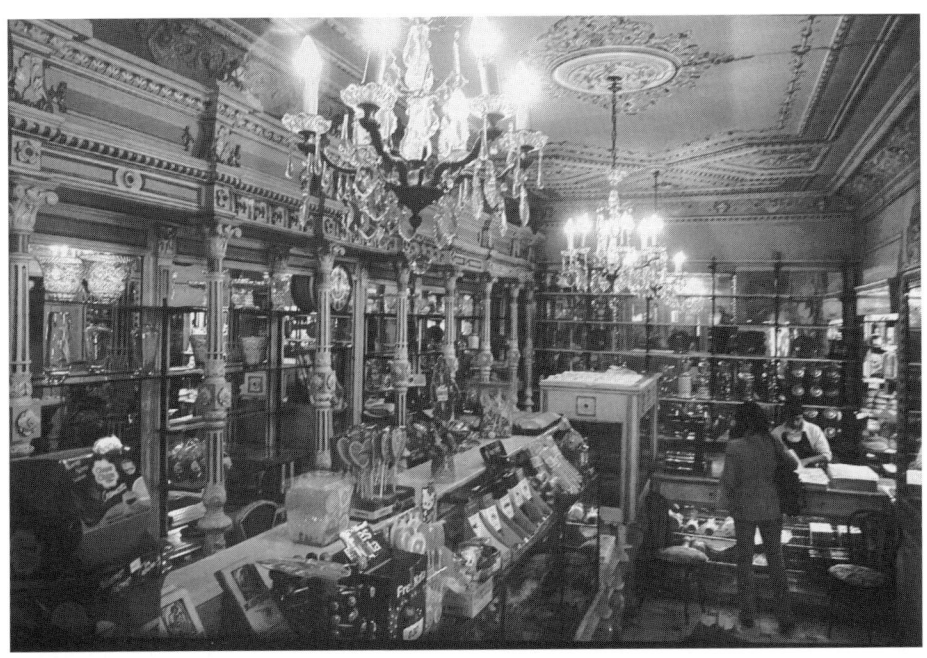

Interior de la pastelería Niza, que abrió sus puertas en 1921 en un local en el que, al parecer, habían estado instalados anteriormente desde mediados del siglo XIX otros negocios también dedicados al dulce. Destacan sus estanterías y expositores, las lámparas y los adornos del techo, con un estilo neobarroco casi propio de un palacio. Tenían fama sus pasteles rusos con almendras, entre otras especialidades. La familia Vaquero estuvo al frente del negocio hasta su cierre en 2009. Fotografía de Ana Vaquero González (DEP), c. 2009.

9. EL SECTOR HOSTELERO

Con respecto a la hostelería, Justicia es uno de los barrios de Madrid con mayor oferta, tanto tradicional como moderna. Durante los primeros siglos las fondas, tabernas, mesones, alojerías y bodegones se extendían por las principales calles. A mediados del siglo XIX llegaron los cafés, situados desde mucho antes en otras zonas de Madrid. Y después los restaurantes modernos.

Tal vez uno de los negocios hosteleros más antiguos del barrio del que tenemos conocimiento es la fonda de Genieys, que estuvo en la calle Clavel esquina con Reina. Se fundó a principios del siglo XIX y se trasladó a mediados de la centuria a Jacometrezo. El artículo de Larra de 1830 «La fonda nueva», publicado en *Revista Española*, habla así de ella: «Linda fonda: es preciso comer de seis o siete duros para no comer mal. ¿Qué aliciente hay allí para ese precio? Las salas son bien feas; el adorno ninguno: ni una alfombra, ni un mueble elegante, ni un criado decente, ni un servicio de lujo, ni un espejo, ni una chimenea, ni una estufa en invierno, ni agua de nieve en verano, ni... ni Burdeos, ni Champagne... Porque no es Burdeos el Valdepeñas, por más raíz de lirio que se le eche». En esta fonda vivió el célebre músico Gioachino Rossini.

También es antigua la taberna La Carmencita, que sigue en funcionamiento en la calle Libertad desde 1854. Ha cerrado y reabierto en varias ocasiones, pero continúa manteniendo su esencia, con su barra de madera y zinc, sus azulejos y su vermú, sus tapas y su comida casera. Dicen que la frecuentaban los escritores del 27 y que ha acogido conciliábulos políticos en diferentes épocas. Y es que ha vivido de todo en los ciento setenta años de existencia.

El 2 de Sagasta sigue luciendo su fachada roja, propia de las tabernas, aunque ya no está en manos de la familia que lo fundó en torno a 1880; lo cerró la bizuieta del fundador en 2022, pero luego reabrió de la mano de nuevos propietarios que han mantenido su espíritu, su barra de estaño y su vermú y han ampliado la oferta culinaria. En la calle Argensola se encuentra desde 1890 La Tasca Suprema, especializada en comida casera, frecuentada por juristas, políticos y periodistas y en la que se compartieron mantel Rajoy y Sarkozy en 2015. Sigue en pie también el mítico local situado en el 35 de Augusto Figueroa que en su puerta de madera lleva por único nombre, sobre sus grandes puertas de madera pintadas, por supuesto, de rojo, el texto «Tienda de Vinos». Abrió en 1890 y desde entonces despacha caldos de Valdepeñas y aguardientes y ofrece platos de cocina casera tradicional. En los años treinta Vicente Gómez, hijo de los dueños, agasajaba con las notas musicales de su guitarra a los comensales, entre los que se encontraban los hermanos Machado, Azorín, el ceramista Enrique Guijo, Rafael Alberti o Jacinto Benavente. Uno de los nombres con los que se ha conocido al local es el de El Comunista, al parecer, por ser frecuentado por afiliados de la cercana Casa del Pueblo, tal vez porque el Partido Comunista nació en ese lugar en 1920 a partir de las Juventudes Socialistas. Permanece al frente del local la cuarta generación de la misma familia.

El 9 fue una taberna fundada en 1898 en el número que le da nombre de la calle Santa Teresa. Actualmente es Barrutia y el 9, denominación que hacer referencia a su actual dueño. El local cuenta con barra y dos comedores donde se sirve cocina tradicional. En la calle Gravina, frente a la plaza de Chueca, abrió en 1908 una taberna que se mantiene en plena forma en la actualidad, más de un siglo después. En 1917 la adquirió Ángel Sierra, que dio su nombre al local, lo reformó con madera cubana, azulejos sevillanos y elegantes pinturas murales y colocó la barra de madera y zinc. La frecuentaron los de la cercana Casa del Pueblo o el no lejano Circo Price. Continuó en manos de la misma familia hasta finales del siglo XX y mantiene en el XXI lo fundamental del antiguo establecimiento, que cuenta con un espacio posterior, el antiguo almacén, habilitado con mesitas. Su vermú y sus conservas y canapés son famosos.

La cervecería del barrio por excelencia es la Santa Bárbara, abierta en 1966 en la plaza del mismo nombre, muy cerca de donde estuvo la fábrica también así llamada. En los últimos años de la dictadura y durante la transición fue un hervidero de abogados, sindicalistas, estudiantes, feministas y gentes de la farándula. En la esquina de Larra y Apodaca permanecen los azulejos del bar Las Murallas, aunque ahora sirven de fachada a otro local más moderno. Stop Madrid abrió en 1929, si bien lo hizo como tienda de vinos, licores y embutidos; a finales de los años setenta se convirtió en taberna para comprar y degustar sus vinos y antes del inicio de las actuales obras conservaba detalles *art déco* muy interesantes. El Cisne Azul es una taberna de 1972 que se encuentra en la calle Gravina, y otra de la misma época y estilo tradicional es La Taberna de Argensola, en la calle del mismo nombre. Destaca también la popular cafetería Verdoy en Chueca con Barbieri, renovada en los últimos años. La sidrería El Tigre, en Infantas, mantiene su estética tradicional, aunque su fachada no armoniza con la del edificio modernista en el que está.

Muchos otros locales han desaparecido, pero queda su memoria, como Los Pepinillos, en la calle Hortaleza, entre Hernán Cortés y Farmacia; fundada en 1890, permaneció un siglo abierta y se caracterizaba por su decoración abigarrada y popular y por su picante especialidad. En San Gregorio estuvo en los años treinta el despacho de vinos de las Bodegas Populares Manchegas (BOPOMAN). Hasta 2005 ofreció sus bocatas de calamares, su empanada, sus vinos tristes y alegres y su sidra en la calle Fuencarral la centenaria sidrería Corripio, con sus tinajas de cerámica y sus barriles. También despareció uno de esos locales que tenía puertas de madera pintada de rojo y sobre la cornisa simplemente la palabra «Vinos», suficiente para que todo el mundo lo conociera; me refiero al número 21 de la calle Santa Brígida. Igualmente cerraron el Santander, en Augusto Figueroa esquina a Pelayo, El Escalero, en Hortaleza, o mesón Planeta, en Pérez Galdós, aunque permanece su letrero comercial. Cerró a finales de los ochenta el bar El Limbo, en Santa Teresa, frecuentado por progres en los años setenta y escenario protagonista en *El cielo de Madrid*, la novela de Julio Llamazares. En 2016 desapareció Diablos Azules, el bar de la calle Apodaca, el más poético de todo del barrio.

Entre los restaurantes más famosos del siglo XX cabe mencionar a Casa Manolo, desde 1934 en la calle Orellana, con su portada de cristales grabados al ácido, cocina casera y frecuentado por políticos. Cerró hace poco y el nuevo local conserva algunas cosas del antiguo. El restaurante La Barraca, fundado por Eduardo Solís en 1935 en la calle de la Reina, por supuesto, especializado en arroz, mantiene abiertas sus puertas y conserva su decoración valenciana. Otro de los restaurantes con más solera es Casa Salvador, abierto en 1941 en la calle Barbieri por Salvador Blázquez. Ha sido frecuentado por toreros y estrellas de cine internacionales y por el ubicuo Hemingway, entre otras muchas personalidades.

Hoy desaparecido, el restaurante La Fuencisla estaba situado en el número 4 de la calle San Mateo. Por este establecimiento, propiedad de Miguel de Frutos, pasaron políticos, artistas, toreros, periodistas y otras personalidades desde los años cincuenta del pasado siglo hasta bien entrada la presente centuria. Sigue abierto en la calle Belén desde los años 60 Bogotá, restaurante de comida casera española. En Libertad número 6 está desde 1966 Bocaíto y en Barbieri se encuentra El Bierzo, regentado por Miguel González desde 1971. En 1977 abrió Casa Gades en Conde de Xiquena, muy frecuentado por el mundo de la farándula, porque era propiedad de Antonio Gades y Marisol, pero ya no existe. Vesubio abrió en 1979 en la calle Hortaleza y presume de ser «la pizzería tradicional más antigua de Madrid». El Nuevo Horno de Santa Teresa es un restaurante de comida tradicional, con un famoso cocido, en la calle del mismo nombre, desde 1987. El Armario abrió en Chueca en 1996, pero ha cerrado hace poco. La Bardemcilla, restaurante regentado por la familia Bardem, estuvo abierto entre 1998 y 2013 en la calle Augusto Figueroa. El bar restaurante Época, que ha cerrado recientemente, estaba en la calle General Castaños y era muy frecuentado por juristas y periodistas. Son muchos los restaurantes que han abierto ya en el siglo XXI, especialmente en Salesas y Chueca, así como modernas tabernas refinadas, como Casa Orellana.

Un capítulo especial es el de los cafés. Actualmente el barrio conserva los dos más antiguos de la ciudad que permanecen abiertos: el Comercial, desde 1887, y el Gijón, inaugurado en 1888. Se trata de dos establecimientos que son mucho más que cafés; son instituciones culturales, centros de reunión, lugares de creación, espacios emblemáticos que contribuyen a configurar la personalidad de la ciudad. Están en las antípodas de las grandes cadenas internacionales dedicadas a la hostelería.

El Café Comercial abrió en 1887, aunque unos años antes ya se encontraba en el mismo lugar, al parecer, el Café Luchana. Considerado durante décadas un café de barrio, destacaba, no obstante, por su elegante decoración, su cómoda terraza y sus conciertos musicales. Su gran época llegó en la segunda mitad del siglo xx, con clientes habituales como Edgar Neville, Ignacio Aldecoa, Enrique Jardiel Poncela, Rafael Azcona o Gloria Fuertes, entre otros muchos. Cerró en 2015, pero afortunadamente reabrió poco después con algunos cambios.

El Gran Café de Gijón fue fundado por el asturiano Gumersindo García en el paseo de Recoletos, un lugar entonces fuera de la zona de los cafés de Sol y Alcalá, aunque Pérez Galdós, que vivió cerca, o Canalejas, fueron algunos de sus visitantes ilustres más antiguos. En 1914 Benigno López compró y reformó el local, pero mantuvo su nombre. Fue frecuentado en los años veinte y treinta por escritores y artistas de la Edad de Plata y durante la Guerra Civil por los miembros de la Alianza de Intelectuales Antifascistas. Pero fue después cuando alcanzó su esplendor, con Encarnación Fernández, la viuda de Benigno, al frente del negocio, hasta su fallecimiento en 1970. En efecto, en la posguerra se convirtió en el foro de la Juventud Creadora, con José García Nieto a la cabeza. Después llegaron otros muchos escritores, periodistas, actores y artistas. A finales del siglo xx pasó a un nuevo dueño, Gregorio Escamilla, con el cerillero Alfonso y el camarero escritor Pepe Bárcena como últimos personajes de una época que se desvanece. Hoy el café sobrevive gracias a su terraza en el paseo de Recoletos.

Otros cafés históricos no han llegado a nuestros días. El Café de la Paz, según Répide, estaba en la esquina de Pelayo con Arco de Santa María (Augusto Figueroa) y también lo cita Galdós en *Fortunata y Jacinta*. El de las Salesas se encontraba en la calle Bárbara de Braganza, casi en la plaza de las Salesas, esquina a Conde de Xiquena, cuando esta tenía por nombre el de calle de las Salesas —el cambio de denominación se produjo en el año 1901—. Abrió en 1878 y se mantuvo en funcionamiento hasta 1945. Era frecuentado por juristas, periodistas, testigos y familiares de los procesados que afrontaban los juicios que se celebraban en el cercano Palacio de Justicia; fue un hervidero, por ejemplo, cuando se juzgó el crimen de la calle Fuencarral en 1888. Acogió importantes tertulias, entre ellas, las de los hermanos Machado, en torno a sus mesas de mármol y reflejadas en sus espejos. Allí Alfonso fotografío a Antonio junto a Rosario del Olmo, que le entrevistó en 1934 para el diario *La Libertad*, cuando el poeta defendía que el arte debía ser actual, es decir, de su tiempo.

En la calle Hortaleza también existieron cafés que hoy son sólo un recuerdo: el Colón, esquina a Santa María del Arco —hoy Augusto Figueroa—, el Galicia y el Bilbao, ambos en las esquinas con Infantas. En esta calle abrió el Café Castilla, entre Libertad y Colmenares, a finales del siglo XIX y fue muy frecuentado por escritores y artistas, muchos de ellos retratados por el caricaturista Sirio y después por Paco Ugalde; cerró en los años sesenta del pasado siglo. El Café de la Bolsa estuvo en la calle Barquillo y fue un lugar de reunión de los miembros de la generación del 27.

En el paseo de Recoletos han desaparecido también varios cafés históricos, como el Recoletos, situado frente a la Biblioteca Nacional y frecuentado por César González Ruano, Enrique Jardiel Poncela o Alfredo Marqueríe. Además estuvo hasta 1971 el Teide, pequeño café situado en la esquina con Bárbara de Braganza, donde escribían y conversaban el citado González-Ruano, Wenceslao Fernández Flórez, Manolo Alcántara, Rafael Santos Torroella o Ana María Matute

La cafetería Riofrío, con su neón azul, abrió en el año 1972 en el Centro Colón y cerró en 2014. Frecuentada por juristas, políticos y empresarios, ofrecía magníficas vistas a la plaza de Colón y al paseo de Recoletos. El Café Figueroa, que se inauguró en 1981 en la esquina de Hortaleza con Augusto Figueroa, fue uno de los primeros locales para el colectivo gay, pero cerró hace pocos años. XXX Café, en la calle del Clavel, fue el primer café gay abierto al público general, lo que supuso una gran novedad; desgraciadamente, cerró en 2012.

Otros cafés permanecen abiertos y presentan una gran diversidad. Por ejemplo, Cafés Arrivederci, desde 1963 en Augusto Figueroa, para comprar y degustar. O el Gran Café Santander, que se encuentra en la estratégica esquina de la plaza de Santa Bárbara con Sagasta; abrió en 1967 de la mano de Manuel Rodríguez y durante décadas fue un local imprescindible en el borde septentrional del barrio. Cerró en 2019, pero abrió de nuevo, si bien con aire completamente distinto, en 2021. El Café Belén se encuentra en la calle del mismo nombre desde 1983, salvo un paréntesis entre 2014 y 2015, cuando reabrió renovado tras su cierre. El Gran Café El Espejo abrió sus puertas en el año 1990 con una decoración estilo *art nouveau*, que recrea el ambiente de principios del siglo XX; luego abrió su pabellón acristalado en el bulevar del paseo. El Café Bulevar está en la esquina de Santa Teresa con Hortaleza y el Café Acuarela, desde 1999 hasta hace muy poco, sustituido por una heladería, en un local muy particular de la calle Gravina. No podemos olvidar el Café de l'Institut Français, con su jardincito.

Para terminar con este capítulo debemos señalar que Justicia es una de las zonas de Madrid con más actividad nocturna, ya que cuenta con numerosos bares de copas, discotecas, pubs y otros locales, especialmente en torno a la plaza de Santa Bárbara y en Chueca. Merece una mención especial un edificio comercial muy singular de dos plantas que se encuentra en el número 3 de la calle Fernando VI, construido por Francisco Reynals en un ecléctico neoclasicismo para almacén de artículos de cocina en 1925; luego fue almacén de muebles y en los años cuarenta del siglo pasado se transformó en oficinas de la fábrica de cervezas Cruz Blanca, cuando se le añadieron sobre la cornisa ocho simpáticos pingüinos que sujetan barriles con el emblema de la marca. A finales de los años sesenta empezó su historia como pub con el nombre de Santa Bárbara, hasta su reciente cierre y reconversión en viviendas de lujo tras una remodelación que sólo ha dejado la fachada del edificio original y que ha incrementado en varios pisos el inmueble, pese a las protestas.

Despareció también la discoteca Bocaccio, que abrió en 1971 en la calle Marqués de la Ensenada y que tenía incluso espacio para las tertulias. Continúa Oliver, abierto por Adolfo Marsillach en 1966, en el número 12 de Almirante, aunque convertido desde 2016 en Cannibal Raw Bar, que ha conservado la fachada de madera pintada de azul.

Desde su origen la Gran Vía contó con bares *americanos* en los que se podían consumir nuevas bebidas en ambientes con diseños rompedores, como el American Bar Pidoux, que abrió en 1922 en el actual número 20 de la Gran Vía y donde destacó el barman Pedro Chicote. Este acabó inaugurando muy cerca local propio en 1931 que aún conserva su sencilla y moderna fachada. La posguerra estuvo marcada en Chicote, según dicen, por el estraperlo y la prostitución de lujo. El máximo esplendor del local lo alcanzó en los cincuenta y sesenta del siglo XX, cuando pasaron por allí todas las estrellas de Hollywood y del cine europeo que viajaban a Madrid. Tras la muerte del dueño en 1977 el local cambió de manos, sufrió modificaciones, pero continúa abierto.

Muy cerca sigue funcionando una de las primeras coctelerías de Madrid, Cock, establecimiento situado en la calle de la Reina desde 1921 y en el que también trabajó Chicote. Por sus espacios interiores, con una inconfundible decoración al estilo de un club inglés, han pasado innumerables personas anónimas, empresarios, intelectuales, artistas y escritores. El Cock fue uno de los protagonistas de la Movida en los ochenta y continúa destacando en la vida nocturna madrileña.

El Salón España fue un bar de copas, muy de moda también en los años de la Movida, que estaba en la calle Infantas y que tenía un futbolín en los bajos donde algunos escritores y periodistas jugaron más de un partido, según cuenta Vicente Molina Foix. Muy cerca está desde 1992 otra coctelería, Del Diego, fundada por un *discípulo* de Perico Chicote en la calle de la Reina. No muy lejos se encuentra Bule Bule, que une gastronomía y espectáculo en la calle Marqués de Valdeiglesias. Nuevas coctelerías, como Harvey's, en Fuencarral, continúan la tradición.

Cabe decir que el reciente fenómeno de la expansión casi sin freno de las terrazas ha llegado también al barrio de Justicia, aunque la angostura de sus calles y la escasez de espacios abiertos ha dificultado un poco su desarrollo.

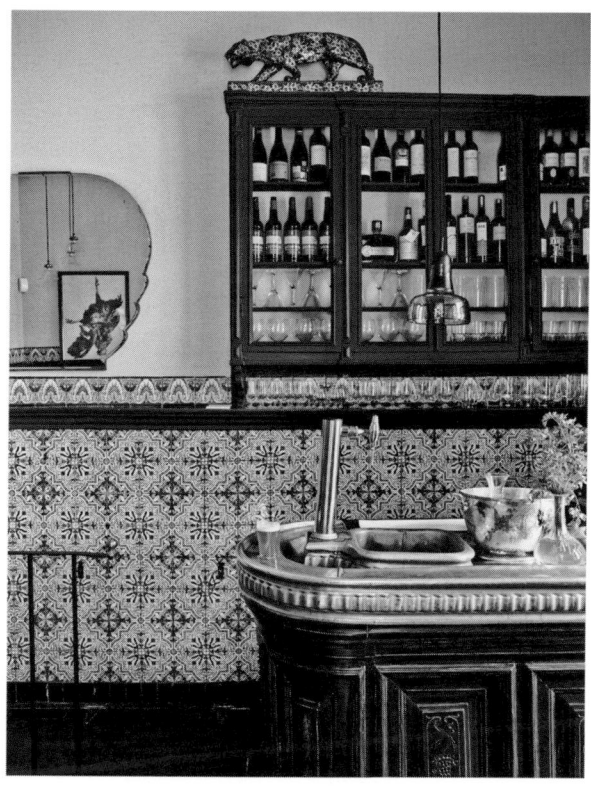

Un rincón de Taberna la Carmencita, fundada en 1854, en el que vemos parte de su barra de madera tallada, con una preciosa pila de estaño, y detrás de ella el zócalo de cerámica y un botellero. Recibe su nombre de una famosa tabernera que en la Edad de Plata dio de comer a algunos grandes escritores de la época. Hoy está al frente del establecimiento Carlos Zamora, que ofrece cocina ecológica en tan histórico local, el más antiguo del barrio. Cortesía de Taberna la Carmencita.

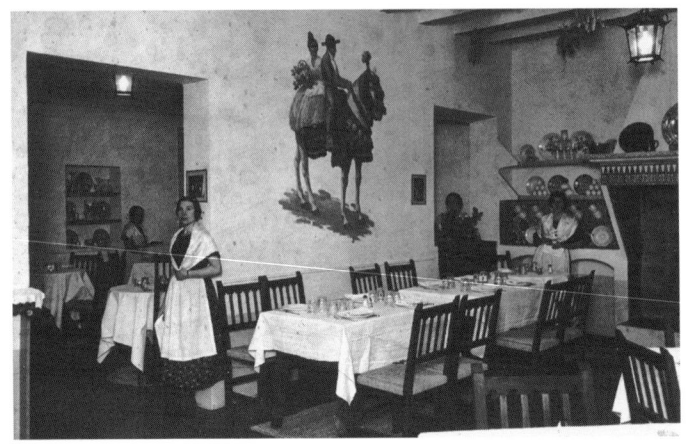

El comedor de La Barraca con las camareras vestidas con traje regional valenciano en el año 1945. Abierto en la calle Reina en 1935, el restaurante está dirigido desde entonces por la familia Solís. En la actualidad conserva la decoración valenciana, con gran protagonismo de la cerámica. Fotografía cortesía del restaurante La Barraca.

A la izquierda, el príncipe Rainiero de Mónaco y su esposa, la princesa Grace Kelly, y a la derecha el actor Cary Grant con una acompañante, comiendo en La Barraca, uno de los restaurantes más antiguos de un barrio con una gran oferta gastronómica. Año 1956. Cortesía del restaurante La Barraca.

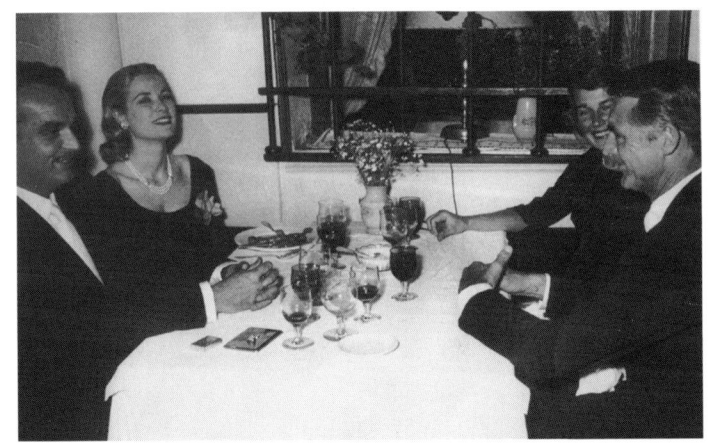

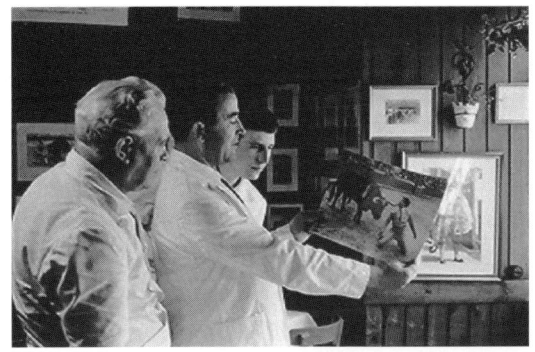

De izquierda a derecha: Salvador Blázquez, fundador de Casa Salvador; Fernando Blázquez, su padre; y José Blazquez, hermano y continuador de Salvador. Están observando una foto del torero Miguel Mateo Salcedo, Miguelín, que se encuentra actualmente colgada en la pared del restaurante, que abrió sus puertas en 1941 en la calle Barbieri. Fotografía de alrededor de 1958. Cortesía de Casa Salvador.

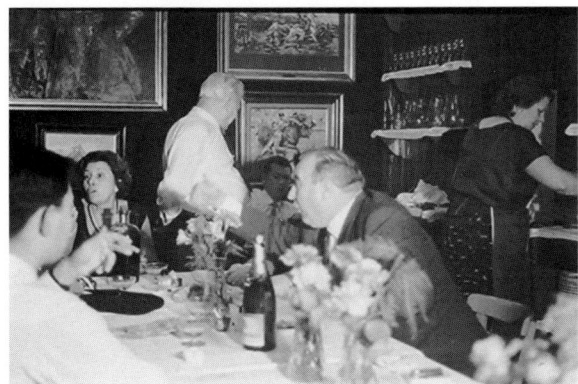

Una de las muchas reuniones celebradas en el restaurante Casa Salvador. El fundador del establecimiento, Salvador Blázquez, está en el centro de la imagen, y a la izquierda, María, su mujer, que trabajó en el restaurante desde los diecinueve años hasta que se jubiló. Eran los abuelos de la actual propietaria, Ángeles Blázquez, que ha sabido mantener la esencia de tan castizo local y que continúa ofreciendo a los clientes comida casera, con platos como el rabo de toro y la merluza frita. Fotografía de alrededor de 1958. Cortesía de Casa Salvador.

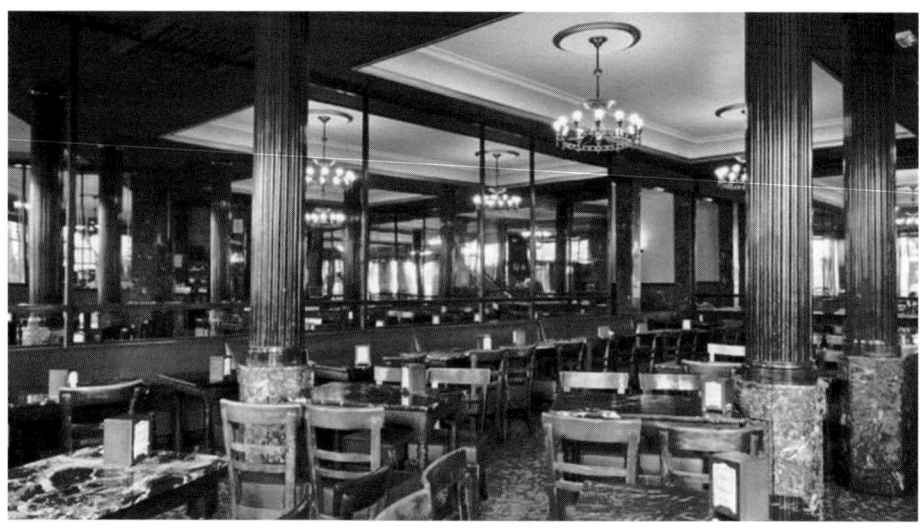

Interior del Café Comercial antes de su cierre en 2015, aunque poco después reabrió de la mano de los nuevos propietarios. Inaugurado en 1887, es el más antiguo entre los actuales cafés de Madrid. El aspecto del local se corresponde con la reforma de los años cincuenta del siglo pasado. Por las mesas que vemos en la fotografía han pasado miles de personas anónimas y grandes escritores como, Jardiel Poncela, Rafael Sánchez Ferlosio o Gloria Fuertes, guionistas de cine como Rafael Azcona, el alcalde y profesor Enrique Tierno Galván y los periodistas que trabajaban en la calle Larra. Cortesía de Café Comercial.

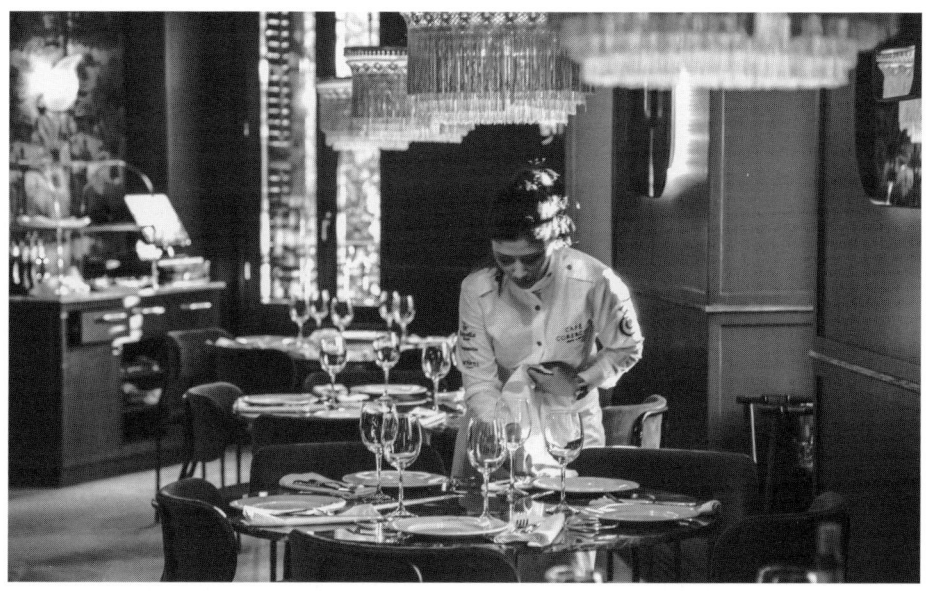

Comedor de la segunda planta del Café Comercial después de la reforma de 2017. Este es uno de los espacios más transformados, ya que antiguamente fue una sala de billar y después se utilizó para presentaciones de libros, teatro infantil, club de ajedrez o cibercafé. Fotografía cortesía de Café Comercial.

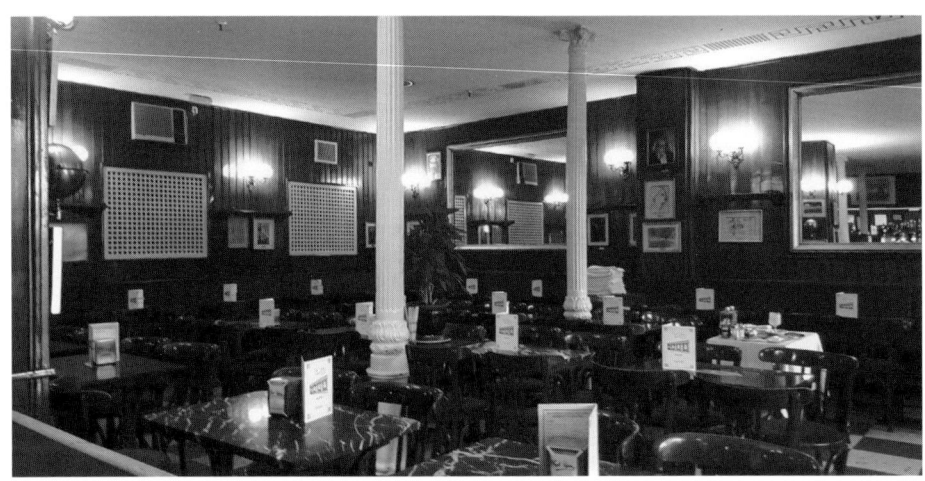

Interior del Gran Café de Gijón, fundado por el asturiano Gumersindo García en el paseo de Recoletos. En 1914 el barbero Benigno López, con establecimiento en la calle Almirante, compró y reformó el local, sin modificar su nombre. En los años veinte y treinta se formaron brillantes tertulias, con Federico García Lorca, Salvador Dalí, Maruja Mallo, Ignacio Sánchez Mejías, Ramón Gómez de la Serna, María Blanchard, Eugenio d'Ors, Jardiel Poncela, Pedro Muñoz Seca y otros muchos, pero su mejor momento llegó en la posguerra. Fotografía de Gloria García, 24 de julio de 2007.

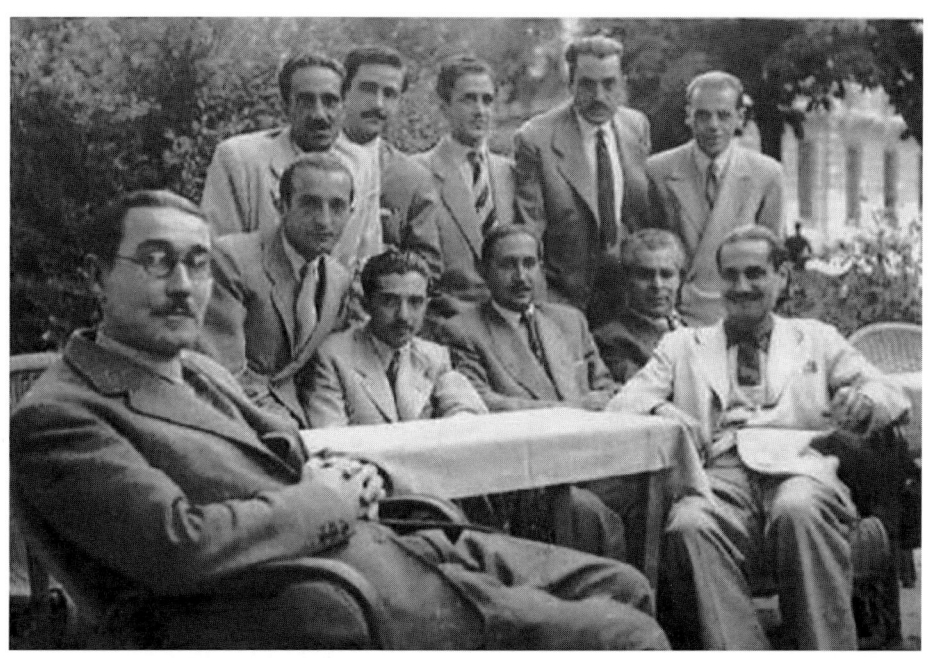

Los miembros de la Nueva Juventud Creadora en la terraza del Café Gijón en los años cuarenta. El periodo de esplendor de este histórico café llegó después de la guerra, cuando muchos establecimientos habían cerrado. Se convirtió en el foro de los jóvenes escritores, con José García Nieto a la cabeza; después llegaron Camilo José Cela, Alfonso Paso o Fernando Fernán-Gómez, junto a veteranos como Gerardo Diego o Enrique Jardiel Poncela. Más tarde lo frecuentaron, entre otros muchos, José Hierro, Gabriel Celaya, Buero Vallejo y Paco Umbral; este último publicó en 1977 *La noche que llegué al Café Gijón*. También llegaron Raúl del Pozo, Manuel Vicent, Manuel Alexandre y muchos más. Fotografía cortesía del Gran Café Gijón.

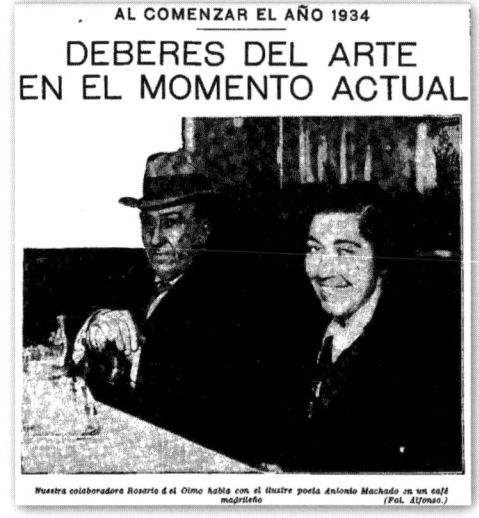

AL COMENZAR EL AÑO 1934

DEBERES DEL ARTE EN EL MOMENTO ACTUAL

Nuestra colaboradora Rosario d el Olmo habla con el ilustre poeta Antonio Machado en un café madrileño (Fot. Alfonso.)

Uno de los principales cafés del barrio, ya desaparecido, fue el de las Salesas, situado frente al Palacio de Justicia, en la esquina de Bárbara de Braganza con Conde de Xiquena. La fotografía de Alfonso ilustra la entrevista que realizó en el establecimiento Rosario del Olmo a Antonio Machado, habitual del café, en diciembre de 1933, publicada un mes después por el diario *La Libertad*. La conversación versó sobre la situación cultural en la España de la época. Más tarde Rosario fue eliminada de la fotografía, que se convirtió en uno de los retratos más reproducidos del poeta. Diario La Libertad, 12 de enero de 1934.

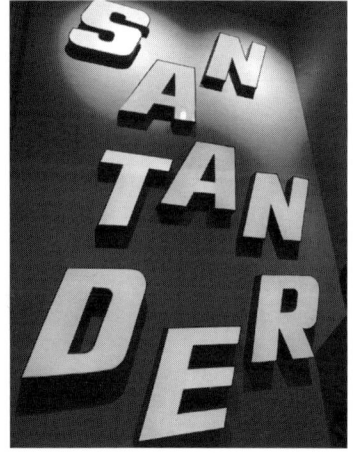

Las letras de color naranja del rótulo de la antigua cafetería Santander, que cerró en 2019, se encuentran en las escaleras de bajada a la planta inferior del nuevo establecimiento, abierto dos años después en el mismo lugar, la esquina de Sagasta y Santa Bárbara, y con el mismo nombre. Fotografía de Francisco Juez, 8 de febrero de 2024.

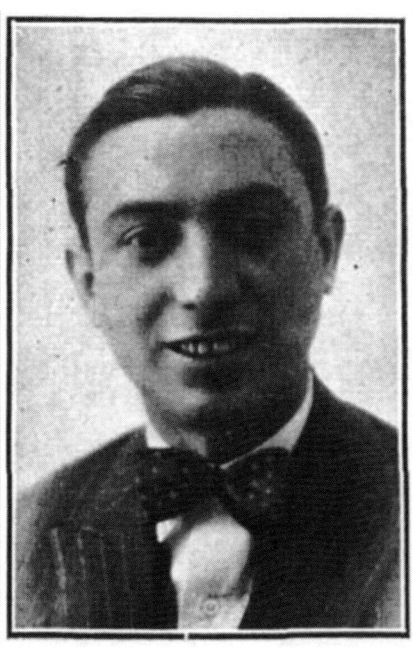

DON PEDRO CHICOTE
Notable barman del American Bar Pidoux,
que ha publicado un nuevo libro titulado
«Cocktails», que contiene interesantes ob-
servaciones y numerosas recetas para la
confección de bebidas
(Fots. Mena, Villar, Mateo, Alberto, García
y Zarco)

Retrato de un joven Perico Chicote cuando ya destacaba como barman en el American Bar Pidoux, en el número 7 de la avenida Conde de Peñalver —el número 20 de la actual Gran Vía—. Pronto abriría su local propio muy cerca. Revista *Mundo Gráfico*, 4 de julio de 1918.

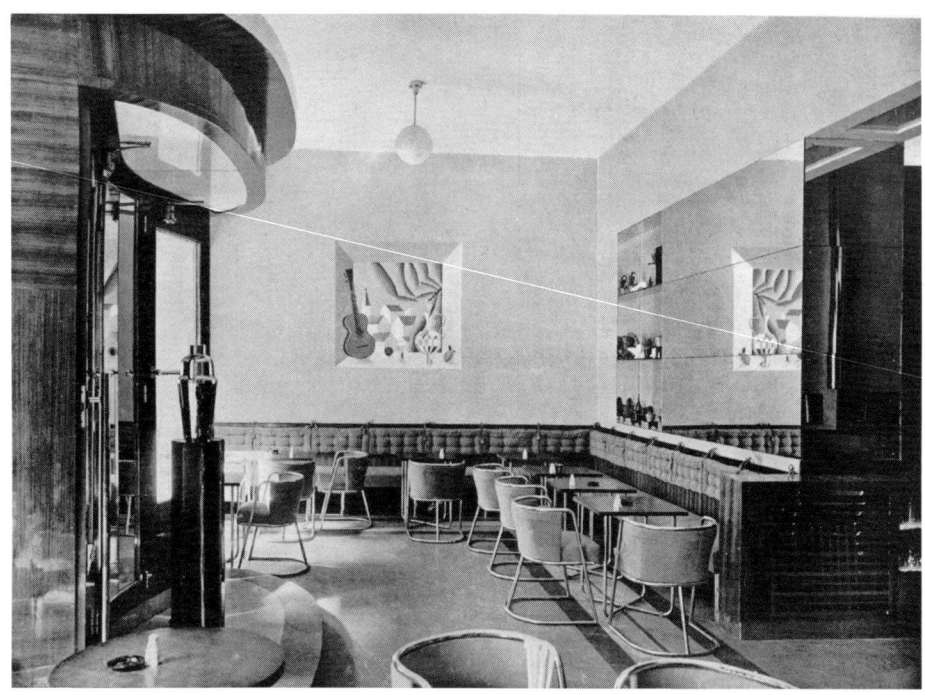

Interior del bar Chicote justo antes de su inauguración. El local lo diseñó en 1931 el joven arquitecto Luis Gutiérrez Soto. De estilo entre *art déco* y racionalista, contaba con un vestíbulo y un salón principal protagonizado por una espléndida barra; el arquitecto diseñó todos los elementos y mobiliario. *Arquitectura: Revista Oficial de la Sociedad Central de Arquitectos*, octubre de 1931. Biblioteca Regional de Madrid. Hemeroteca, R. 107(1).

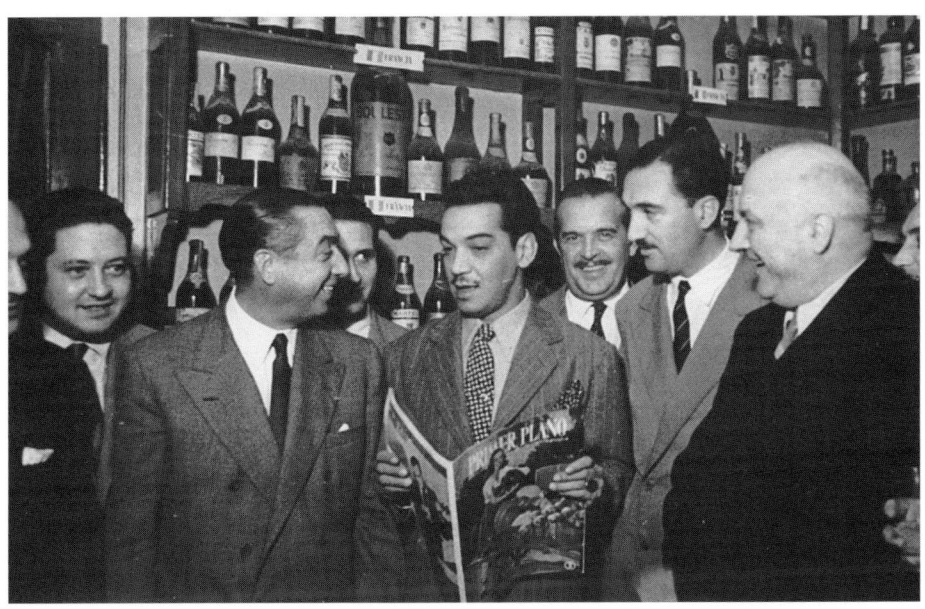

Chicote con Cantinflas en su local de la Gran Vía. El actor mexicano sujeta en sus manos un ejemplar del número 312 de la revista cinematográfica *Primer Plano*, publicado el 6 de octubre de 1946. En el sótano de su local Pedro Chicote fue formando poco a poco un museo de botellas de todo el mundo, por el que desfilaron las estrellas del cine internacional de los años cuarenta y cincuenta. Biblioteca Regional de Madrid, Mg. XXVIII/1497.

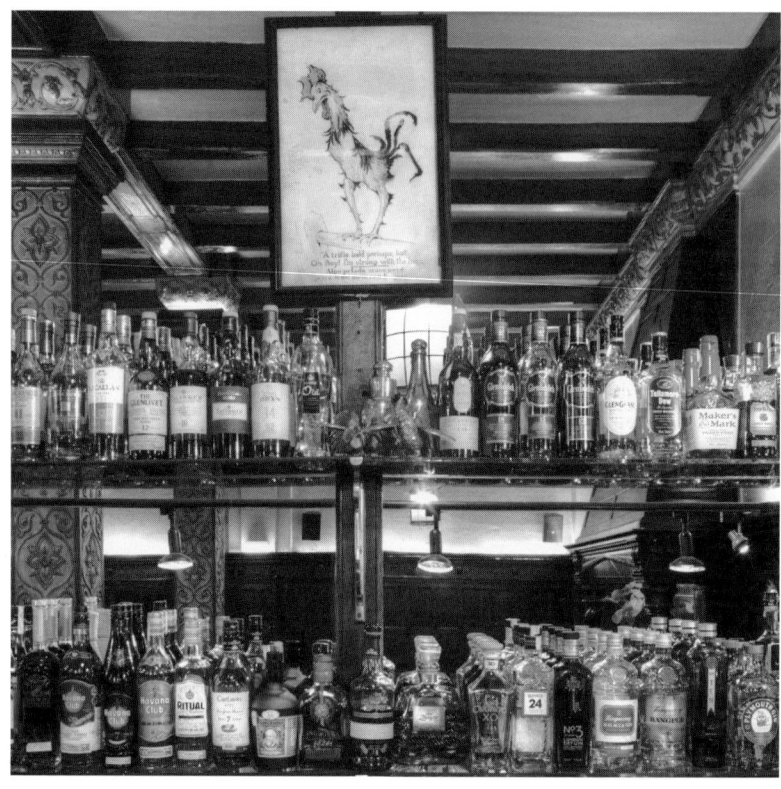

Presume de ser la coctelería más *cool* de Madrid después de ciento tres años de trayectoria. El Cock, local canalla, con decoración al estilo de un club inglés, ha sido y es un lugar de referencia en la noche madrileña. En la imagen, un gallo medio desplumado que preside la pared de espejo de la barra, con un texto en el que puede leerse: «A trifle bold berhaps, but Oh Boy! I'm strong with the hens» («Algo pelado acaso, pero vaya si me meto con las gallinas»). Cortesía de Bar Cock.

10. UN PANTEÓN REAL EN LA IGLESIA DE UN ANTIGUO CONVENTO

Durante el reinado de Fernando VI (1746-1759) se construyó el impresionante complejo del Real Monasterio de la Visitación por iniciativa de la reina Bárbara de Braganza, mujer culta y amante de la música. El conjunto, ejemplo de mecenazgo artístico, patrocinio religioso y promoción de la educación femenina, incluía monasterio, iglesia, un ala palatina —para acoger a la reina, si enviudaba—, colegio para niñas nobles, así como jardines y huertas. Comprendía una gran extensión entre las actuales calles de Bárbara de Braganza, General Castaños, Génova y el paseo de Recoletos. No parece justa la letrilla popular: «Bárbaro gusto, bárbara renta, bárbaro gasto, bárbara reina».

La iglesia fue proyectada por el arquitecto francés François Carlier, pero fue su tocayo, el aparejador Moradillo, el que dirigió las obras. El italiano de Carrara Giovanni Domenico Olivieri, que ya había trabajado para Felipe V, recibió el encargo de dirigir la decoración escultórica del templo y de todo el real convento. En el centro de la fachada de la iglesia realizó en mármol un magnífico trabajo, un medallón con la representación de la Visitación, devoción a la que está dedicado el templo. Otras esculturas de la fachada fueron realizadas por Alfonso Giraldo Bergaz. El interior, con planta de cruz latina de una sola nave, coro alto a los pies y cúpula en el crucero, presenta una elegante decoración barroca.

La construcción del complejo fue acompañada de la renovación urbana de los alrededores, con el trazado de un amplio paseo arbolado al norte, precedente de la actual calle Génova, y la edificación de una nueva puerta de Recoletos en sustitución del anterior portillo. En este caso también Carlier se hizo cargo del proyecto y Moradillo de la dirección de las obras. Se trataba de un acceso de triple arco y frontón triangular que un siglo después fue desmantelado cuando se aprobó el Ensanche de Madrid. La creación de este conjunto convirtió además a Barquillo en real calle, ya que servía de acceso a los monarcas y la corte.

La reina portuguesa falleció antes que el rey y sin descendencia, por lo que no tenía derecho a ser enterrada en el Panteón Real de El Escorial, así que recibió sepultura en la iglesia del convento fundado por ella en el norte del actual barrio de Justicia. Su viudo, muy afectado por la muerte de su esposa, falleció poco después y fue enterrado por deseo propio junto a Bárbara, pese a que él sí podía haber recibido sepultura en el monasterio de San Lorenzo. Sachetti y Sabatini diseñaron los monumentos funerarios de los enamorados monarcas, con esculturas de Francisco Gutiérrez y Juan de León. Los amantes de las Salesas están enterrados muy cerca, pero con una pared que los separa, de manera que el monumento dedicado a Fernando se encuentra en el templo y el de Bárbara en el coro bajo de las monjas, en la antigua zona de clausura. Por otra parte, en el siglo xix el general Leopoldo O'Donnell fue también enterrado en la iglesia, con un monumento más discreto que el del soberano y menos integrado en el contexto barroco del edificio; es obra de Jerónimo Suñol.

Tras el fallecimiento de los reyes el complejo fue dedicado únicamente a uso monástico. Se mantuvo hasta 1870, cuando las monjas fueron expulsadas y el edificio comenzó una nueva etapa histórica. La iglesia quedó para el culto público y acabó convirtiéndose en parroquia de Santa Bárbara en 1891. Entre los acontecimientos más destacados de la historia de la parroquia cabe destacar la celebración el 20 de mayo de 1939 de la victoria franquista con misa, tedeum, entada bajo palio del dictador, que hizo entrega de su espada, y exhibición de trofeos históricos, como el llamado pendón de las Navas de Tolosa o el estandarte de Lepanto. Desde hace décadas es una de las iglesias más solicitadas para la celebración de bodas.

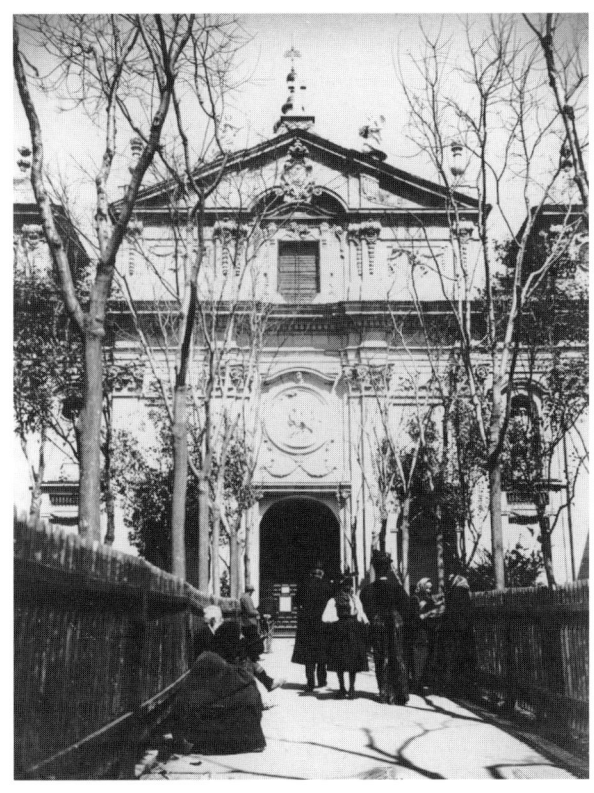

Fachada de la parroquia de Santa Bárbara aproximadamente en 1900. Se trata de la iglesia del convento que fundó la reina Bárbara de Braganza para las monjas de la Visitación, convertida en parroquia tras la exclaustración de 1870. François Carlier fue el arquitecto que dio las trazas al conjunto, pero el aparejador Francisco Moradillo dirigió las obras y añadió algunos detalles, como las pequeñas torres laterales de la fachada. Llaman la atención en la fotografía las vallas que enmarcan el camino hacia el acceso central. Biblioteca Regional de Madrid, Mg. XXII/12.

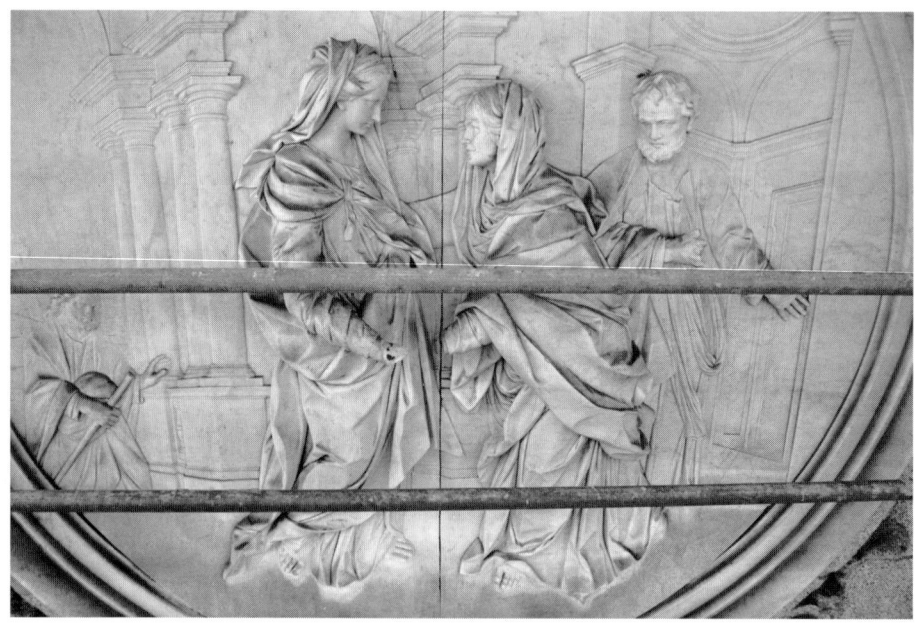

Detalle del medallón central de la fachada de la parroquia de Santa Bárbara con el tema de la Visitación, labrado en mármol con gran virtuosismo por Gian Domenico Olivieri. La composición clara y elegante, las figuras monumentales y clásicas, con ampulosos pliegues en sus ropajes y un magnífico estudio de la perspectiva nos remiten a la escultura regia de mediados del siglo XVIII. El motivo representado, al que se dedica el templo, procede del Evangelio de san Lucas y de los apócrifos: a la izquierda vemos a la Virgen María y a la derecha a su prima santa Isabel, embarazadas ambas milagrosamente, respectivamente, de Jesús y de Juan el Bautista; en segundo plano aparece Zacarías, el esposo de Isabel, testigo del saludo entre las mujeres; y san José, en un plano más lejano, pese a que en el texto de Lucas nada se dice sobre los hombres. La dedicación del convento a la Visitación sin duda tiene que ver con la imposibilidad del matrimonio real de concebir hijos. Fotografía de Eduardo de Madrid realizada desde el andamio montado para la restauración de la fachada, 29 de noviembre de 2009.

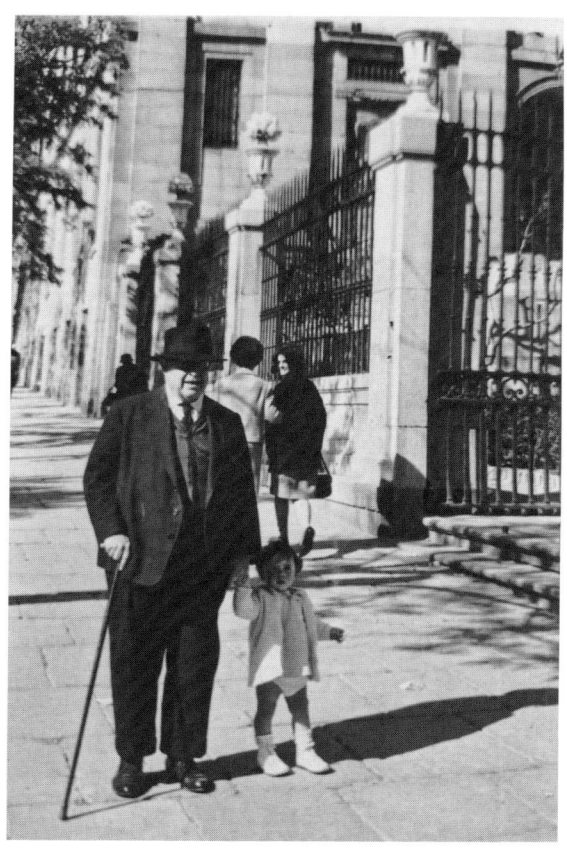

María del Mar Campos Cassinello, de paseo con su abuelo materno. Se encuentran delante de la puerta de entrada a la lonja de la parroquia de Santa Bárbara desde la plaza de las Salesas. Se aprecia la monumentalidad de la verja de hierro, entre pilares de granito adornados con jarrones. Fotografía de 1967. Colección de Mar Campos Cassinello.

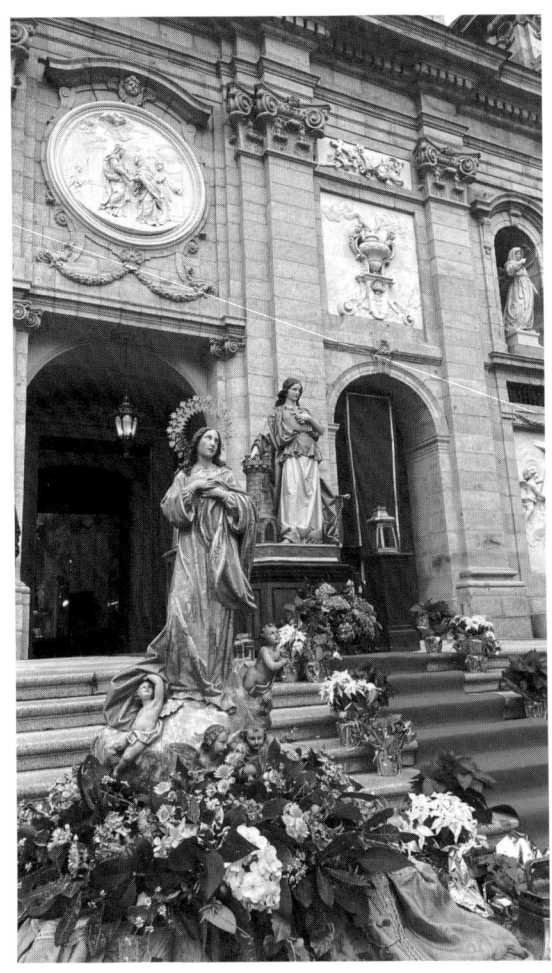

Las imágenes de la Inmaculada y de santa Bárbara, que han sido conducidas hasta la escalinata de acceso a la parroquia de Santa Bárbara el 4 de diciembre de 2023, fiesta de la titular de la iglesia. Fotografía cortesía de la parroquia de Santa Bárbara.

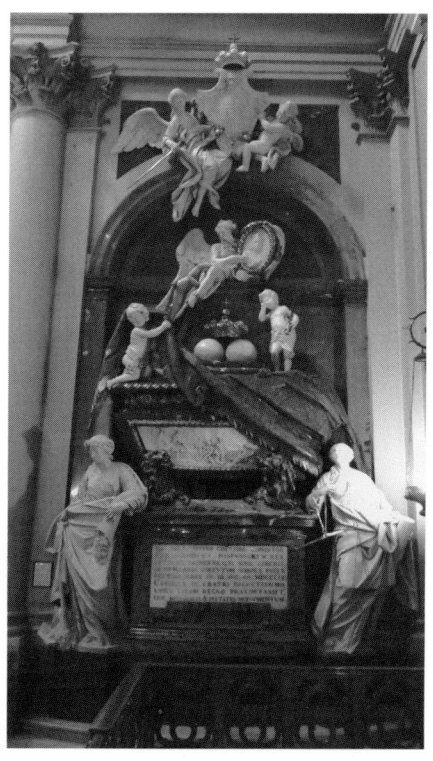

Monumento funerario de Fernando VI en el interior de la parroquia de Santa Bárbara, antigua iglesia del Real Convento de la Visitación, concretamente, en el lado de la epístola del crucero, a espaldas del de su esposa portuguesa, inspiradora del complejo conventual. Fue diseñado por Francesco Sabatini por orden de Carlos III, hermanastro y sucesor de Fernando, y se trata de uno de los primeros trabajos que el arquitecto siciliano realizó en Madrid. Los escultores Francisco Gutiérrez y Juan León se encargaron de su realización, en la que también participó el arquitecto Jaime Marquet y el adornista Fabio Vendetti. Fotografía de Francisco Juez, 8 de junio 2024.

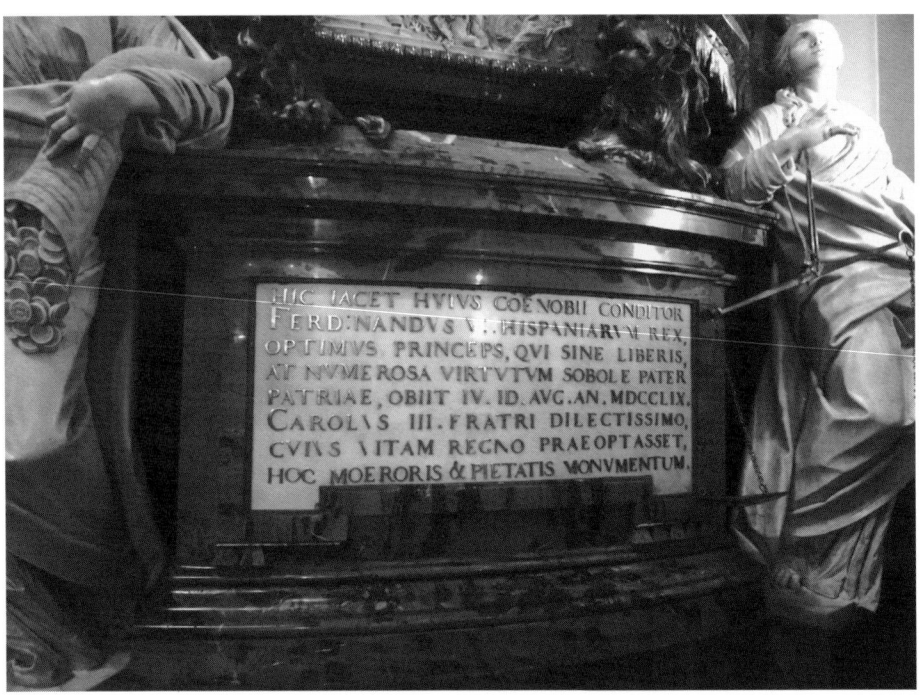

Inscripción del monumento funerario de Fernando VI, redactada por Juan de Iriarte. El rey renunció a su enterramiento en el panteón de El Escorial, ya que Bárbara no tuvo hijos y no tenía derecho a descansar en tan señalado lugar. Fernando quiso ser enterrado junto a su esposa, fallecida previamente y sepultada en su fundación de las Salesas, convertida así en panteón real. Sólo una pared separa a ambos monumentos funerarios. El texto puede traducirse así: "Aquí yace el fundador de este monasterio, Fernando VI, rey de las Españas, príncipe bondadoso, sin hijos, pero con abundancia de virtudes. Padre de la patria, murió el 10 de agosto de 1759. Carlos III dedica este monumento de tristeza y de piedad a su queridísimo hermano, cuya vida estuvo consagrada a engrandecer el reino". Fotografía de Francisco Juez, 8 de junio 2024.

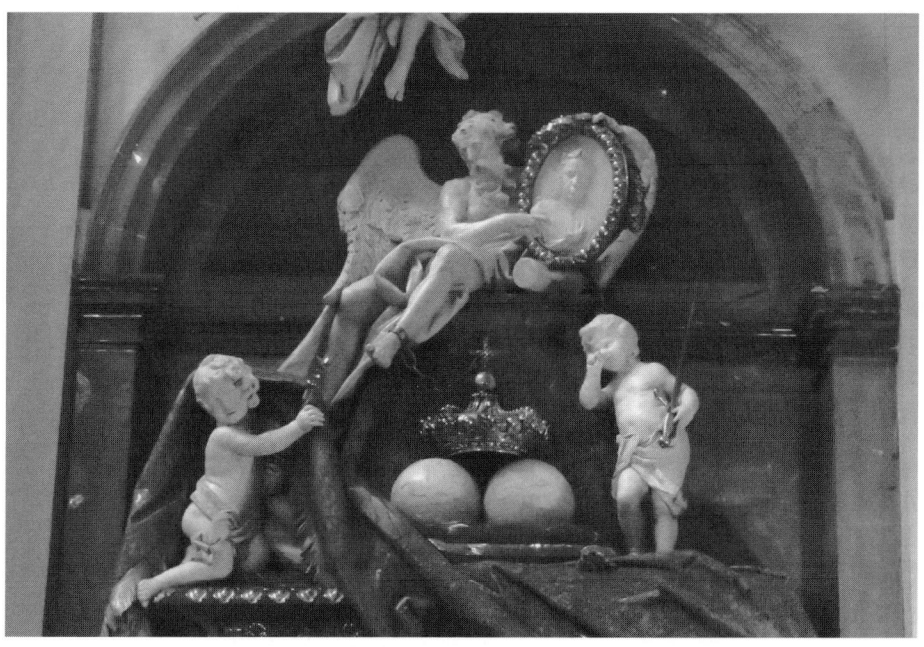

Detalle del monumento funerario de Fernando VI. La alegoría del Tiempo encadenado, que sostiene un medallón con el retrato del rey, se alza sobre un pedestal en forma de pirámide truncado, flanqueado por niños plorantes, uno de los cuales levanta el manto real. En el centro vemos la corona dorada por encima de dos hemisferios sobre un almohadón. Fotografía de Francisco Juez, 8 de junio 2024.

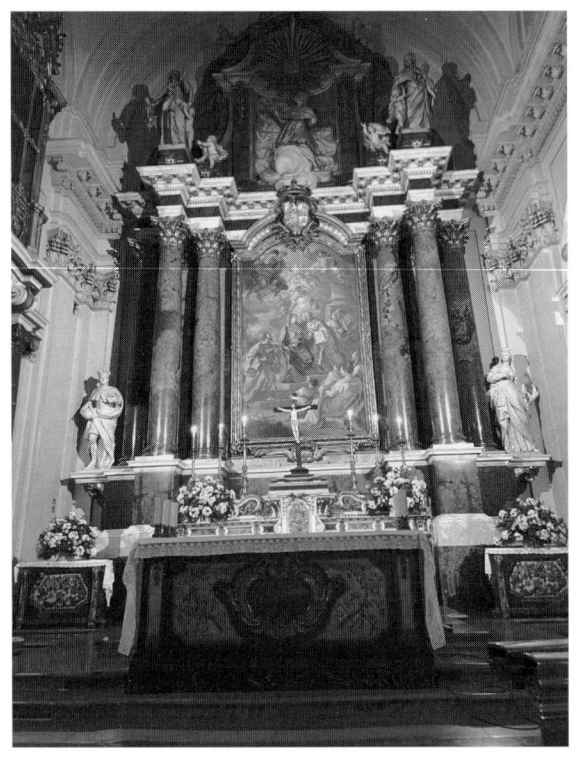

Retablo de la capilla mayor de la parroquia de Santa Bárbara, imponente obra diseñada por René Carlier. Tres columnas de mármol verde a cada lado soportan un quebrado entablamento y enmarcan un monumental óleo pintado por el napolitano Francesco Mura dedicado a la Visitación de Nuestra Señora a su prima santa Isabel. En los laterales se encuentran las estatuas en mármol blanco de los santos de los reyes, Fernando y Bárbara, obra de Olivieri. En el cuerpo superior se hallan otras imágenes del mismo artista que representan a la Caridad, san Francisco de Sales adorando a la Santísima Trinidad y la Religión. Fotografía cortesía de la parroquia de Santa Bárbara.

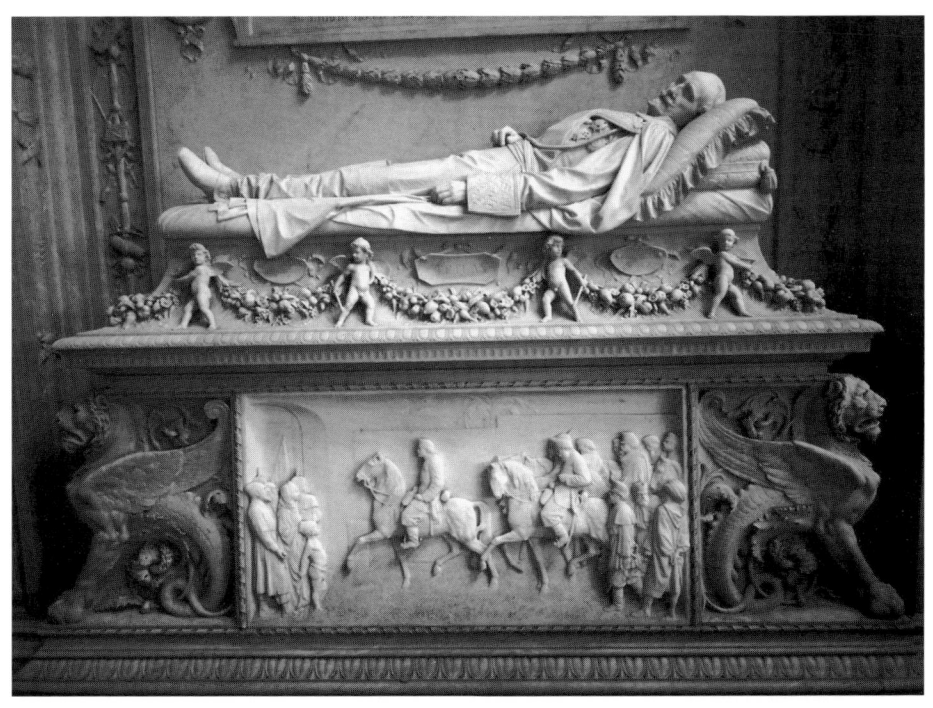

Monumento funerario de Leopoldo O'Donnell en la parroquia de Santa Bárbara. El duque de Tetuán y conde de Lucena fue uno de los militares y políticos más destacados de mediados del siglo XIX; fue presidente del Consejo de Ministros y fundó la conservadora Unión Liberal. Falleció en Biarritz, retirado de la política española, en 1867, pero fue enterrado en la madrileña iglesia de Santa Bárbara. El monumento funerario con retrato yacente de O'Donnell fue labrado por el escultor barcelonés Jerónimo Suñol. Fotografía de Francisco Juez, 8 de junio 2024.

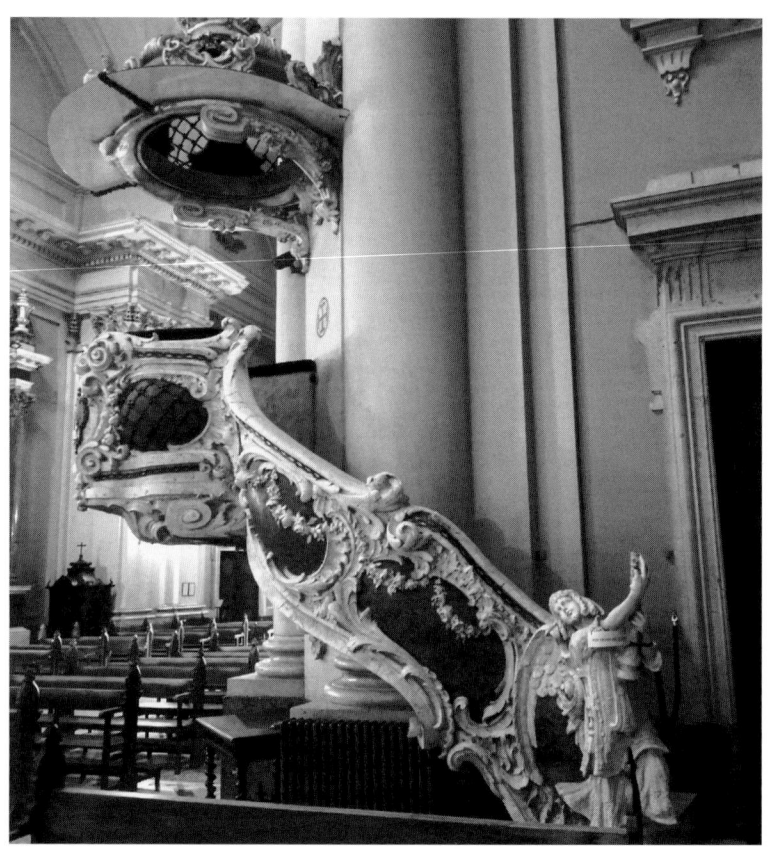

Bellísimo púlpito de la parroquia de Santa Bárbara construido con mármoles verdes y blancos. Una escalera muy dinámica con barandilla sirve de acceso. A los pies de la misma se encuentra la escultura de un ángel. Fotografía de Francisco Juez, 8 de junio 2024.

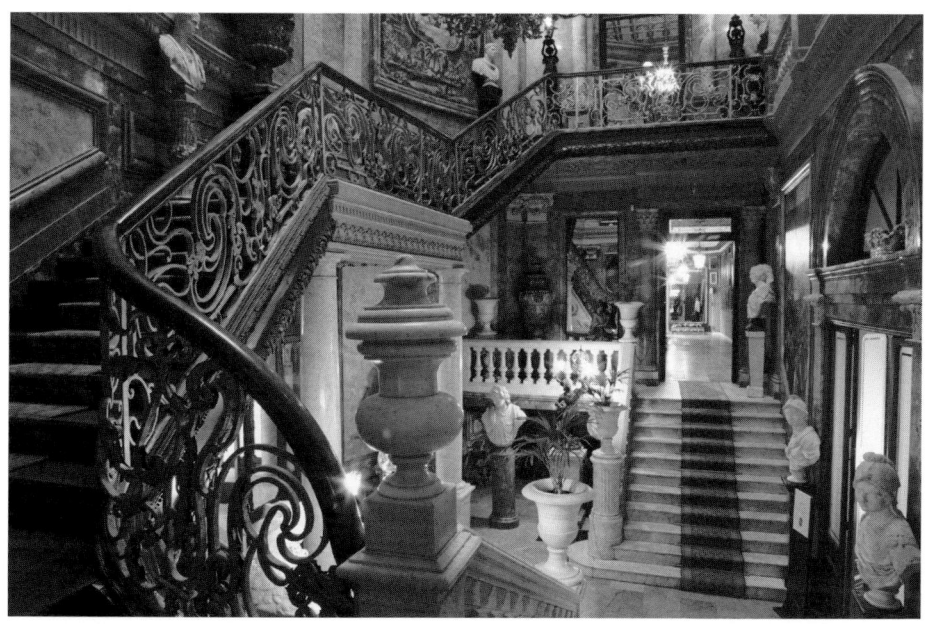

Escalera de honor del Museo Cerralbo. La barandilla de hierro forjado, con sinuosos adornos barrocos, procede del antiguo Cuarto Real de Bárbara de Braganza en las Salesas. Este elemento fue reutilizado por el marqués en su palacio después del incendio de 1915 en el Palacio de Justicia que se había instalado en la antigua fundación real. La barandilla contribuye, junto al escudo de armas, los tapices, los bustos romanos y la lámpara, a crear la imagen de magnificencia historicista que buscaba Cerralbo. Fotografía de Javier Rodríguez Barrera, 2019. JRB. Museo Cerralbo, Madrid.

11. UNA PEQUEÑA CIUDAD DE LA JUSTICIA QUE DA NOMBRE AL BARRIO

Con la paulatina implantación en España del liberalismo y el desarrollo de un Estado de derecho, las instituciones jurídicas han ido ganando importancia. El mencionado complejo monástico de la Real Visitación fue transformado a partir de 1870 en Palacio de Justicia bajo la dirección del arquitecto Antonio Ruiz de Salces, salvo la iglesia, que, como hemos dicho, pasó a ser parroquia de Santa Bárbara. Tras una intervención bastante respetuosa con el planteamiento de Carlier se instalaron en el gran edificio el Tribunal Supremo de Gracia y Justicia y la Audiencia Territorial.

En 1915 la sede judicial sufrió un terrible incendio, por lo que tuvo que ser restaurada en profundidad bajo las órdenes de Joaquín Rojí, que dirigió unas obras que se alargaron hasta 1930. La iglesia no sufrió daños. En la reforma se introdujo también un importante programa decorativo desarrollado por grandes escultores de la época como Miguel Blay, Lorenzo Coullaut Valera o Mario Capuz y pintores como Enrique Simonet, Marceliano Santa María o Álvaro Alcalá Galiano. En el exterior destaca el grupo de Blay, que representa *La justicia amparándose en la equidad y el derecho* en la fachada que da a la plaza de la Villa de París, donde habían estado las habitaciones de la reina Bárbara. En esta misma fachada, y en las demás, se encuentran otras esculturas alegóricas y retratos de grandes hombres de leyes. El Tribunal Supremo, cúpula del sistema de impugnaciones, continúa situado en el mismo edificio.

Desde la transformación del palacio-convento en Palacio de Justicia, el sector situado entre Génova y Bárbara de Braganza se fue configurando como una verdadera ciudad judicial y ha marcado el carácter de todo el barrio hasta el punto de darle su nombre oficial. Al norte de la plaza de las Salesas había en 1900 Juzgado de Primera Instancia e Instrucción y Juzgado de Guardia. Muy cerca, en el número 8 de la calle Marqués de la Ensenada, está desde 1990 la sede del Consejo Superior del Poder Judicial, órgano constitucional, colegiado, autónomo, integrado por jueces y otros juristas, que ejerce funciones de gobierno del poder judicial. Se encuentra en el lugar en el que estuvo el antiguo teatro Lírico, construido por José Grases Riera entre 1901 y 1902. La fachada actual es lo único que queda del edificio original, aunque su decoración está muy modificada.

Al norte de la plaza de la Villa de París se encuentra la Audiencia Nacional, entre las calles Génova, Orellana y García Gutiérrez, esta última, posiblemente, la más corta del barrio. En este edificio de los años setenta del siglo xx estuvo el Consejo Superior del Poder Judicial desde 1978 hasta 1981; luego se trasladó al paseo de la Habana y después al citado edificio de Marqués de la Ensenada. La construcción fue remodelada y ampliada entre 2012 y 2015 bajo la dirección de Francisco Rodríguez Partearroyo y actualmente acoge la presidencia y las distintas salas de lo penal y los juzgados de instrucción de la Audiencia Nacional, que es un órgano con jurisdicción en todo el territorio nacional, que se constituye como un tribunal centralizado y especializado que se ocupa de los delitos de mayor gravedad y relevancia social.

También en el entorno de la plaza de la Villa de París se encuentra la sede del Tribunal Superior de Justicia de Madrid, concretamente en el número 1 de General Castaños. Es el máximo órgano judicial en el ámbito territorial de la comunidad autónoma. No muy lejos, en la calle Serrano Anguita, se encuentra el Consejo General de Procuradores de España. Y en el paseo de Recoletos está el Consejo General de la Abogacía Española.

Además, son muy abundantes los bufetes de abogados en el entorno, donde podemos encontrar asimismo varias librerías jurídicas, como Marcial Pons, en la calle Bárbara de Braganza desde 1962, o Lex Nova, en la calle Marqués de la Ensenada, frente al Tribunal Supremo, desde 1997. Existe también una sastrería especializada en la confección de togas jurídicas, la de Enrique Gavilanes, en la calle Argensola.

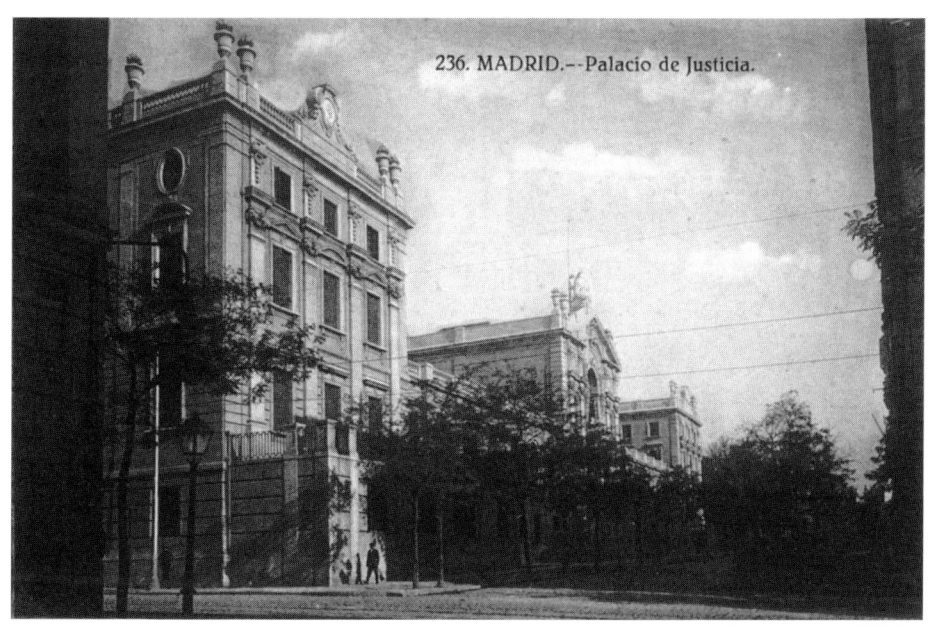

236. MADRID.--Palacio de Justicia.

A partir de 1870 Antonio Ruiz de Salces dirigió la transformación del exclaustrado convento de las Salesas en el nuevo Palacio de Justicia. En la imagen observamos la fachada del edificio que da a la calle Marqués de la Ensenada. Tarjeta postal. Grafos, 1893. Biblioteca Regional de Madrid, Mg. XXVIII/1261.

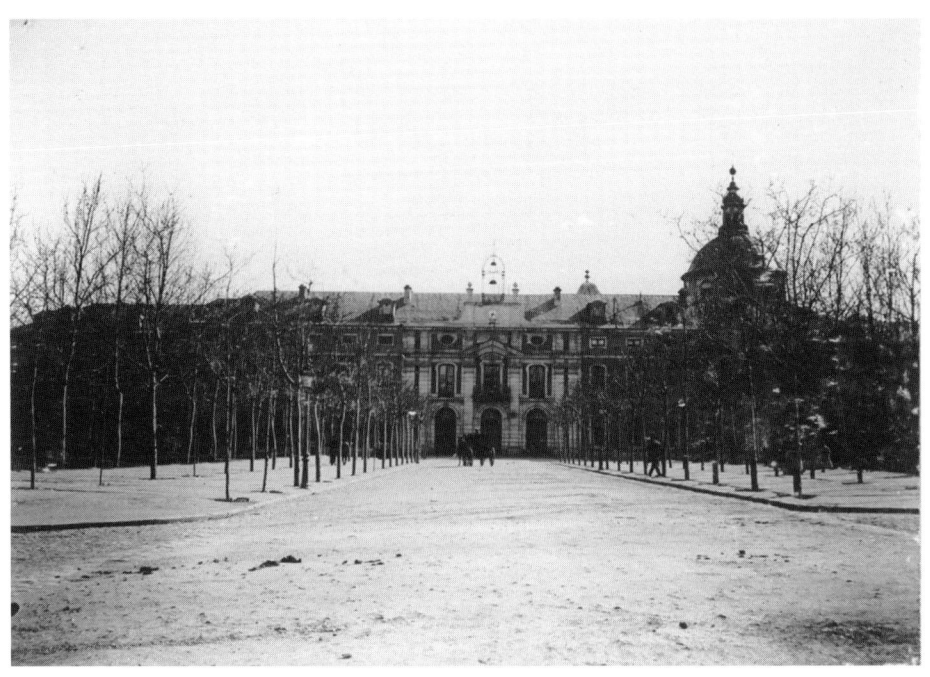

En esta imagen anónima de alrededor de 1900 observamos la fachada principal del Palacio de Justicia desde la plaza de la Villa de París con la cúpula de la parroquia de Santa Bárbara a la derecha. Esta zona del edificio se corresponde con el antiguo Cuarto Real de la reina Bárbara de Braganza dentro del gran conjunto monástico. Un voraz incendio destruyó el complejo en 1915 y Ricardo Rojí dirigió la posterior reconstrucción, que modificó la decoración exterior. Biblioteca Regional de Madrid, Mg. XXII/12.

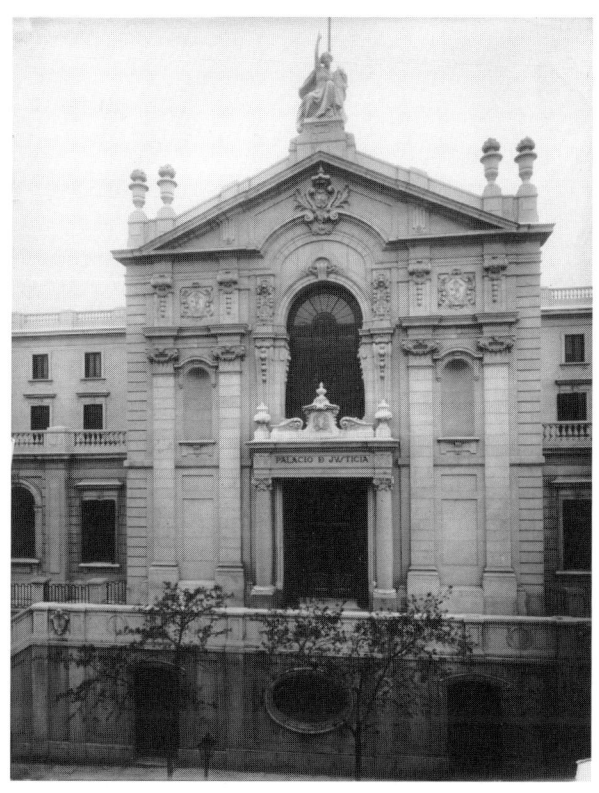

Vista del Palacio de Justicia desde la calle Marqués de la Ensenada en torno a 1950. Esta fachada fue compuesta por Rojí tras el incendio de 1915 y destaca por su eclecticismo. Sobre el frontón se encuentra la grandilocuente estatua que representa la Justicia, obra de Miguel Blay. Biblioteca Regional de Madrid. Colección Diputación Provincial de Madrid, Mg. XXXII/197.

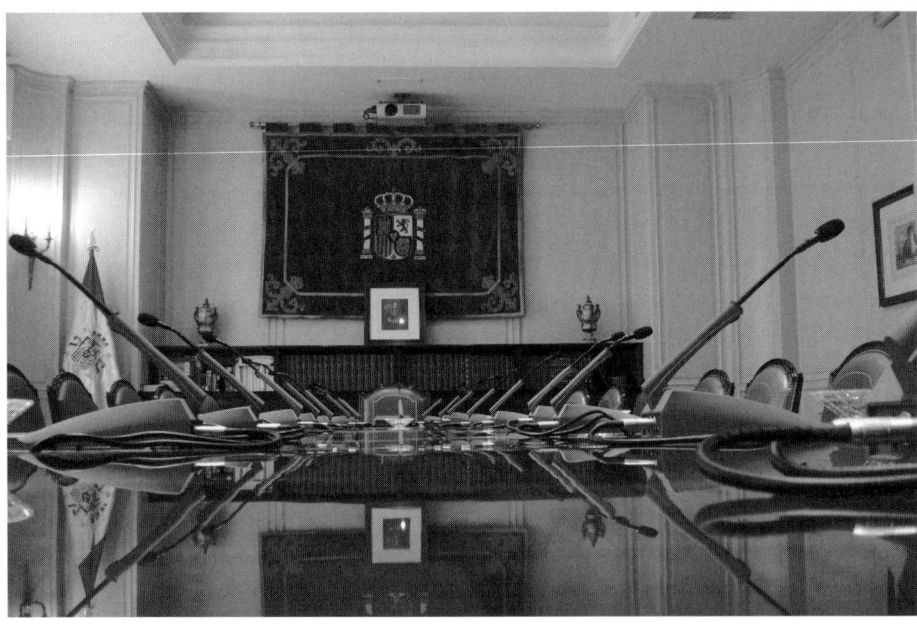

La sede principal del Consejo General del Poder Judicial se encuentra en el número 8 de la calle Marqués de la Ensenada desde 1990. En la imagen vemos el Salón del Pleno, donde se reúnen todos los miembros del CGPJ en sesión ordinaria una vez al mes o de manera extraordinaria. Fotografía cortesía del Consejo General del Poder Judicial.

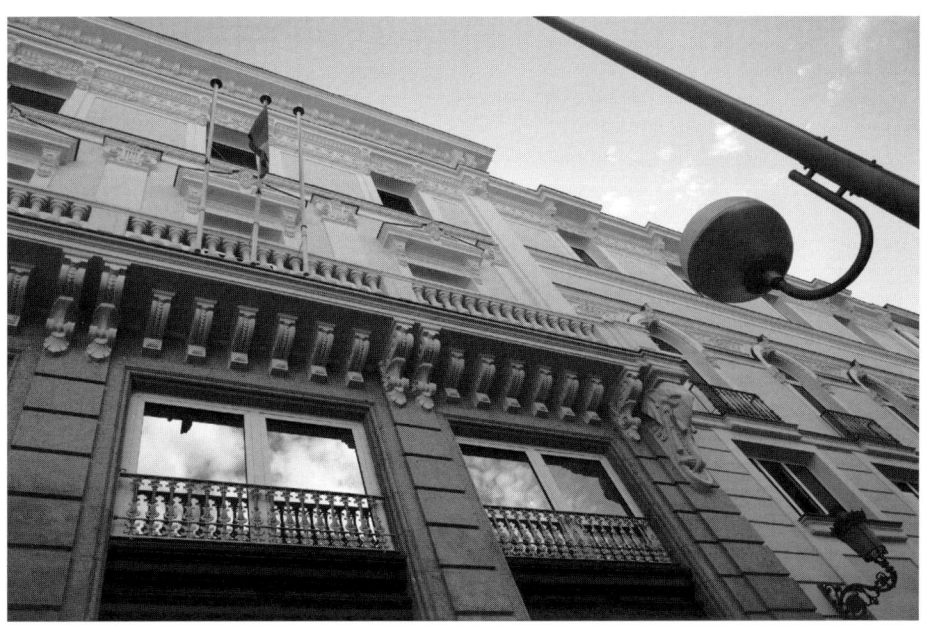

Detalle de la fachada de la sede del Consejo General del Poder Judicial, ubicada en el solar del antiguo teatro Lírico, construido por José Grases Riera en los primeros años del siglo XX. El edificio actual conserva ligeramente la estructura en planta del teatro, así como su fachada, aunque muy depurada de su ornamentación original de balaustradas, frisos decorativos y medallones ovalados y con su triple arquería de entrada transformada en un conjunto de vanos adintelados. En la foto se observa a uno de elefantes que sostiene la balconada principal, un detalle original de la decoración del teatro, muy similar a la que podemos ver en otra obra emblemática del arquitecto catalán en Madrid, el edificio de La Equitativa, en la esquina de Alcalá y Sevilla. Fotografía cortesía del Consejo General del Poder Judicial.

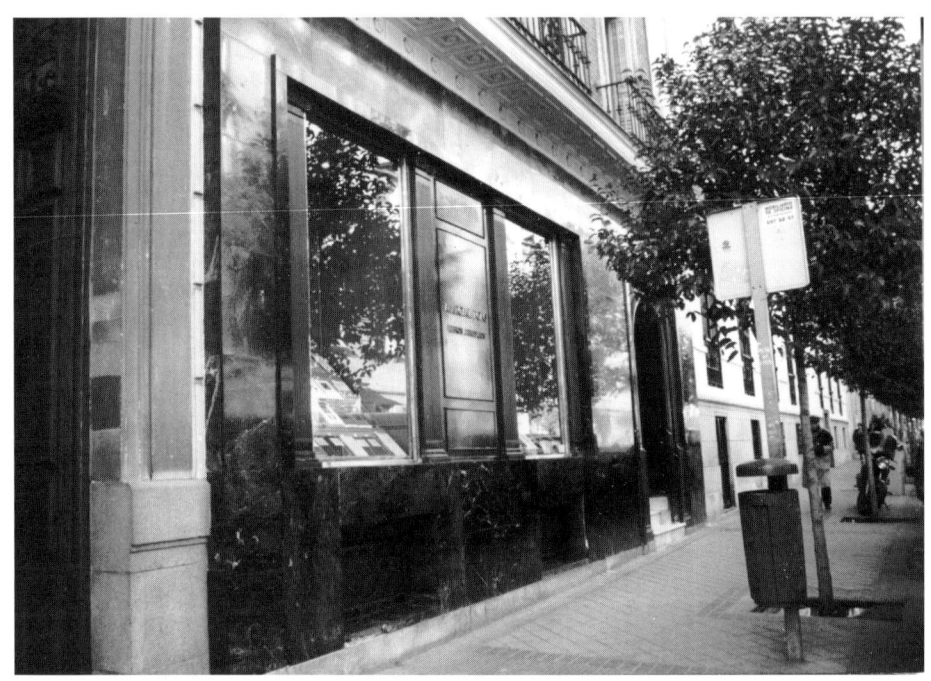

Fachada de la antigua librería Marcial Pons Libros Jurídicos, que estaba ubicada estratégicamente en el número 8 de la calle Bárbara de Braganza, frente al Palacio de Justicia; se inauguró en 1962 y pronto se convirtió en referente dentro del mudillo jurídico. En la actualidad esta librería se ha fusionado con su hermana dedicada a economía, que estaba en la plaza de las Salesas, y se encuentra en el número 11 de Bárbara de Braganza. Fotografía de 1969. Cortesía de Marcial Pons.

12. ESPIRITUALIDAD Y DEVOCIÓN EN EL BARRIO DE JUSTICIA

Durante la época de los Austrias surgieron en el área del actual barrio de Justicia nada menos que nueve fundaciones conventuales, cuatro masculinas y cinco femeninas, y hay que añadir otro convento de monjas del siglo XVIII. No se trata de una excepción en la geografía madrileña, puesto que en este periodo, marcado por el catolicismo militante del Imperio hispánico, los conventos se multiplicaron y se extendieron por toda la ciudad.

Seguramente el más antiguo es el que se fundó en 1586 en el extremo sur del territorio, en la calle Alcalá. Se trata del convento de Carmelitas Descalzos de San Hermenegildo, cuya iglesia se consagró en 1605; en ella se ordenó sacerdote el gran Lope de Vega. En la primera mitad del siglo XVIII Pedro de Ribera llevó a cabo importantes reformas continuadas por José Arredondo; sobre todo, la construcción de una nueva iglesia. En un lateral del crucero se abre una bella capilla con planta de cruz griega dedicada a santa Teresa de mediados del siglo XVIII. En 1835 se produjo la exclaustración de los frailes. Del edificio conventual sólo se mantiene en pie su iglesia, convertida en parroquia de San José; el resto del solar está ocupado por otras construcciones, salvo el lugar donde estaba la huerta, que dio origen a la plaza del Rey.

A principios del siglo XVII se fundó el convento de Mercedarios Descalzos de Santa Bárbara, en el extremo norte del barrio. El edificio y sus huertas ocupaban una gran extensión, desde la plaza de Santa Bárbara hasta la actual calle Justiniano por el este. En una casita del convento vivió la beata Mariana de Jesús, monja mercedaria muy popular en la época conocida como la Santa de Madrid. Tras su fallecimiento se depositó el cuerpo incorrupto de la beata en la iglesia del convento; actualmente se conserva en el monasterio de las mercedarias de Juan de Alarcón, en la calle de la Puebla. El convento de Santa Bárbara fue desamortizado en 1836 y se convirtió en fábrica, hasta que fue derribado en la segunda mitad del siglo XIX.

Otro monasterio de la época de los Austrias es el de los Capuchinos de la Paciencia, fundado en 1639 en la calle Infantas esquina a San Bartolomé. Le daba su nombre una imagen de un Cristo que, según la tradición, había sido apaleado y quemado por unos judíos que acabaron siendo condenados por la Inquisición. Fue desamortizado en 1837 y en su solar se encuentra hoy la plaza Pedro Zerolo; la costanilla de Capuchinos une la plaza con la calle San Marcos.

El convento de Santa María Magdalena de hermanas de la Orden Terciaria de San Francisco se instaló en la primera mitad del siglo XVII en la calle Hortaleza. En 1744 se trasladó a este convento la Santa y Real Hermandad de Nuestra Señora de la Esperanza y Santo Celo; los hermanos que pertenecían a ella recorrían al anochecer las calles más canallescas de la ciudad y hacían la ronda del pecado mortal, vestidos de negro y con antorchas en sus manos, mientras proferían letrillas moralizantes y amenazadoras. El convento era conocido con el nombre de las Recogidas, o incluso de las Arrecogidas. Mesonero Romanos, en su *Manual de Madrid: Descripción de la corte y de la villa*, publicado en 1831, da precisa información sobre su función carcelaria: «Sirve de reclusión decente para mujeres, y está al cuidado de las religiosas de Santa María Magdalena de la Penitencia; no se admite en esta casa ninguna mujer que no haya sido pública pecadora, y una vez entrando allí, no pueden salir más que para religiosas o casadas. Hay también una sala donde se guardan las mujeres a quienes sus parientes envían por castigo». En 1897 la iglesia fue reconstruida por Ricardo García Guereta y en 1916 además se reedificó el convento bajo la dirección de Jesús Carrasco. Las monjas lo abandonaron en 1974 y en 1989 se convirtió en sede confederal de la UGT.

A mediados del siglo XVII se fundó en la calle Fuencarral, frente a San Onofre, el convento de la Virgen de la Asunción y San Dámaso de Padres Camilos. La misión principal de esta orden religiosa fundada por san Camilo de Lelis era la de cuidar a personas gravemente enfermas y sin recursos económicos, de ahí que al convento se le conociera como el de los Agonizantes.

Ya en la segunda mitad del siglo XVII nació el convento de monjas clarisas de San Pascual, en el paseo de Recoletos, en la misma gran manzana que el palacio de Buenavista. Lo fundó en 1683 el almirante de Castilla don Gaspar Enríquez de Cabrera, junto a su palacete, y fue desamortizado en el siglo XIX. La iglesia actual, de la segunda mitad de dicha centuria, es obra de Juan José de Urquijo. Existe la costumbre de realizar una ofrenda de huevos a las monjas para que en una fecha concreta, especialmente el día de una boda u otra celebración, haga buen tiempo.

En 1663 se fundó por impulso del rey Felipe IV el convento de Nuestra Señora de la Concepción de Religiosas Mercedarias Descalzas, conocido como las Góngoras y que permanece en pie y en uso. Su denominación procede del patrono de la institución, Juan Felipe Jiménez de Góngora, miembro del Consejo de Castilla. Por eso la calle se llamó históricamente de Góngora, hasta que en los años sesenta del siglo pasado su nombre se cambió, con poco tino histórico, por el del poeta Luis de Góngora. Manuel del Olmo reformó la iglesia, de una nave y gran cúpula, poco después de la fundación del monasterio, que se organiza en torno a un claustro cuadrado. La suntuosidad interior del templo responde a sucesivas reformas entre el siglo XVIII y el XX.

También de la segunda mitad del siglo XVII era el convento femenino de Carmelitas Descalzas de Santa Teresa, fundado en 1684 por la madre Mariana Francisca de los Ángeles con el patrocinio de los príncipes de Astillano, que donaron unas casas de su propiedad al sudeste del convento de Santa Bárbara. Recibió importantes obras de arte, como la copia del famoso cuadro de Rafael de *La transfiguración*, que se encuentra actualmente en el Museo del Prado, o los paños bordados que hoy están en las salas nobles del Museo Arqueológico Nacional. Carlos II puso al monasterio bajo el patronato regio y en el siglo XVIII se renovó su iglesia. El convento fue desamortizado en 1869 y derribado poco después.

En 1675 nació el convento de Mercedarias Calzadas de San Fernando sobre terrenos de la huerta del marqués de la Rosa. Dio nombre a la calle en la que se encontraba, que va de Infantas a Gravina, primero llamada Carmelitas, luego San Fernando y finalmente Libertad, porque la orden se encargaba de liberar a cautivos cristianos. Situado en la esquina con San Marcos, fue desamortizado en 1838 y sobre parte de su solar se erigió posteriormente el teatro de la Alhambra, también hoy desaparecido.

De los nueve conventos mencionados, todos menos uno, el de las Góngoras, fueron desamortizados y o bien se derribaron o bien los edificios cambiaron de uso. Durante la Guerra Civil o inmediatamente antes los conventos supervivientes fueron asaltados y algunos quemados, como en el resto de la ciudad, y otros fueron convertidos en checas. Sin embargo, la parroquia de Santa Bárbara fue protegida por las autoridades.

Además de los conventos, otros edificios religiosos merecen ser destacados. Según Antonio de Capmany y de Montpalau, la calle de Belén toma su nombre de una capilla dedicada a Nuestra Señora de Belén por la marquesa de Castellar a principios del siglo XVII, en un sector con escasa construcción entonces. Algunos cronistas del siglo XIX recogen la tradición de la existencia de otra ermita dedicada al evangelista san Mateo, de la que procede el nombre de la calle que va de Fuencarral a la plaza de Santa Bárbara.

Un pequeño y modesto edificio religioso pero muy emblemático es la capillita de Nuestra Señora de la Soledad que se encuentra en la calle Fuencarral esquina a Augusto Figueroa. Tiene su origen en un humilladero con una imagen bajo un arco que acabó dando nombre a la calle de Santa María del Arco —hoy Augusto Figueroa—. El edificio actual es del siglo XVIII y fue construido por el impulso del marqués de Navahermosa, propietario de los inmuebles situados en la esquina. A mediados del siglo XX los propietarios de la capilla la cedieron a la parroquia de San Ildefonso y actualmente está gestionada por Mensajeros de la Paz.

Por otra parte, a mediados del siglo XVIII el teatro del palacio de los duques de Frías se convirtió en iglesia dedicada a san José, en la esquina entre Góngora y Gravina. En este templo se celebró en 1802 la boda del libertador Simón Bolívar con una vecina del barrio, también venezolana, María Teresa Rodríguez del Toro, aunque actualmente una placa en la iglesia del mismo nombre situada en la calle de Alcalá asegura que el enlace tuvo lugar en ella. Cuatro años después en esta iglesia de San José de la calle Gravina se casó en secreto el arquitecto Juan de Villanueva, vecino del barrio, con Juana Moraza, después de haber vivido juntos durante más de veintidós años.

En 1828 la Congregación de la Misión, sociedad fundada por san Vicente de Paúl, abrió casa en la calle Barquillo, más o menos donde hoy se encuentra el teatro Infanta

Isabel, y contaba con extensas huertas. Pero la casa fue suprimida por las leyes desamortizadoras en 1836 y acabó convertida en prisión, inaugurada por Isabel II en 1845. Otro edificio religioso muy singular lo encontramos en la travesía de Belén: la capilla conocida como Cachito de Cielo, abierta veinticuatro horas para la adoración perpetua del Santísimo Sacramento.

Con respecto a las festividades religiosas, sin duda la fecha más destacada es el 17 de enero, día de San Antonio Abad, más conocido como san Antón, ermitaño egipcio de los siglos III y IV, objeto de gran devoción a lo largo de toda la historia del cristianismo. El barrio de Justicia celebra, concretamente en la calle Hortaleza, donde se encuentra la iglesia dedicada a dicho santo, la primera fiesta religiosa del año en Madrid, al menos desde finales del siglo XVIII. En la puerta de la iglesia el sacerdote arroja agua bendita a todos los animales que llevan los fieles, que también adquieren unos panecillos. En la tarde del 17 se realiza una procesión con caballos y otros animales conocida como las Vueltas de San Antón. Antiguamente se engalanaban balcones y ventanas de las casas próximas, se instalaban en las calles puestos en los que se vendían diferentes alimentos y bebidas. Es interesante observar cómo las mascotas han sustituido a los ganados en un ejemplo de adaptación y evolución de un culto ancestral de origen rural y agropecuario al mundo urbano posmoderno.

La iglesia de San Antón fue construida por Pedro de Ribera en la primera mitad del siglo XVIII como capilla del convento y hospital de infecciosos que allí se encontraba. Su planta es longitudinal, de una sola nave, con dos tramos cubiertos por bóveda de arista rebajada y con capillas laterales en forma de media elipse. El crucero presenta cúpula esférica sobre pechinas y los brazos y la capilla mayor componen una peculiar forma trilobulada. La fachada fue transformada por Francisco de Rivas en los últimos años del siglo XVIII, cuando levantó el colegio de los Escolapios, y contrasta con el movimiento y el barroquismo del interior. Actualmente la iglesia está gestionada por Mensajeros de la Paz y, además de realizarse las actividades pastorales correspondientes, es asimismo lugar de acogida para personas necesitadas. En el templo se guardan las reliquias de san Antón y de san Valentín, patrón de los enamorados. También se encuentra una buena copia del óleo de *La última comunión de san José de Calasanz*, de Goya, ya que el original, propiedad de la

Orden de las Escuelas Pías de la provincia de Betania, fue un encargo para el colegio de los Escolapios de San Antón.

Por último, tenemos que destacar la presencia de la catedral anglicana de Madrid en el barrio de Justicia, concretamente en la calle Beneficencia, desde finales del siglo XIX. Se trata de la catedral del Redentor, sede de la comunidad protestante más antigua de la ciudad, la Iglesia Española Reformada Episcopal, que forma parte de la Comunión Anglicana. Junto al templo se construyeron edificios destinados a escuela, residencia y otras funciones.

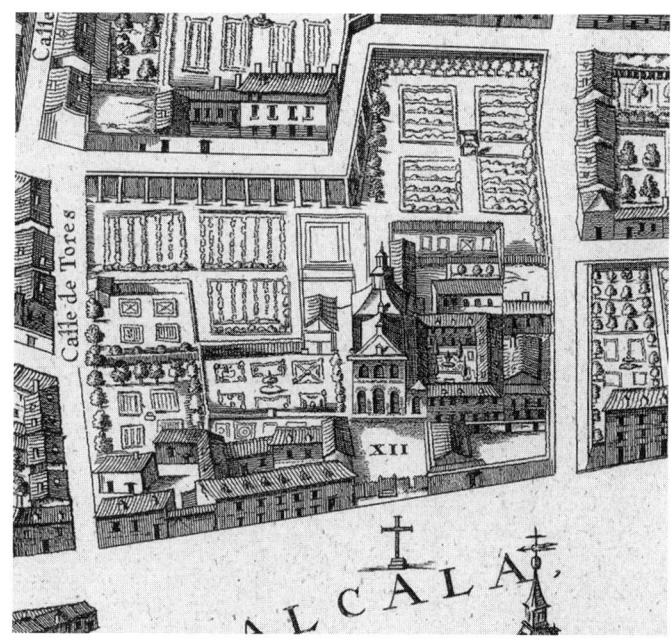

El convento carmelita de San Hermenegildo, señalado con el número XII en la *Topographia de la villa* de Pedro de Teixeira (1656), ocupaba una gran manzana entre las calles Torres —hoy Marqués de Valdeiglesias—, Infantas, Barquillo y Alcalá que incluía también el solar de la actual plaza del Rey. Sólo subsiste del conjunto la iglesia, si bien, reconstruida en el siglo XVIII, y funciona como parroquia de San José después de la Desamortización. Biblioteca Regional de Madrid. Cartoteca, Mp. II/45, hoja n.º 4.

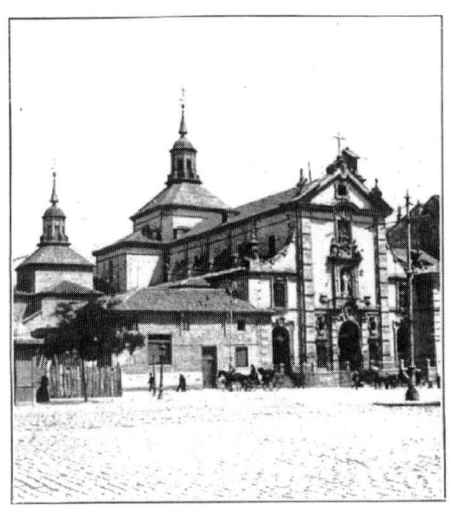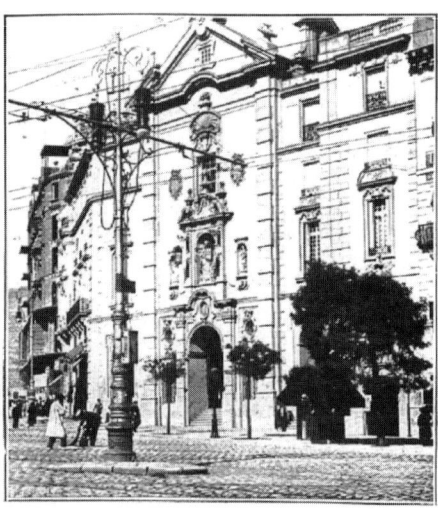

La iglesia de San José antes y después de las obras de la Gran Vía, que obligaron a derribar la Casa del Cura y a susti-
tuirla por un nuevo edificio, alineado con el arranque de la nueva avenida. El diseño de la fachada fue realizado por
Juan Moya en 1910 en estilo neobarroco, que marcó la pauta para los edificios de todo el primer tramo de la Gran Vía
que se construyeron a continuación. También Juan Moya elevó en 1912 los tramos laterales de la fachada original de
la iglesia de Pedro de Ribera hasta la altura del nuevo edificio. Revista *La Esfera*, n.º 274, 29 de marzo de 1919.

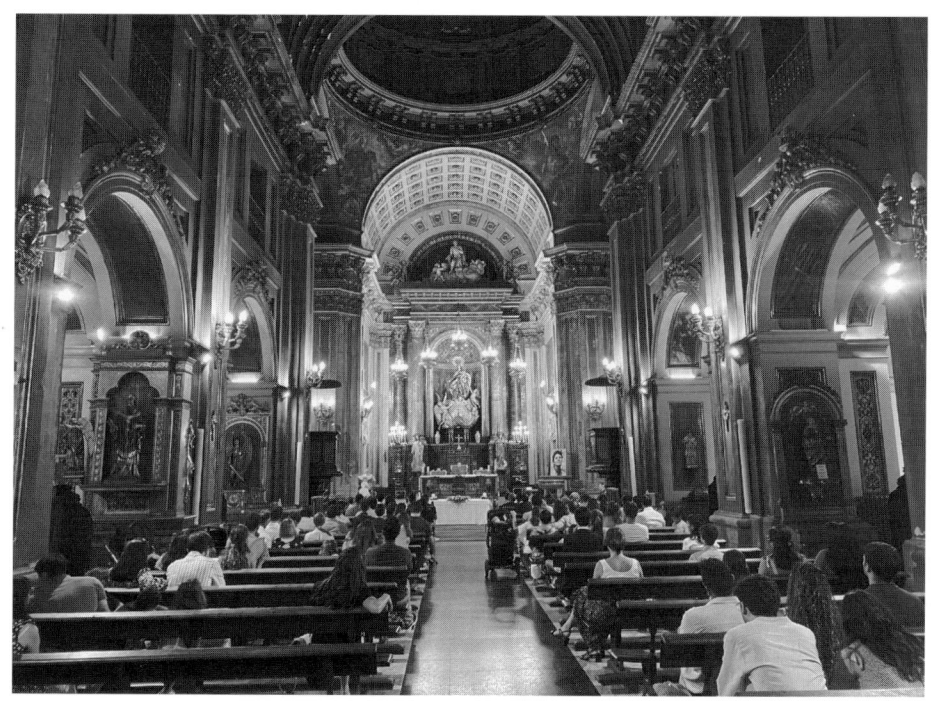

En la imagen de 2023 contemplamos las naves de la parroquia de San José. En la primera mitad del siglo XVIII Pedro de Ribera reconstruyó la iglesia del convento de San Hermenegildo y trazó una planta de cruz latina, con nártex, nave con capillas laterales, cabecera plana y coro a los pies, bóveda de cañón y cúpula en el crucero. Se trata de un planteamiento más conservador que en otras iglesias de Ribera para adaptarse a la tradición carmelita. Fotografía cortesía de la parroquia de San José.

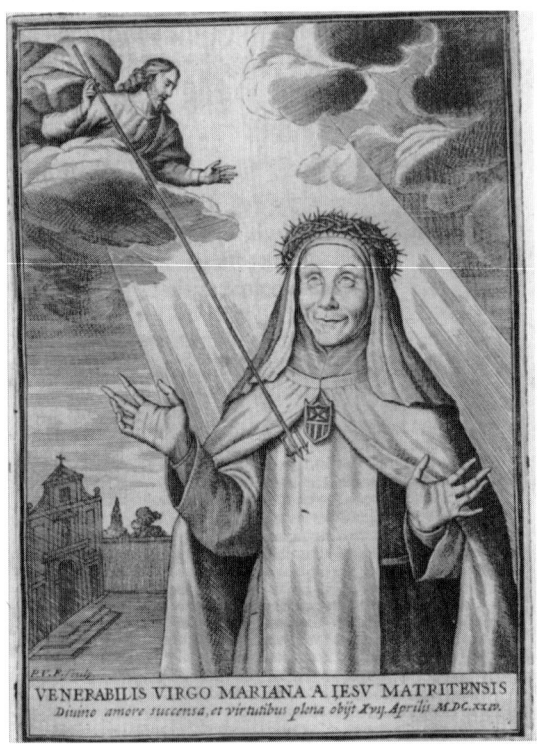

VENERABILIS VIRGO MARIANA A IESV MATRITENSIS
Diuino amore succensa, et virtutibus plena obijt Xvij. Aprilis M.DC.xxiv.

Estampa de un grabado calcográfico que representa a Mariana de Jesús, mercedaria descalza, en éxtasis, atravesada por Cristo mediante un tridente. Aparece en el libro *La corona de Madrid: Vida de la venerable madre Mariana de Jesús*, publicado en 1673. La monja madrileña fue una de las figuras más destacadas en la historia espiritual del barrio de Justicia, ya que moraba en una casita junto al convento de Santa Bárbara, desde donde se extendió la fama de sus experiencias y revelaciones, lo que convirtió al lugar en centro de peregrinación. Biblioteca Regional de Madrid. Fondo Antiguo, A-3613.

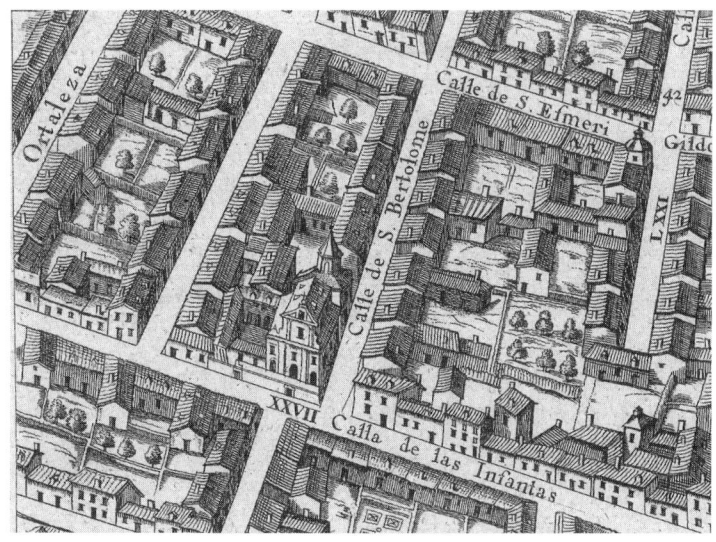

La Topographia de la villa de Madrid de Pedro de Teixeira (1656) nos ofrece una magnífica imagen del convento de los Capuchinos de la Paciencia, señalado con el número xxvii, en la esquina de Infantas con San Bartolomé. Fue construido en 1639 y habitado por monjes franciscanos que fueron exclaustrados en 1837. En su solar se encuentra hoy la plaza de Pedro Zerolo. Biblioteca Regional de Madrid. Cartoteca, Mp. II/45, hoja n.º 9.

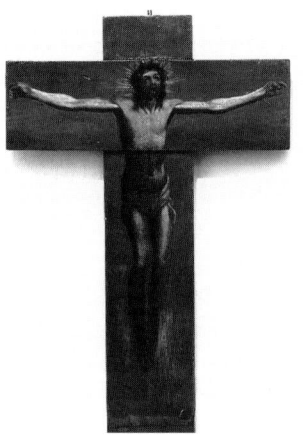 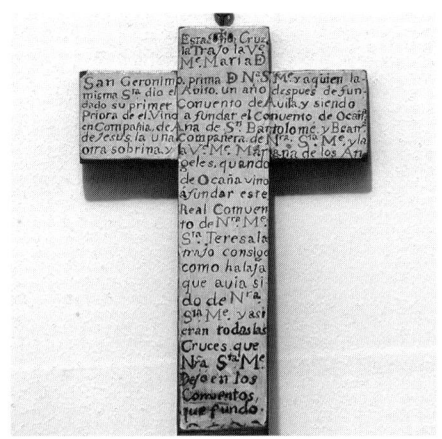

Anverso y reverso de la cruz de la fundación del convento de Santa Teresa, uno de los más antiguos del barrio. El Carmelo de Santa Teresa de Jesús inició su camino el 10 de septiembre de 1684 bajo el mecenazgo de los príncipes de Astillano, que cedieron unas casas de su propiedad en el extremo norte de la ciudad. Las primeras monjas procedían de Ocaña, encabezadas por la madre Mariana Francisca de los Ángeles, que murió en olor de santidad. Las religiosas fueron expulsadas en 1869 y el convento fue derribado poco después; en su lugar se prolongó la calle Santa Teresa, cuyo nombre mantiene la memoria de la fundación religiosa. Desde finales del siglo XIX la comunidad se encuentra establecida en la calle Ponzano. Imagen cortesía de las Carmelitas Descalzas de Santa Teresa de Madrid.

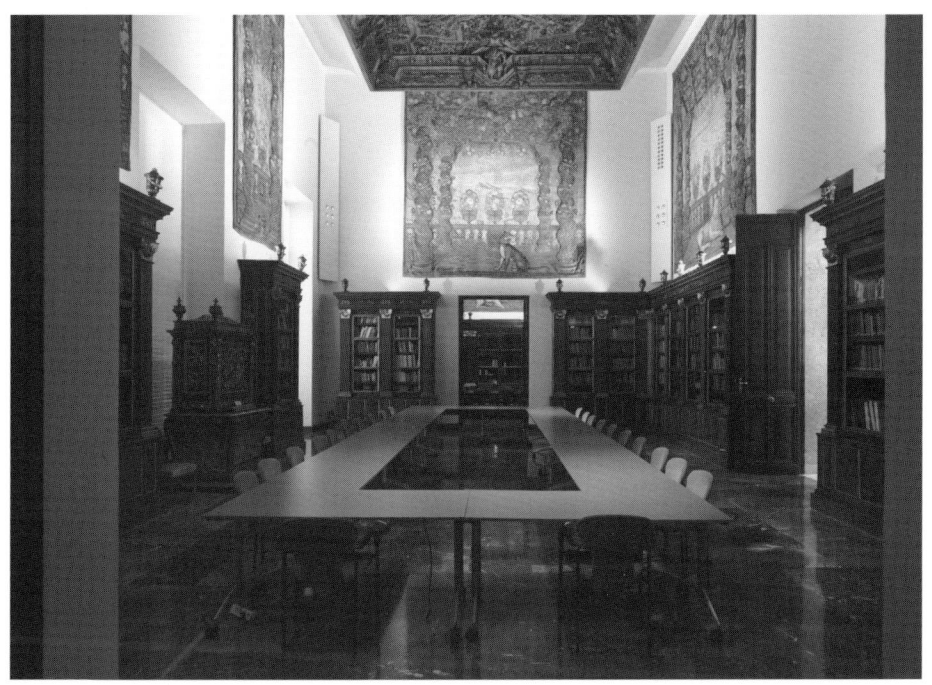

De las paredes de las salas nobles del Museo Arqueológico Nacional cuelgan los paños bordados que los príncipes de Astillano donaron al monasterio de Santa Teresa, que estaba bajo su patronazgo. Juan María Cruz Yabar los ha fechado en los años cuarenta del siglo XVII y ha descubierto que fueron elaborados en Nápoles. Los motivos que aparecen en los paños son completamente profanos: animales salvajes encadenados, bajo pabellones de columnas salomónicas cubiertos con emparrado. Pertenecen al MAN desde 1877. Fotografía de Luis Asín Lapique. Museo Arqueológico Nacional.

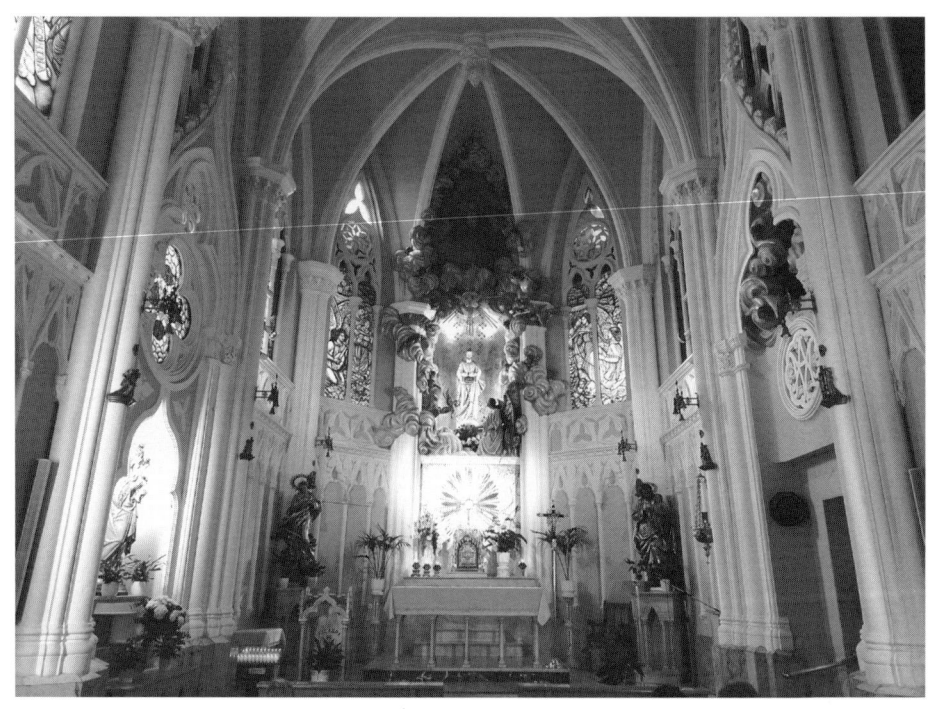

Uno de los espacios religiosos más singulares del barrio lo encontramos en la capilla de las Misioneras del Santísimo Sacramento, ubicada en el interior de un anodino edificio, originalmente residencial y transformado en convento a principios del siglo XX bajo la dirección de Carlos Luque. Situada en la travesía de Belén, su interior neogótico sorprende y destaca por su peculiar retablo de nubes, que da origen al nombre popular de la capilla: Cachito de Cielo. La Congregación de las Misioneras del Santísimo Sacramento y María Inmaculada nació en Granada a finales del siglo XIX y hoy se extiende por cuatro continentes. Fotografía de Francisco Juez, 3 de julio de 2024.

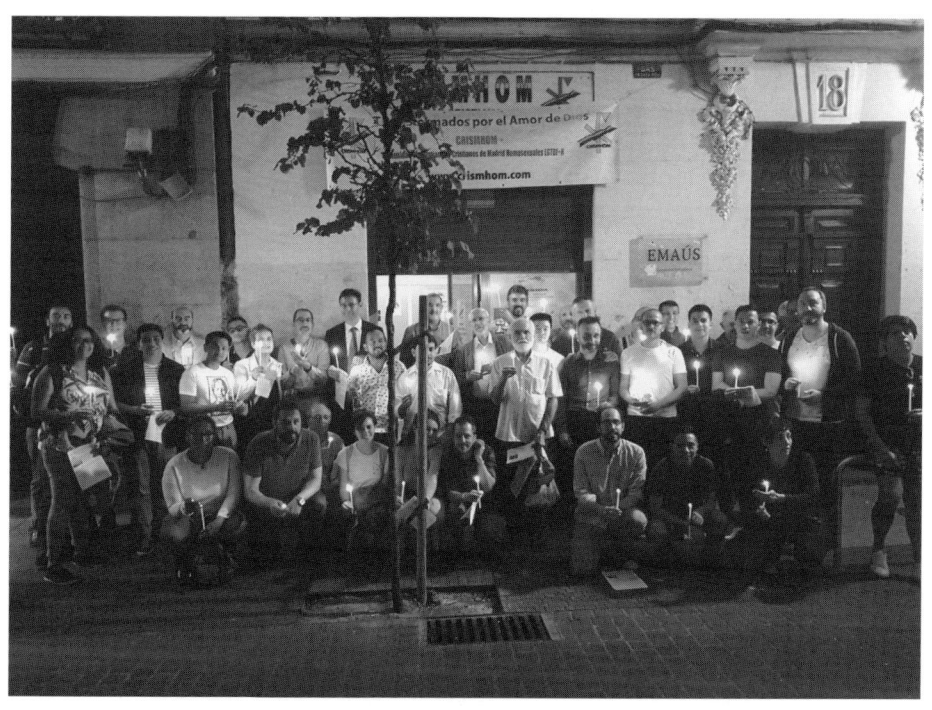

Vigilia ante su sede de la calle Infantas de personas del colectivo CRISMHOM, Comunidad Cristiana LGTBI+H, Asociación de Diversidad Sexual e Identidad de Género. Nació en 2006 y se define en sus estatutos como entidad de diversidad sexual, de carácter ecuménico cristiano. Tuvo su sede en el número 18 de la calle Barbieri hasta 2021, cuando se trasladó fuera, si bien, cerca del barrio de Justicia: a la calle Chinchilla. Año 2018. Cortesía de CRISMHOM.

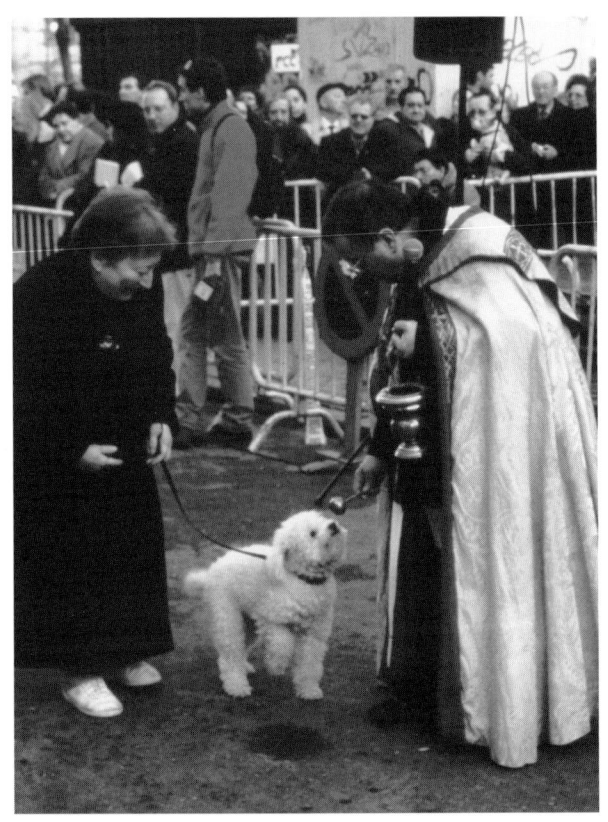

El párroco de San Antón, en la puerta de la iglesia, esparce el agua bendita con el hisopo sobre uno de los muchos perros a los que sus amos llevan todos los años el día del santo para recibir la bendición. Se trata de la celebración religiosa más popular del barrio. Fotografía de Beatriz García Traba, 17 de enero de 2000.

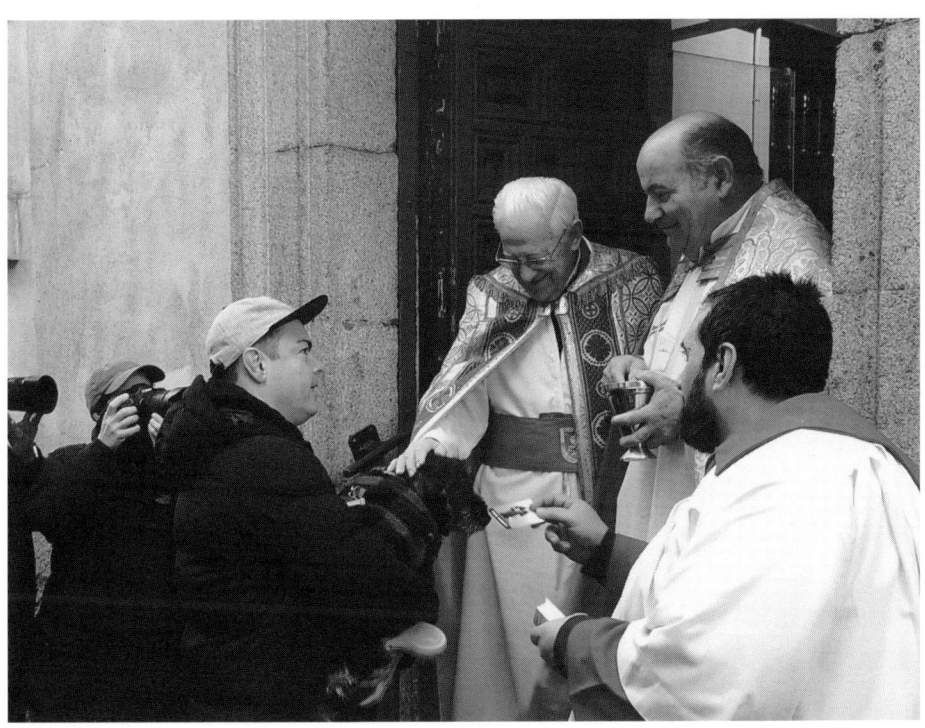

El padre Ángel bendice en la puerta de la iglesia de San Antón a uno de los muchos animales a los que sus amos llevan en el día de la celebración del titular del templo. La fiesta se realiza en honor de san Antonio Abad, patrono de los animales. En ella, además de otorgar la bendición, también se venden los tradicionales panecillos y en la tarde del día 17 de enero se realizan las llamadas Vueltas de San Antón. Fotografía de Francisco Juez, 17 de enero de 2024.

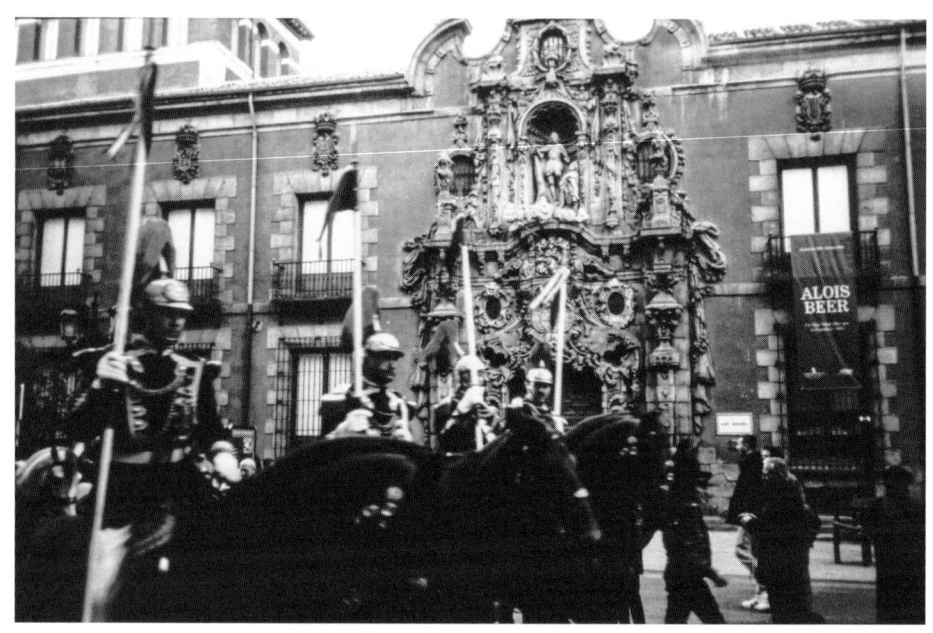

Con motivo de la festividad de San Antonio Abad, el 17 de enero, se realiza una procesión conocida como las Vueltas de San Antón, que parte de la calle Barceló, continúa por Fuencarral, Hernán Cortés, Hortaleza y termina en Mejía Lequerica. En la imagen, un momento de las Vueltas, con el escuadrón de caballería de la Policía Municipal, con uniforme de gala, a su paso frente al Museo Municipal, hoy Museo de Historia de Madrid. Fotografía de Beatriz García Traba, 17 de enero de 2000.

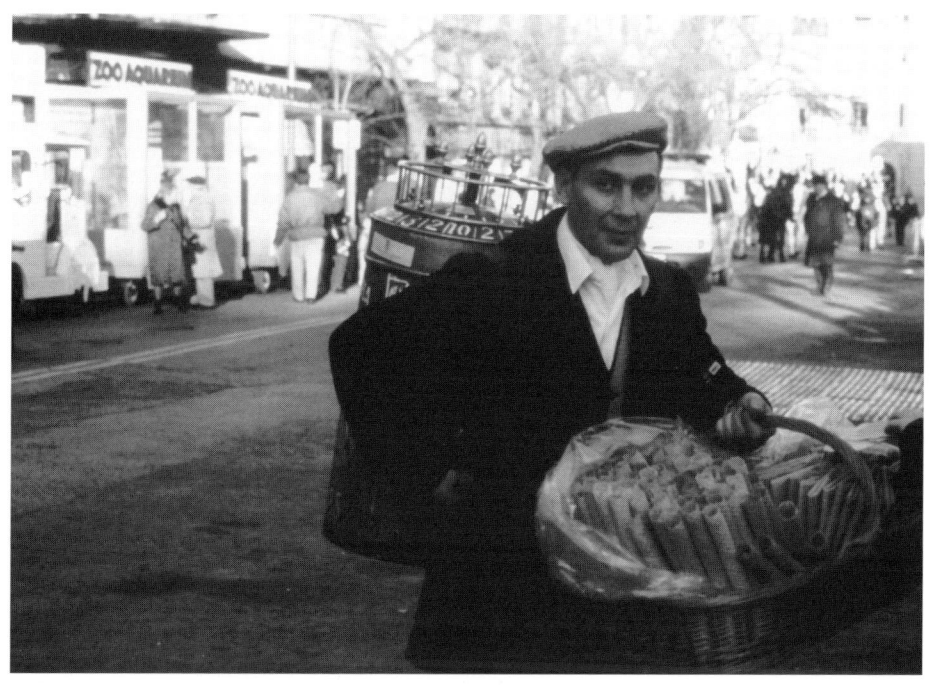

Barquillero en la calle Barceló, con la carroza del zoo al fondo a la izquierda, durante las Vueltas de San Antón. El zoológico madrileño llevó a la bendición del santo en esta ocasión un poni, un león marino, un puerco espín, un guacamayo y una cacatúa. Fotografía de Beatriz García Traba, 17 de enero de 2000.

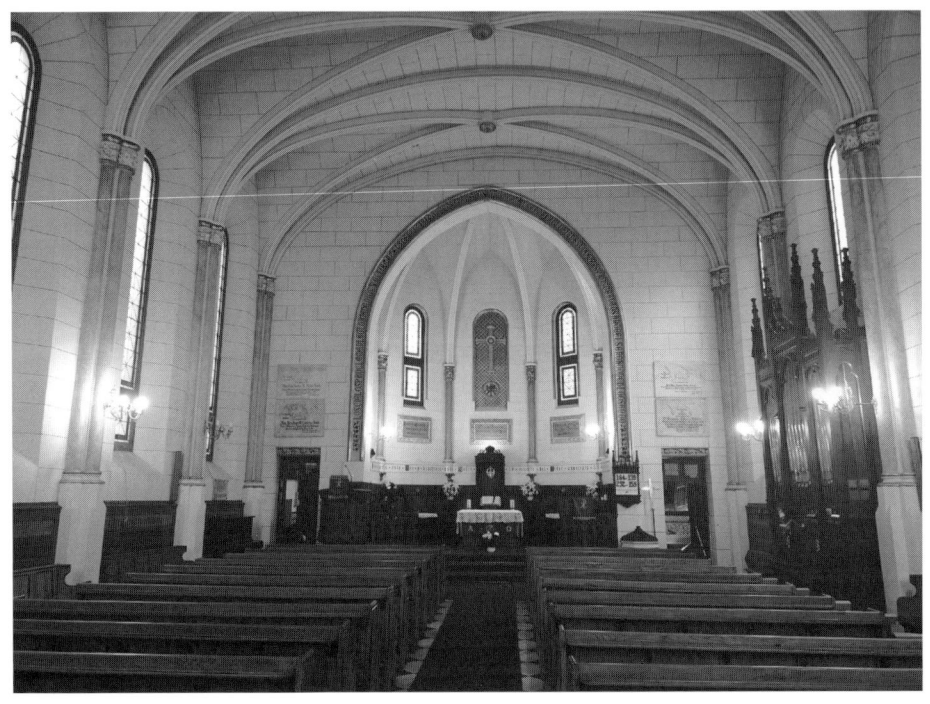

Interior de la catedral del Redentor, perteneciente a la Iglesia Española Reformada Episcopal, que forma parte de la Comunión Anglicana. Se trata de un edificio construido por Enrique Repullés Segarra en la última década del siglo XIX en un sencillo estilo neogótico, con fachada en piedra y planta rectangular, con planta de salón, como vemos en la imagen, cabecera poligonal y bóvedas de crucería. Fotografía de Francisco Juez, 6 de junio de 2024.

13. ARQUITECTURA RESIDENCIAL: PALACIOS Y VIVIENDAS

Aunque la presencia de edificios públicos en el barrio de Justicia es muy notable, un secular proceso histórico ha configurado este territorio como espacio fundamentalmente residencial dentro de la ciudad. Palacios y edificios de viviendas de diferentes épocas ocupan la mayoría de los terrenos y definen el paisaje urbano característico de este sector del distrito Centro.

Durante los siglos XVI, XVII y XVIII la densidad de población del barrio era inferior a la media de la ciudad. Las zonas más pobladas se encontraban en el área meridional y en el sector occidental del territorio que actualmente se incluye dentro de Justicia, aunque no nos han llegado viviendas populares del siglo XVII. En la época de los Austrias el barrio de Barquillo se caracterizaba por la presencia de mansiones nobiliarias con huertas y jardines, especialmente en la ladera del prado de Recoletos. El palacete más antiguo de los que permanecen actualmente en pie en Justicia es el conocido como la Casa de las Siete Chimeneas, cuya construcción se atribuye a Antonio Sillero, alarife de la villa en la época de Felipe II. Fue en origen una sobria casa de campo rodeada de huertas y jardines. Por su larga historia deambulan fantasmas, los condes de Mejorada, el ministro Esquilache y los amotinados de 1766, los condes de Polentinos, banqueros, las feministas del Lyceum Club y en las últimas décadas los funcionarios del Ministerio de Cultura.

Entre Barquillo y Recoletos se encontraban en tiempos de los Austrias numerosas quintas, como la amplia huerta de Juan Serrano Zapata, la casa de la marquesa de Astorga, que luego pasaría a los condes de Baños, las casas del marqués de la Rosa y de Juan Pablo Bonete, la antigua huerta de Juan Fernández y la casa de campo del cardenal Quiroga en el Altillo de Buenavista, que después de regalarla a Felipe II y tras pasar por las manos de varios propietarios fue adquirida por los duques de Alba en el siglo XVIII. Muy destacada era la quinta de don Gaspar Henríquez Cabrera, miembro de la corte de Felipe IV y Carlos II, almirante de Castilla y duque de Medina de Rioseco; su jardín contaba con fuentes, albercas y estatuas.

Durante el siglo XVIII los palacios se extendieron más hacia el oeste y el norte. Por ejemplo, se construyó entre las calles Piamonte, Barquillo, Infantas y Libertad-Góngora el palacio de los Duques de Frías, ya desparecido. Contaba con un jardín adornado con esculturas y huertas. Sí permanece en pie el antiguo palacio del Marqués de Ustáriz, erigido en la misma época por el arquitecto José Pérez, por lo que es uno de los edificios residenciales más antiguos del barrio; está situado entre Mejía Lequerica y San Mateo y pasó después a los condes de Villagonzalo, que luego construyeron otro palacio al otro lado de la calle San Mateo. Fue reformado en el siglo XIX y recientemente ha sido objeto de una intervención radical para instalar la sede de JB Capital, después de años de abandono, dejando unas fachadas muy arregladas, pero se han perdido las caballerizas, el jardín y otros elementos originales.

Cerca de allí, entre las calles San Mateo y Beneficencia, Manuel Martín Rodríguez construyó en 1776 una casa-palacio para el marqués de Matallana. A mediados del siglo XIX lo adquirió el marqués de la Puebla del Maestre y a principios del siglo XX acogió la sede de la Comisaría Regia del Turismo, impulsada por el marqués de la Vega-Inclán. Desde 1924 es la sede del Museo Romántico, actualmente Museo Nacional del Romanticismo.

El palacio Masserano, del siglo XVIII, estuvo en la calle de la Reina y en él vivió algunos años de su infancia Victor Hugo, que da nombre a la calle anteriormente llamada San Jorge, donde se encontraba el edificio. El padre de Victor Hugo fue uno de los generales napoleónicos durante la que el emperador llamaba «maldita guerra de España», lo que explica la presencia en Madrid del futuro escritor a principios del siglo XIX. Fue derribado con la apertura de la Gran Vía.

Tal vez el palacio más destacado del barrio de los que han llegado a nuestros días es el de Buenavista, situado sobre una estratégica colina que domina la Cibeles. Fue construido para la XIII duquesa de Alba, bajo la dirección de Juan Pedro Arnal, a partir de 1777. Tras incendios y modificaciones el Ayuntamiento lo adquirió en 1807 a los herederos de la duquesa para regalárselo al todopoderoso Godoy, que no llegó a habitarlo por su abrupta caída en desgracia. Durante los reinados de José Bonaparte y Fernando VII se realizaron proyectos para convertirlo en museo de las colecciones reales, pero finalmente fue cedido al Ejército y actualmente es el Cuartel General del Ejército de Tierra.

Quedan pocos edificios de viviendas del siglo XVIII en el barrio, algunos de los cuales están en la calle San Bartolomé. Las moradas típicas de los chisperos tenían estructura de corredor, como la famosa Casa de Tócame Roque, llamada así, según la leyenda, por una disputa entre hermanos por la herencia —uno de ellos aseguraba a su hermano Roque que el dinero le correspondía a él—. Esta casa inspiró más de un sainete a Ramón de la Cruz. Estaba situada entre las calles Barquillo y Belén y despareció hacia 1850.

Durante el siglo XIX la densidad constructiva del barrio aumentó y los palacios siguieron concentrados sobre todo en el este y en el norte. Una nueva mansión del duque de Frías y Uceda se construyó a principios del siglo XIX en la esquina entre Barquillo y Piamonte bajo la dirección de Manuel de la Peña y a lo largo de la centuria fue reformado por Narciso Pascual y Colomer y por José Urioste. La actual sede del Instituto Cervantes está en el solar del palacio de Casa-Irujo, construido en 1836. Carlos Martínez Irujo Sotomayor, II marqués de Casa-Irujo y VI duque de Sotomayor, destacado político y diplomático, fue su promotor y habitante del palacio, que luego heredaron sus sucesores hasta su derribo en 1910.

El aumento de población en el barrio que se produjo durante el reinado de Isabel II provocó una densificación de la trama urbana de manzanas cerradas. Las viviendas colectivas, como en todo el casco histórico de la ciudad, se hicieron predominantes. Los edificios residenciales se reedificaron en gran parte y crecieron en altura y en profundidad, con estrechos patios de luces para ventilar las viviendas interiores.

Pero también se levantaron palacios en la época isabelina. Entre las calles Infantas y Marqués de Valdeiglesias, Mateo de Murga mandó construir su casa-palacio bajo la dirección del arquitecto José Alejandro y Álvarez; el edificio, de estilo historicista con gusto italiano, fue derribado a finales del siglo pasado. Muy llamativo por su vistoso jardín es el palacio de los Marqueses de Viluma, entre las calles San Lucas y Luis de Góngora, proyectado y construido por Jerónimo de la Gándara a mediados del siglo XIX. En la misma época Matías Gaviña erigió para los duques de Veragua un palacio entre Beneficencia y San Mateo, hoy sede del Fondo Español de Garantía Agraria. En las calles Prim y Barquillo el conde de Vegamar invirtió parte de su fortuna de origen esclavista en la construcción de varias mansiones, también a mediados del siglo XIX. En la calle Hortaleza pasa algo desapercibido el antiguo palacio de los Duques de Montpensier, construido por Wenceslao Gaviña en 1861 y actualmente convertido en moderno edificio de apartamentos de lujo, aunque conserva su aspecto exterior original. Muy interesante es el palacio del Conde de Villagonzalo, construido en 1862 por Juan de Madrazo con un estilo bastante raro en Madrid, ligado a ideas prerracionalistas relacionadas con Viollet-le-Duc en su decoración exterior, en la que destacan los miradores de hierro y los balcones geminados. Ocupa una pequeña manzana triangular, lo que permite el desarrollo de un jardincito hacia la plaza de Santa Bárbara, y su planta trapezoidal se organiza en torno a un reducido patio.

Los palacios de Alcañices, Sueca y Fontagud completan otro conjunto de residencias nobiliarias del siglo XIX en torno a la calle Barquillo. El del empresario José de Fontagud-Gargollo fue construido por Pascual y Colomer en 1858, pero la Compañía Arrendatario de Tabacos encargó en 1923 su reforma a Luis Blanco Soler; a ella se sumaron otras posteriores. El palacete de los Marqueses de Alhama de 1860 está en la esquina de Augusto Figueroa con Barquillo, transformado en 1915 en edificio de viviendas, con recrecimiento en altura, y en 2013 en hotel de lujo.

Un edificio muy característico de la era isabelina es el de la casa-palacio de Canga Argüelles en la plaza de Pedro Zerolo, obra de Aníbal Álvarez Bouquel, que lo proyectó en 1844. En el número 74 de Hortaleza encontramos un inmueble construido por Domingo Inza a mediados del siglo XIX en el que destaca su peculiar fachada con dovelaje almohadillado y decoración de bolas.

Un conjunto residencial muy singular es el construido en 1865 en la calle San Lorenzo por Vicente Aranda para la Compañía de Seguros La Peninsular, con una calle particular en fondo de saco al que abren seis edificios de viviendas. En la calle San Bartolomé o en Fuencarral encontramos varios edificios de esta época. Asimismo, José María Guallart construyó a finales del reinado de Isabel II un interesante inmueble, todavía en pie, en la esquina de Fuencarral y Hernán Cortés y Tomás Aranguren otro en la calle San Gregorio para su tocayo el industrial Tomás de Miguel.

Uno de los edificios desparecidos del barrio y más añorados es el palacio de Uceda, en la zona septentrional del paseo de Recoletos. Fue construido entre 1864 y 1870 para el duque de Uceda por el arquitecto portorriqueño Mariano Andrés Avenoza en un estilo inspirado en el barroco francés, de moda entre la aristocracia madrileña de la época. En 1876 lo adquirió el marqués de Salamanca y en 1890 la duquesa viuda de Medinaceli. Tras un terrible incendio en 1917 fue reconstruido, pero desapareció en los años sesenta para ser sustituido por el Centro Colón.

En la acera occidental del paseo de Recoletos, la que pertenece a Justicia, se levantaron numerosos palacios en esta época en los terrenos de las antiguas villas de los siglos anteriores, aunque no tan monumentales y ostentosos como los que había en la acera contraria y sin jardín o con jardines más reducidos. El más antiguo, del final del reinado de Isabel II, es el palacio del marqués de Alcañices, construido en 1865 por Francisco de Cubas, con fachada neorrenacentista, en la línea del palacio del marqués de Salamanca situado en la otra acera del paseo. El mismo arquitecto construyó también el palacio López Dóriga en 1872, con estilo similar. Ya en el reinado de Alfonso XII Agustín Ortiz de Villajos construyó el de la duquesa de Medina de las Torres entre 1881 y 1884 y Miguel Aguado el palacio del duque de Elduayen entre 1890 y 1895.

En el número 11 de la calle San Lorenzo se encuentra el antiguo palacio del marqués de Casa-Jiménez, que reformó Antonio Ruiz de Salces en 1876, con un bello patio con invernadero, donde se encuentra la galería Elba Benítez. A punto estuvo de desaparecer en los años setenta del siglo pasado el palacio de Gamazo, ubicado en la calle Génova. Es un edificio proyectado por Ricardo Velázquez Bosco a finales del siglo XIX. Actualmente es la sede de la Previsión Sanitaria Nacional y sólo conserva de la obra original sus fachadas de estilo ecléctico clasicista.

El último tercio del siglo XIX es una época de remodelación del caserío de todo el casco histórico y las viviendas tradicionales de una o dos plantas, además de los grandes edificios desamortizados en las décadas anteriores, dejaron su lugar a nuevas casas de vecinos de varias plantas convenientemente jerarquizadas en altura, dispuestas en torno a patios de luces, en algunos casos, de corredor, y con fachadas de característicos balcones seriados y geométricamente organizados. La calle Augusto Figueroa conserva uno de los mejores conjuntos de estas características; hasta 1904 se llamaba del Arco, pero cuando falleció el periodista malagueño Augusto Suárez de Figueroa, que dirigió varios diarios madrileños y fundó *El Diario Universal*, el cual tenía su sede en el pasaje de la Alhambra, el Ayuntamiento le dio el nombre actual.

Entre Barquillo y el paseo de Recoletos encontramos un excelente conjunto de viviendas de los años sesenta del siglo XIX y más modernos, bien conservado en general, con edificios armoniosos, con un ritmo de vanos repetido y una decoración equilibrada, especialmente en la calle Almirante. No son muy abundantes en el barrio, pero encontramos también algunas fachadas de ladrillo de raigambre neomudéjar, como la del edificio construido en 1890 por Santiago Castellanos para Francisco Lamarca, uno de los dueños de la fábrica de carruajes, en el número 8 de la calle Santo Tomé, que destaca por su policromía. Otro menos colorista pero de similares características es el edificio vecino del número 6. Otro más se encuentra en la esquina de Santa Águeda y San Mateo y otro en la calle Regueros.

En la zona de las Salesas se conserva una magnífica arquitectura de edificios de viviendas, o al menos sus fachadas, de las últimas décadas del siglo XIX y las primeras del XX, muy uniforme y sin apenas sustituciones posteriores, como podemos ver en calles como Orellana, General Castaños o Argensola. Justiniano cuenta también con un conjunto muy homogéneo de edificios de viviendas de finales del siglo XIX, con bellos balcones de rejería. Se conserva asimismo un airoso conjunto de viviendas de la misma época en Bárbara de Braganza. En la calle Válgame Dios encontramos también un precioso conjunto de edificios del siglo XIX de épocas diversas. En 1891 Luis Aladrén construyó en el actual número 43 de la calle San Marcos un singular edificio residencial en el que destaca su portal de adoquines de madera para paliar el ruido de los carruajes. Entre 1899 y 1900 Jesús Carrasco-Muñoz Encinas erigió un edificio de viviendas entre las calles Barquillo y Prim para la marquesa de Eguaras en el que destaca su fachada con un exquisito tratamiento del ladrillo de inspiración neomudéjar y un precioso portal con azulejos modernistas de Daniel Zuloaga. Asimismo, se conserva un bonito caserío del siglo XIX en la calle Barbieri y un precioso y uniforme conjunto en la acera occidental de la calle Colmenares.

Si entramos ya de pleno en el siglo xx, en 1914, el informe sobre *La vivienda insalubre en Madrid* presentado al Ayuntamiento por Pedro Chicote, sitúa a algunos barrios del distrito de Hospicio, como Campoamor y Las Torres, o alguno de Buenavista, como Almirante, es decir, la zona norte y este del actual distrito de Justicia, entre los que tenían menor mortalidad de todo Madrid. Sin embargo, el barrio de Apodaca, en el extremo noroeste, presentaba una mortalidad por encima de la media de la ciudad.

El sector norte de Justicia, la zona de Salesas y Santa Bárbara acoge un buen número de palacios de esta época. El de la condesa de Guevara se construyó hace un siglo, en estilo ecléctico, sobre el solar del antiguo Saladero; hoy es sede bancaria. En la calle Barquillo se construyó en la primera década del siglo xx la casa-palacio de los duques de Sueca y Alcudia, con fachada principal con decoración neoplateresca frente a la plaza del Rey y otra a los jardines de Buenavista; fue construida por José Urioste en torno a un patio central cuadrado.

En las calles Churruca y Apodaca y sobre todo en Larra encontramos edificios de viviendas del primer tercio del siglo xx de estilo ecléctico, inspirados sobre todo en el plateresco, construidos por arquitectos como Luciano Delage Villegas. También ecléctico e historicista es el edificio de los números 40 y 42 de la calle Infantas construido por Eduardo Sánchez Eznarriaga en los años veinte del siglo pasado. El mismo arquitecto es el autor del edificio de inspiración modernista que hace esquina entre las calles Belén y Regueros. Asimismo, hay un bonito edificio alfonsino en el número 14 de Gravina. También ecléctico es el inmueble de San Lucas, número 11, firmado por Manuel Lorente Junquera en el principio de su carrera, en 1927. En Sagasta, números 26 y 28, se encuentran dos señoriales edificios de Joaquín Saldaña de principios del siglo xx de inspiración en el barroco francés. Y en el número 16 de la misma calle encontramos otro de Eduardo Gambra de similares características. Destaca además un bonito chaflán curvo en la esquina de Hortaleza y Hernán Cortés en un edificio de principios del siglo xx firmado por Mariano Belmás, uno de los artífices de la Ciudad Lineal. El número 4 de Fuencarral es un edificio muy parecido al número 19 de la calle Arenal, por lo que posiblemente debe atribuirse al arquitecto de este inmueble, que es también Belmás; destaca por su decoración barroquizante de cariátides, balaustradas y otros elementos. Asimismo, encontramos algunos edificios interesantes de la época en la calle Fuencarral, como el del número 16 duplicado, con miradores de madera.

Pero, aunque el historicismo domina entre los edificios del barrio del primer tercio del siglo XX, no falta el modernismo. En este sentido, uno de los edificios más singulares y bellos es, sin duda, el palacio que encargó construir en 1902 el financiero José González Longoria al arquitecto catalán José Grases Riera para su vivienda y oficinas de su entidad bancaria; actualmente es la sede de la SGAE. También el edificio de Francisco Reynals en la calle Mejía Lequerica, número 19, tiene influencia modernista, y el que se encuentra en el número 23 de Infantas es un inmueble del siglo XIX con decoración modernista de principios del XX, debida a la reforma realizada por el arquitecto José Carnicero. En el número 10 de Regueros se encuentra un bonito edificio con decoración modernista construido en 1910 por Críspulo Moro, autor también del cine Doré.

En Hortaleza, números 106 y 108, encontramos dos grandes edificios de lujosas viviendas de alquiler construidos por Joaquín Saldaña para el marqués de Falces y para Sofía Murga, respectivamente, en la segunda década del siglo XX, con fachadas que destacan por sus balcones curvos y un movimiento más ecléctico que modernista. En el número 96 de la misma calle sí apreciamos detalles modernistas en una peculiar fachada en la que destacan las cobras a modo de ménsulas, la decoración cerámica, el uso del hierro en los balcones o las adornadas pilastras del piso principal. Es una construcción diseñada por Arturo Pérez Merino de la misma época que la anterior.

Único en Madrid es también el edificio de viviendas conocido como Casa de los Lagartos. Construido entre 1911 y 1912 por Benito González del Valle para Gabriel Larrea en un solar estrechísimo entre Hortaleza, Mejía Lequerica y San Mateo, destaca por su bella fachada de inspiración secesionista y rasgos prerracionalistas. En Tamayo y Baus, esquina con Marqués de Monasterio, hay un edificio inmediatamente posterior a la guerra que retomó elementos propios de los años veinte y treinta cercanos al art déco y el racionalismo. Y en el número 3 otro de similares características y datación. En el número n.º 5 de Barbieri estuvo el hotel Mónaco y dicen que antes era una casa de citas para aristócratas y para el propio Alfonso XIII.

No son muchos los edificios de viviendas construidos en la segunda mitad del siglo XX en el barrio. Los que hay, que sustituyeron a inmuebles anteriores, no son especialmente interesantes, salvo alguna excepción. Uno que podemos destacar es el que se encuentra en el número 5 de la calle Churruca, erigido en los años sesenta por Alfonso Fernández y Manuel Guzmán, con una dinámica fachada de ladrillo y hormigón. También sobresale el edificio construido en un solar trapezoidal entre las calles Mejía Lequerica y Serrano Anguita por Fernando Chueca Goitia en 1970; destaca por sus fachadas de hormigón visto con una llamativa presencia de elementos de cerrajería. Asimismo, Félix Cabrero Garrido levantó en 1977 un interesante edificio en esquina entre las calles Libertad y San Marcos. Excepcional en el barrio es un gran edificio de los años ochenta, de ladrillo visto, con patio comunicado con el exterior, con acceso desde Barquillo, Augusto Figueroa y San Marcos. De finales del siglo XX es igualmente el edificio de viviendas construido por Carlos de Riaño en la esquina entre Infantas y Clavel.

Por último, en el barrio encontramos pocos edificios del siglo XXI, como uno de los escasos de protección oficial, el pequeño y singular inmueble entre Hortaleza y Gravina construido por la Empresa Municipal de Vivienda y Suelo de Madrid. Ya de iniciativa privada podemos mencionar edificios nuevos en solares donde los inmuebles existentes se han derribado tras la declaración de ruina, como el edificio de Víctor Hugo, número 5, de José Luis Galán y José Antonio García, o el pequeño inmueble de 2017 en el número 21 de San Marcos. Otro es el edificio de Fuencarral, número 24, de Touza Arquitectos, de 2017, en un pequeño solar surgido del derribo de un edificio anterior en los años noventa, con fachada moderna pero armónica con el entorno. También nuevo es el edificio que se está construyendo en el número 12 de la calle Farmacia, con viviendas de una y dos habitaciones y amplias zonas comunes, incluyendo jardín, solárium y gimnasio.

Pero asistimos en los últimos tiempos a un verdadero *boom* inmobiliario en el barrio, sobre todo por lo que se refiere a las reedificaciones que dejan sólo la fachada y transforman el interior en modernos piso de lujo. En Fernando VI se han llevado a cabo en los últimos años importantes proyectos en este sentido. Asimismo, el edificio del número 1 de Orellana está siendo reformado de manera integral. Posiblemente los pisos más caros de Madrid se encuentran en la calle General Castaños en edificios que conservan sus fachadas de finales del siglo XIX.

Barquillo, después de Fernando VI, es la que más nuevos edificios de lujo tiene, como el número 19, del siglo XIX, que se ha reformado de manera integral para convertirlo en hotel; o el del número 12, tras reforma de 2016, con fachada antigua y aparcamiento robotizado, en la anterior sede del COAM. También en la calle Prim, en Almirante, la Gran Vía o Reina se han construido modernos pisos en edificios que conservan su fachada de la época alfonsina. Pese a tanto lujo, no olvidemos que algunas personas del barrio viven en la calle, concentradas en zonas como los jardines del Arquitecto Ribera, o dependen de la solidaridad para su supervivencia.

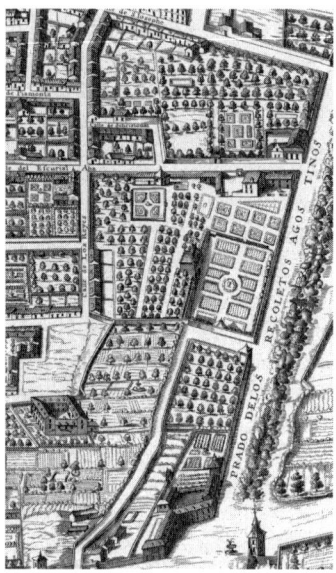

En *Topographia de la villa de Madrid* de Pedro de Teixeira (1656) se representan las casas nobiliarias con huertas y jardines que estaban situadas junto al prado de Recoletos. Entre ellas destacan, de sur a norte, la casa de campo de Buenavista, la antigua huerta de Juan Fernández, la quinta de don Gaspar Henríquez Cabrera, miembro de la corte de Felipe IV y Carlos II, almirante de Castilla y duque de Medina de Rioseco, y las casas y jardines de la marquesa de Astorga. Biblioteca Regional de Madrid. Cartoteca, Mp. II/45, hoja n.º 9.

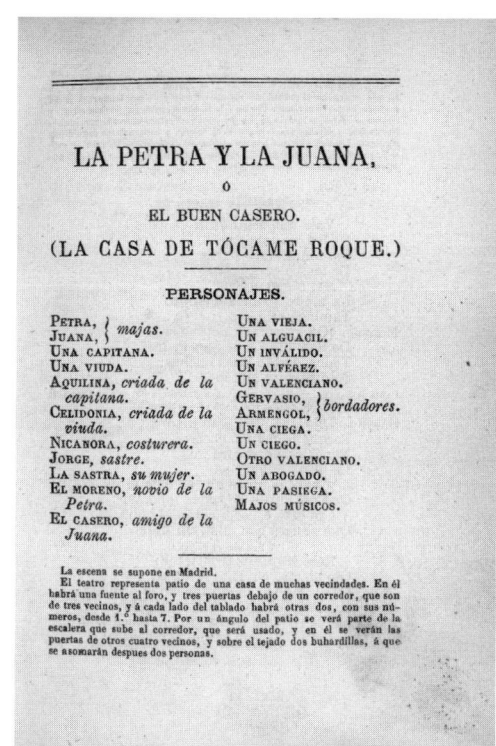

LA PETRA Y LA JUANA,

ó

EL BUEN CASERO.

(LA CASA DE TÓCAME ROQUE.)

PERSONAJES.

PETRA, } *majas.*
JUANA, }
UNA CAPITANA.
UNA VIUDA.
AQUILINA, *criada de la capitana.*
CELIDONIA, *criada de la viuda.*
NICANORA, *costurera.*
JORGE, *sastre.*
LA SASTRA, *su mujer.*
EL MORENO, *novio de la Petra.*
EL CASERO, *amigo de la Juana.*

UNA VIEJA.
UN ALGUACIL.
UN INVÁLIDO.
UN ALFÉREZ.
UN VALENCIANO.
GERVASIO, } *bordadores.*
ARMENGOL, }
UNA CIEGA.
UN CIEGO.
OTRO VALENCIANO.
UN ABOGADO.
UNA PASIEGA.
MAJOS MÚSICOS.

La escena se supone en Madrid.

El teatro representa patio de una casa de muchas vecindades. En él habrá una fuente al foro, y tres puertas debajo de un corredor, que son de tres vecinos, y á cada lado del tablado habrá otras dos, con sus números, desde 1.° hasta 7. Por un ángulo del patio se verá parte de la escalera que sube al corredor, que será usado, y en él se verán las puertas de otros cuatro vecinos, y sobre el tejado dos buhardillas, á que se asomarán despues dos personas.

La construcción residencial más famosa del barrio de los chisperos del siglo XVIII es la llamada Casa de Tócame Roque, conocida sobre todo por un sainete de Ramón de la Cruz. Estaba situada en la calle Barquillo, esquina a Belén, y era una casa de corredor en torno a un patio porticado, con pozo y lavadero, una tipología muy extendida por el actual barrio de Justicia en aquella época. En la imagen, la portada de *La Casa de Tócame Roque*, en *Sainetes escogidos de D. Ramón de la Cruz*, t. I. Madrid: Casa Editorial de Medina y Navarro, 1874. Biblioteca Regional de Madrid, Fondo Antiguo, A-548/1.

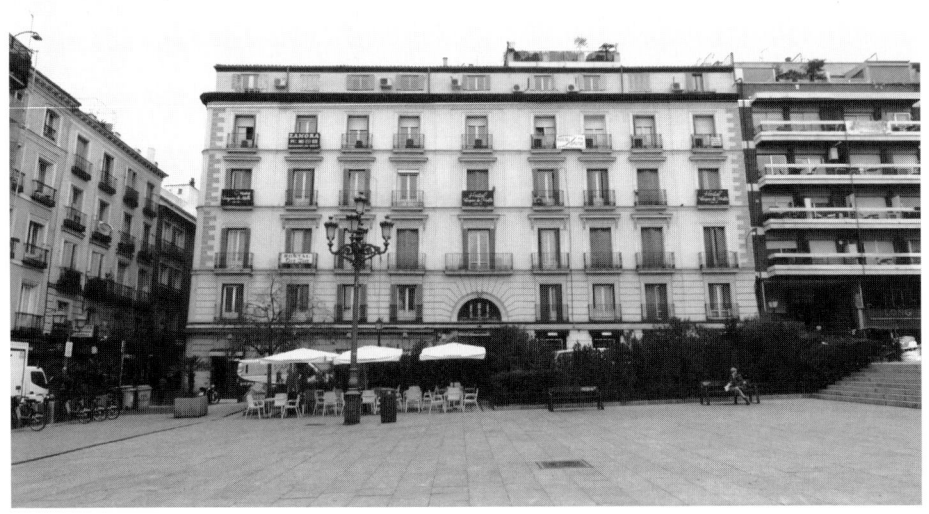

Casa-palacio de José Canga Argüelles y Cifuentes, en la esquina de la costanilla de Capuchinos con la calle Infantas, vista desde la plaza de Pedro Zerolo. Se trata de un magnífico ejemplo de arquitectura residencial proyectado y dirigido por Aníbal Álvarez Bouquel en 1844 para una de las figuras claves del liberalismo español en su primera fase. El interior del edificio ha sido muy maltratado durante décadas y actualmente se ubican en él numerosos hostales. Fotografía de Francisco Juez, 9 de enero de 2024.

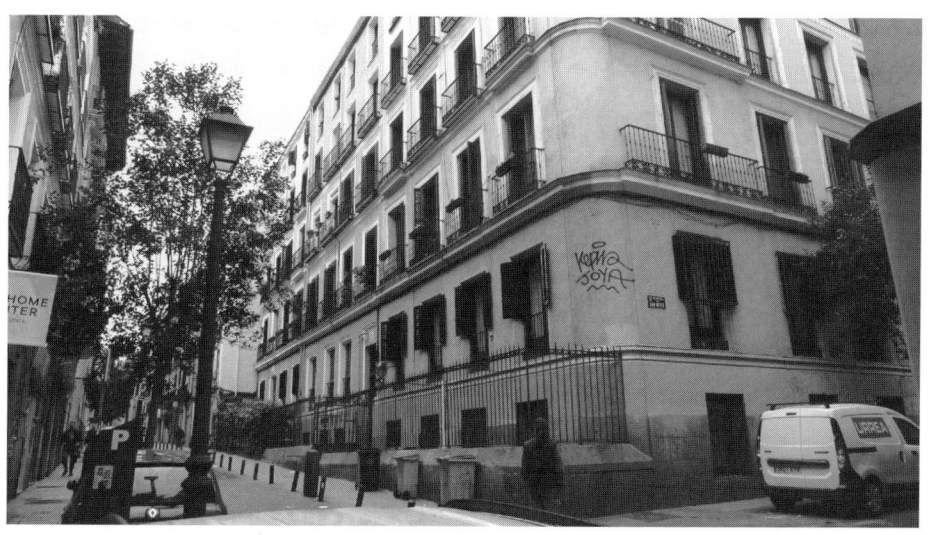

En la calle Pelayo, esquina con la travesía de San Mateo, se encuentra un conjunto de tres edificios construidos en 1862 que destacan por la regularidad de sus vanos y balcones y que presentan la singularidad de que sus fachadas están retranqueadas y cuentan con una especie de patio inglés, protegido por una elegante reja. Fotografía de Francisco Juez, 9 de enero de 2024.

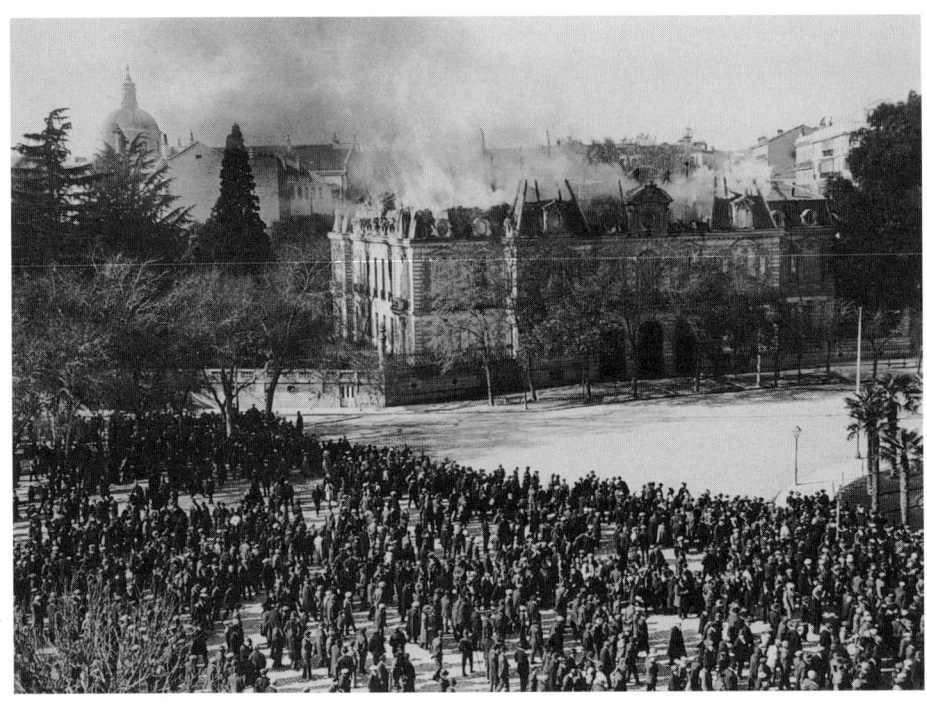

En la madrugada del 25 de noviembre de 1917 se produjo un incendio en el extremo nororiental del barrio que destruyó el fastuoso contenido y gran parte de la arquitectura de uno de los palacios más singulares de Justicia. Se trata del edificio que aparece en la imagen, que estaba situado en la plaza de Colón, entre Recoletos y Génova, construido entre 1864 y 1870 para el duque de Uceda por el arquitecto Mariano Andrés Avenoza en un estilo inspirado en el barroco francés, de moda entre la aristocracia madrileña de la época. Tras el incendio fue reconstruido y estuvo en pie hasta 1966, cuando fue derribado y sustituido por el Centro Colón. En la fotografía se ve a la multitud de curiosos que se agolpaba para contemplar el pavoroso espectáculo; al fondo, a la izquierda, se observa la cúpula de la iglesia de Santa Bárbara. Archivo de Ediciones La Librería.

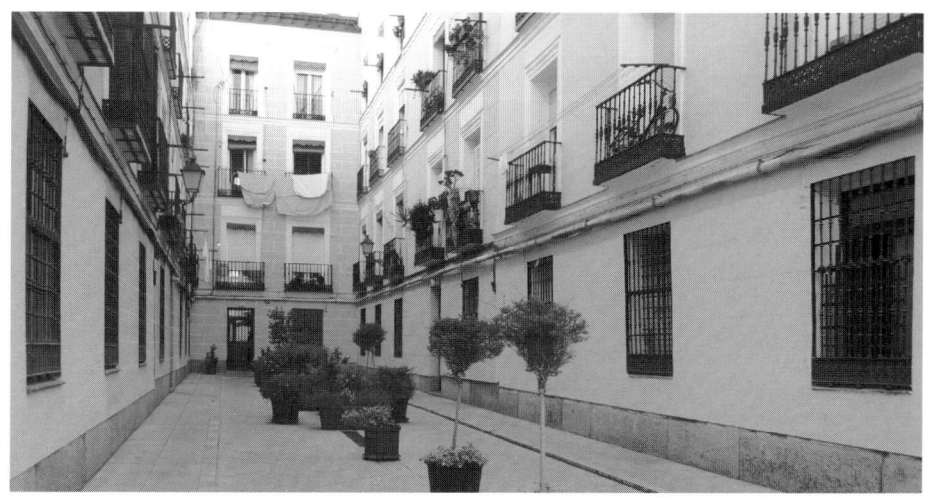

Adarve de la calle San Lorenzo, un conjunto residencial muy singular construido en 1865 por Vicente Aranda para la Compañía de Seguros La Peninsular. La inmigración de personas procedentes de muchos lugares de la geografía española desde mediados del siglo XIX aumentó la densidad de población del barrio. Fotografía de Eduardo de Madrid, 2 de julio de 2024.

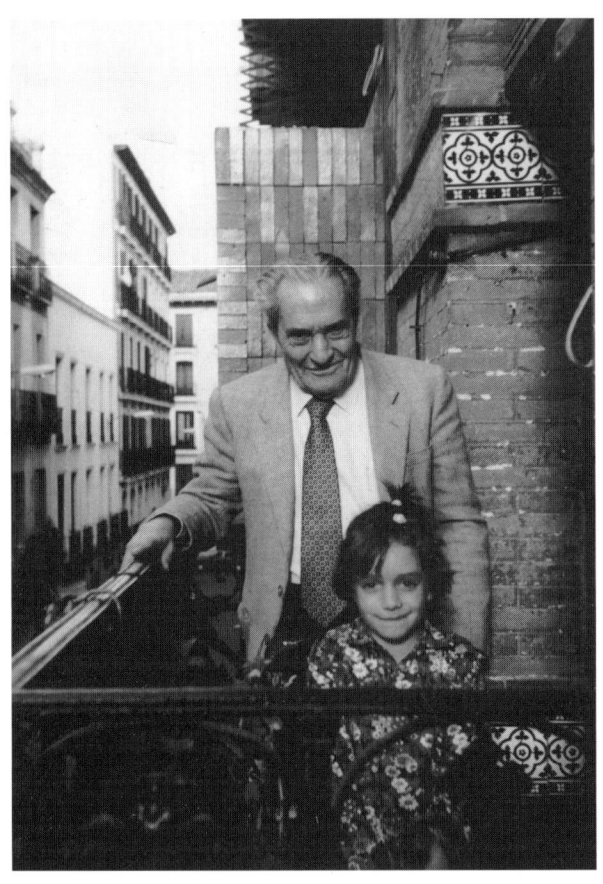

Abuelo y nieta en un balcón del número 4 de la calle de Regueros, edificio del año 1900 con fachada de ladrillo visto y cerámica, una modalidad no muy extendida en las calles del barrio, c. 1996. Colección Concha Alarcón.

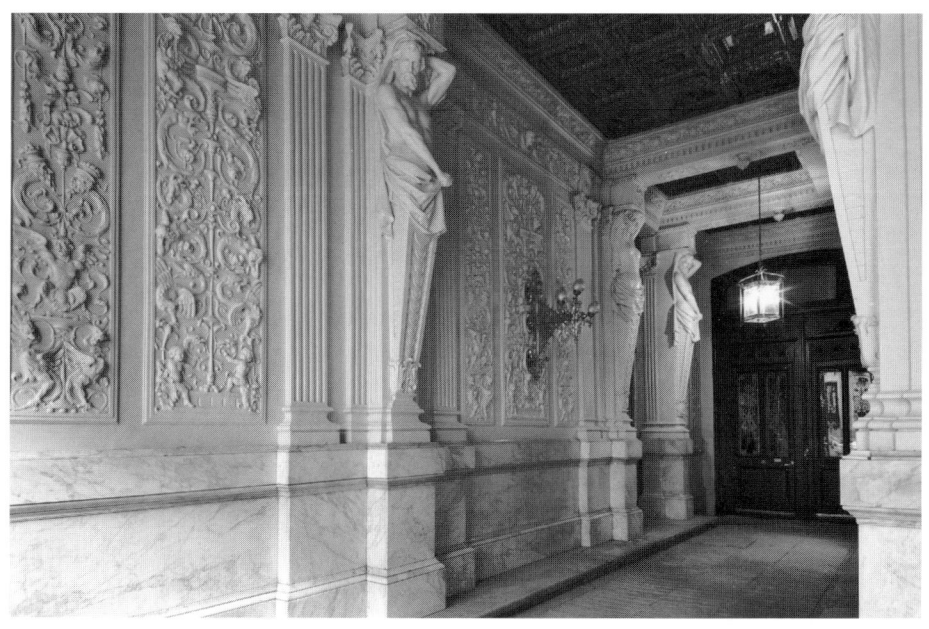

En los edificios gemelos situados en los números 20 y 22 de la calle Argensola, construidos entre 1890 y 1892 por Ricardo Rodrigo, encontramos un portal común de estilo ecléctico, el más ostentoso y monumental de la zona de las Salesas. En el número 22 se encuentra actualmente la joyería Aldao, antes ubicada en la Gran Vía. Fotografía de 2018. Cortesía de Aldao.

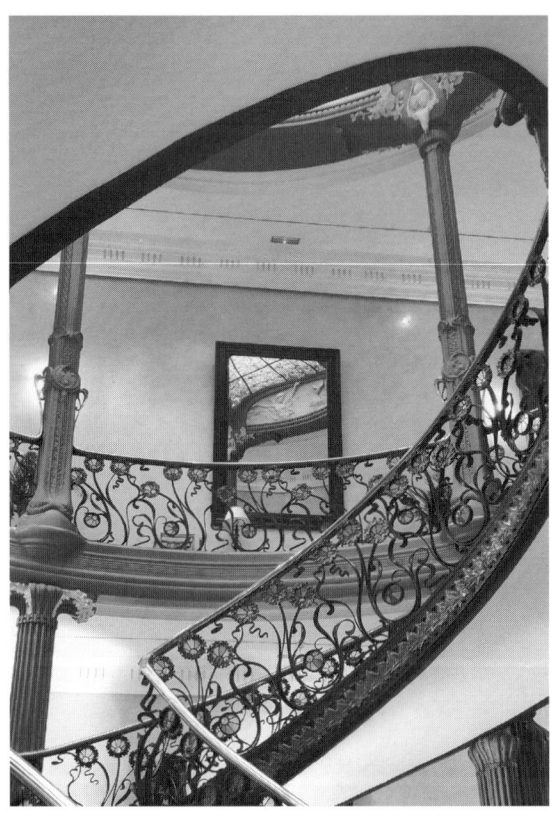

Detalle de la escalera del palacio Longoria, actual sede de la Sociedad General de Autores de España (SGAE). Construido por el arquitecto José Grases Riera en 1902 para la residencia del financiero José González Longoria y oficinas de su banco, es el edificio modernista más famoso de Madrid. La escalera se encuentra en el torreón situado en la esquina de Fernando VI con Pelayo y destaca por su dinamismo. Fotografía de junio de 2023 realizada por Eduardo de Madrid.

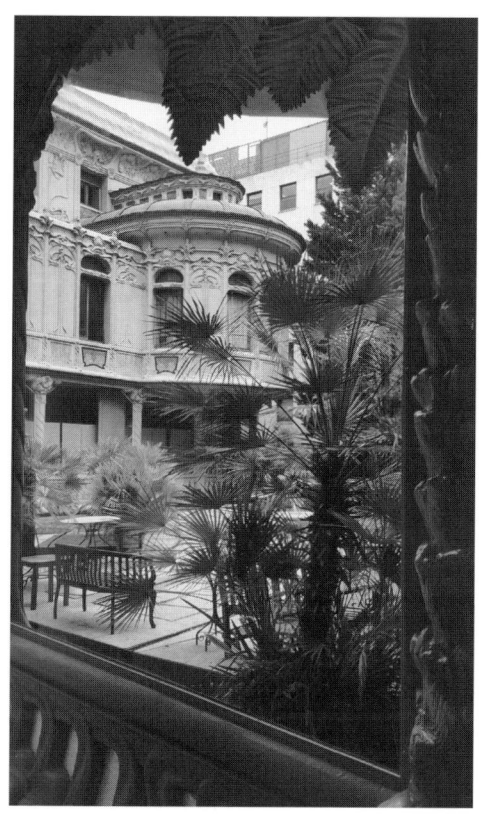

Vista del jardín del palacio Longoria desde la galería. Aunque la planta del edificio, en forma de «L», con torreón en la esquina y jardín interior, es tradicional, el movimiento y el sentido orgánico de sus alzados rezuman modernismo. En 1950 pasó a la Sociedad General de Autores de España y continúa siendo su sede. Fotografía de junio de 2023 realizada por Eduardo de Madrid.

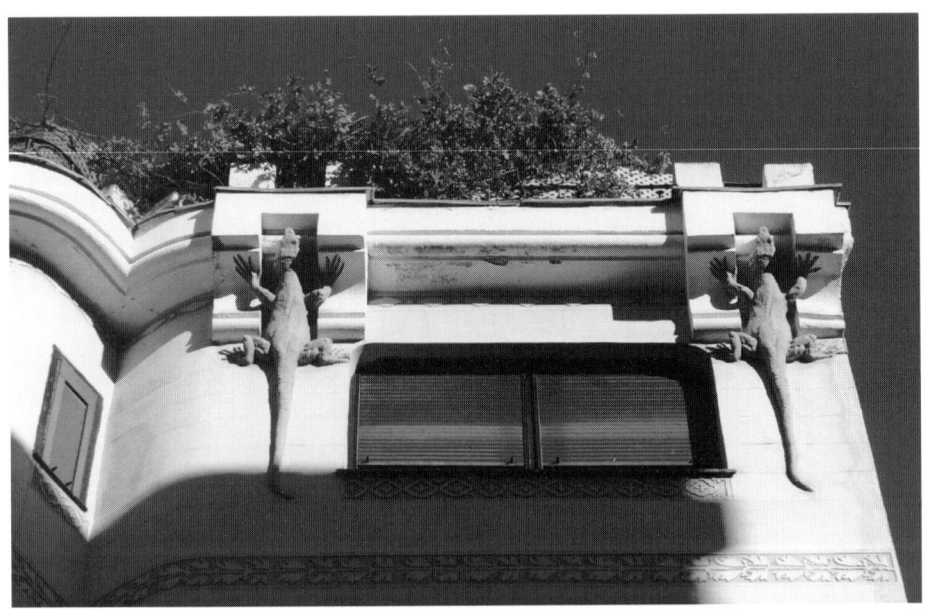

Detalle del remate de la estrechísima fachada a la calle San Mateo del edificio conocido como la Casa de los Lagartos. Construido entre 1911 y 1912 por Benito González del Valle para Gabriel Larrea, destaca por su inspiración secesionista en su exterior. Bajo la cornisa se encuentran unos originales reptiles, causantes del nombre popular que se da al inmueble. Fotografía de Eduardo de Madrid, 2 de julio de 2024.

14. GEOGRAFÍA CASTRENSE

Madrid siempre ha tenido un vínculo muy fuerte con la milicia como resultado de la capitalidad, aunque en los últimos cincuenta años la presencia espacial del Ejército dentro de la ciudad se ha reducido mucho. Y pese a que el de Justicia es un barrio con un trazado muy denso y que parecería poco apropiado para instalaciones militares, a lo largo de la historia varios cuarteles se han asentado en este territorio, donde además se ubica actualmente nada menos que el Cuartel General del Ejército de Tierra, concretamente en el palacio de Buenavista.

Este edificio, construido por los duques de Alba, pasó después de su expropiación a ser propiedad del Ejército en 1816. Se habilitó entonces como Real Museo Militar, que después se dividió en dos: Real Museo de Artillería y Museo Real del Cuerpo de Ingenieros. En 1841 fue la residencia de Espartero durante su regencia y los museos se trasladaron al Buen Retiro. En 1847 Buenavista se destinó a Ministerio de Guerra y se amplió notablemente. En el palacio falleció después de su atentado el general Prim en 1870. Ya en el siglo XX el edificio fue residencia del dictador Miguel Primo de Rivera. Durante la Segunda República funcionó como domicilio de Manuel Azaña, primero ministro de Guerra y luego presidente del Consejo de Ministros. La intentona golpista de Sanjurjo en 1932 se desarrolló en Madrid fundamentalmente en el entorno del palacio. En 1939 pasó a ser Ministerio del Ejército y con el general Varela como ministro el edificio se reformó. Desde 1977 hasta 1981 fue la sede del Ministerio de Defensa y actualmente, desde 1982, es el Cuartel General del Ejército de Tierra. En él, el llamado Regimiento Inmemorial del Rey realiza los últimos viernes de cada mes el relevo de la guardia del palacio de Buenavista.

Entre los cuarteles desaparecidos de los que tenemos noticia cabe mencionar el de Guardias de Infantería Española, conocido como de San Mateo, que estuvo desde el siglo XVIII en la alargada manzana entre la calle de este nombre y Beneficencia, en su sector oriental, el que limita con la calle Mejía Lequerica, que tiene su origen en otra más estrecha, la de la Florida. Fue derribado en torno a 1884.

Junto a la plaza de Chueca, al este, entre ella y la calle Válgame Dios y entre Gravina y Arco de Santa María —hoy Augusto Figueroa— se encontraba en el siglo XIX el cuartel del Soldado, que, al parecer, recibía su redundante nombre de la calle que comunicaba el edificio con Infantas. Según Pedro de Répide y otros cronistas, el protagonista de un terrible asesinato machista dio su nombre a la calle del Soldado, que en 1894 se rebautizó con el segundo apellido del músico madrileño Francisco Asenjo Barbieri, ilustre vecino del barrio, fallecido en su domicilio de la plaza del Rey en 1894. También en la calle del Soldado estuvo en el siglo XIX la Galera, que, según Mesonero Romanos, «sirve de encierro y corrección a mujeres de mala vida» (*Manual de Madrid: Descripción de la corte y de la villa*, 1831); más tarde se trasladó al convento de Montserrat de la calle San Bernardo.

Otro edificio vinculado con la milicia es el convento de San Hermenegildo, que tras su desamortización en los años treinta del siglo XIX fue escuela de Estado Mayor y escuela de Administración Militar. En la segunda mitad de la misma centuria estuvo al norte de la plaza de las Salesas la Academia de Cadetes de Infantería. Por último, cabe señalar la presencia de la Real Gran Peña, club fundado por oficiales de Artillería, Ingenieros y de Estado Mayor en 1889 y desde 1917 instalado en el inicio de la Gran Vía.

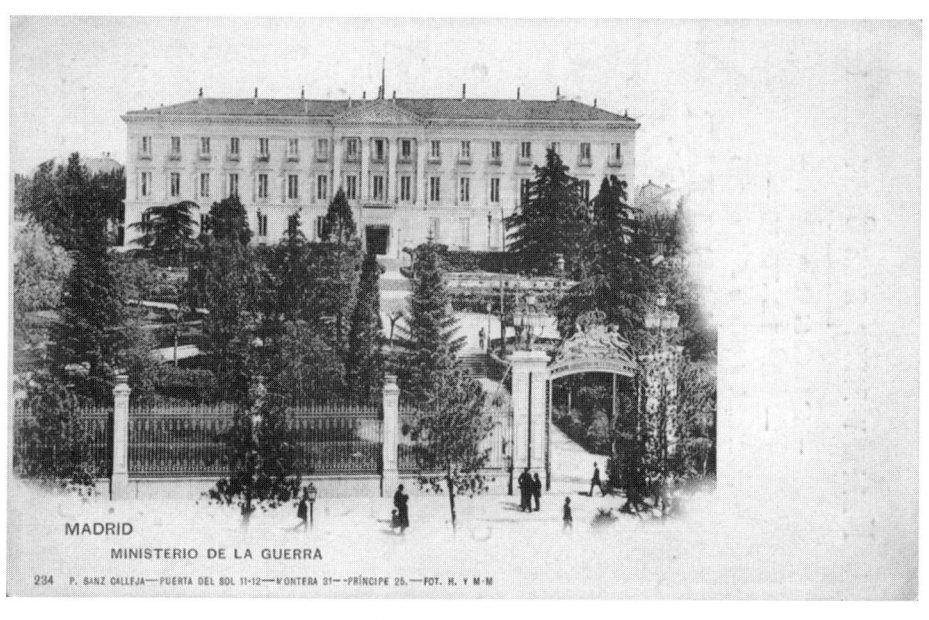

MADRID
MINISTERIO DE LA GUERRA

234   P. SANZ CALLEJA—PUERTA DEL SOL 11·12—MONTERA 21·—PRÍNCIPE 25.—FOT. H. Y M·M

Tarjeta postal editada por Hauser y Menet de alrededor de 1900, cuando el palacio de Buenavista era la sede del Ministerio de la Guerra. El jardín, plantado en el último cuarto del siglo XIX y menos frondoso que el actual, rodea el edificio. Destaca también la verja construida por Bernardo Asins y su puerta, coronada por el escudo de España, actualmente sustituido por el emblema del Ejército de Tierra, entre las figuras mitológicas de Belona y Marte. Biblioteca Regional de Madrid, Mg. XXVIII/1261.

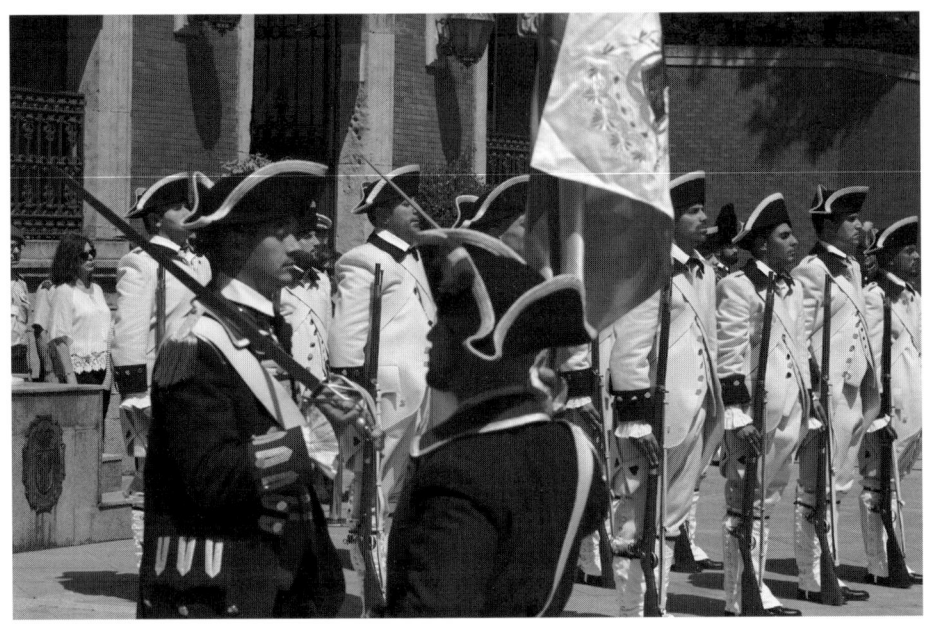

Los últimos viernes de cada mes el Regimiento Inmemorial del Rey realiza el relevo de la guardia del palacio de Buenavista. Se van alternando mes a mes dos modalidades de ceremonial: una de época de Carlos III, con los uniformes del Regimiento del Rey de Fusileros y Granaderos del año 1773; y otra de tiempos de Alfonso XIII. En la imagen se observa un instante de la primera, con los soldados portando una réplica del mosquetón de chispa pedernal del siglo XVIII. Fotografía: Ejército de Tierra.

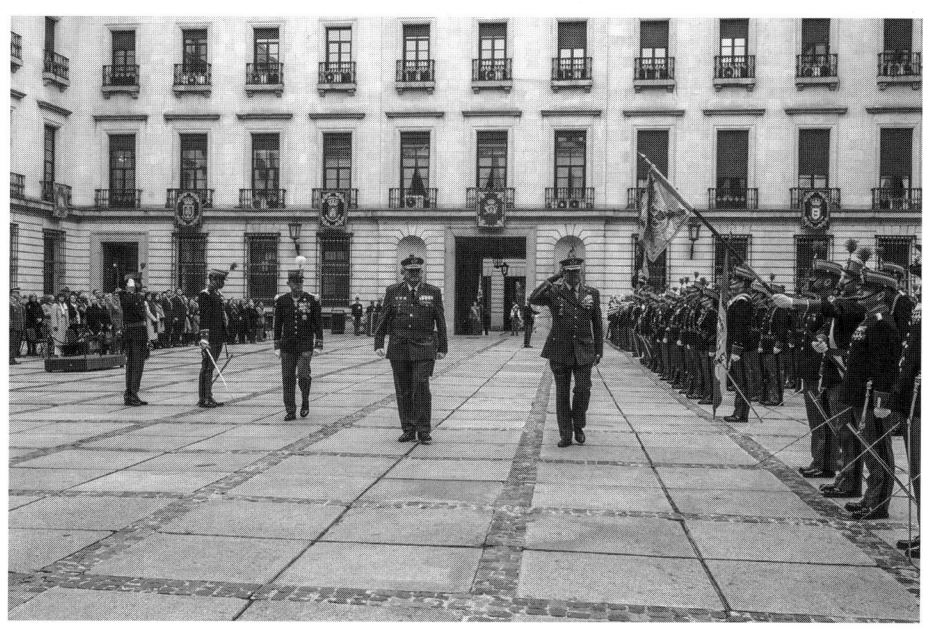

Acto de renovación del compromiso con la bandera del teniente general Guillermo Fernández Sáez, jefe del Mando de Personal del Ejército de Tierra, por su pase a la situación de reserva, en el palacio de Buenavista, sede del Cuartel General del Ejército de Tierra. 11 de diciembre de 2023. Fotografía: Ejército de Tierra.

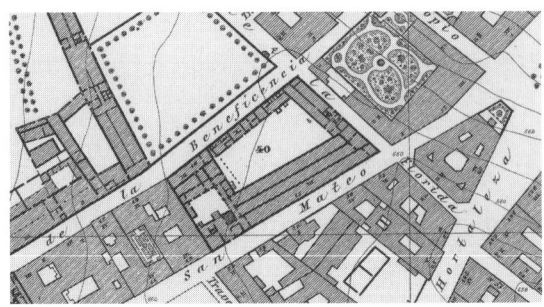

El *Plano parcelario de Madrid*, editado por el Instituto Geográfico y Estadístico entre 1872 y 1874, nos muestra la planta del cuartel de San Mateo, señalado con el número 40, y su situación entre la calle del mismo nombre, la de Beneficencia y la de la Florida, posteriormente ampliada y rebautizada como Mejía Lequerica. El cuartel fue demolido a mediados de la década de los ochenta del siglo XIX. Biblioteca Regional de Madrid. Cartoteca, Mp. VI/10, hoja n.º 7.

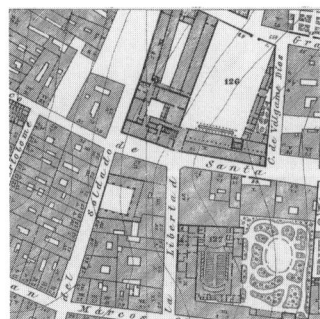

El cuartel del Soldado, señalado con el número 126 en el *Plano parcelario de Madrid*, editado por el Instituto Geográfico y Estadístico entre 1872 y 1874. Se observa su situación entre la calle del Soldado —hoy Barbieri—, Arco de Santa María —actualmente Augusto Figueroa—, Válgame Dios y Gravina. Destaca el espacio situado al oeste del cuartel, que acabaría siendo la plaza de Chueca. Biblioteca Regional de Madrid. Cartoteca, Mp. VI/10, hoja n.º 7.

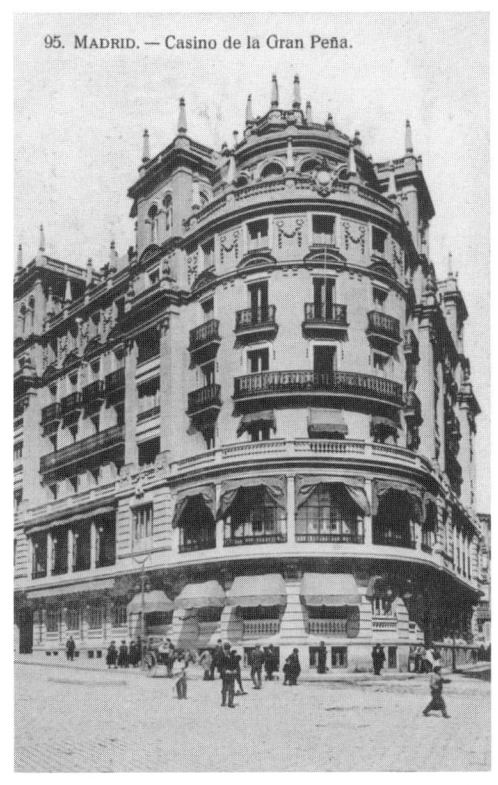

95. MADRID. — Casino de la Gran Peña.

Tarjeta postal editada por la Fototipia J. Roig en la que aparece el monumental edificio erigido entre 1914 y 1916 en la esquina de la avenida del Conde Peñalver, hoy primer tramo de la Gran Vía, y la calle de las Torres, actual Marqués de Valdeiglesias. Fue proyectado y construido por los arquitectos Eduardo Gambra y Antonio de Zumárraga, con Jesús Carrasco Muñoz Encina como inspector técnico de las obras, para el aristocrático y castrense club de la Gran Peña. La imagen se fecha entre 1916 y 1927. Biblioteca Regional de Madrid, Mg. XXVIII/1261.

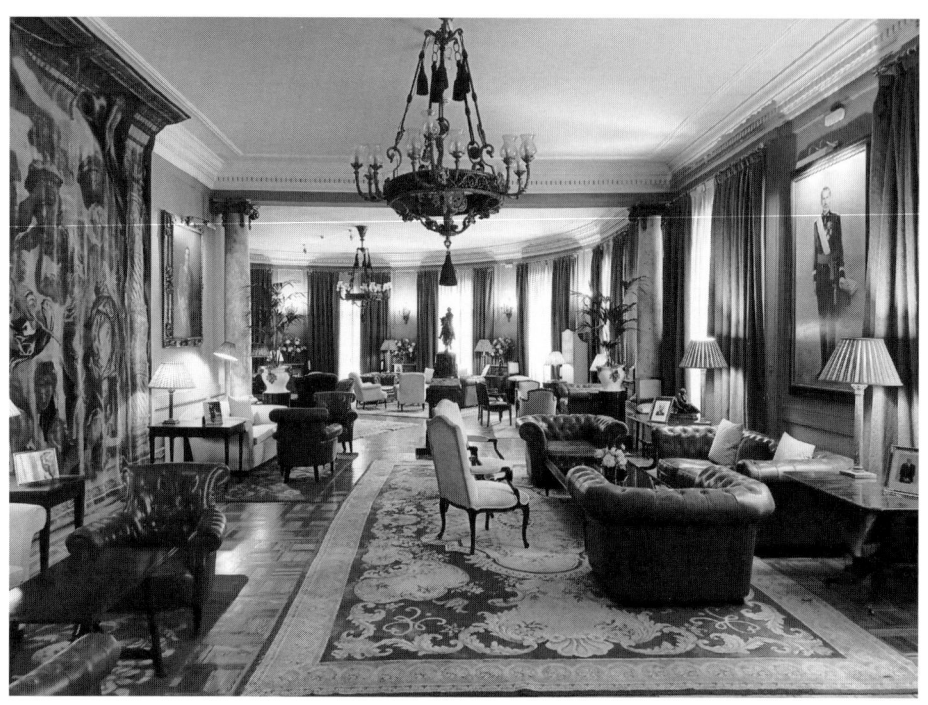

Imagen actual del salón principal de la Real Gran Peña en su sede del número 2 de la Gran Vía, donde se encuentra ubicada desde 1917 en uno de los primeros edificios que se construyeron en la nueva arteria madrileña. Oficiales de artillería del cuerpo de Ingenieros y de Estado Mayor fundaron en 1869 la Gran Peña, inspirada en los clubes británicos. Hoy la dirige el marqués de Quintanar, ofrece a sus socios una importante biblioteca y posee una notable colección de arte. Su Sociedad Histórico Militar organiza diversas actividades. Fotografía de 2023. Cortesía de la Real Gran Peña.

15. INSTITUCIONES ASISTENCIALES

El territorio del actual barrio de Justicia ha contado desde sus orígenes con edificios de carácter asistencial, como hospitales, asilos y hospicios. Durante los primeros siglos de la historia del barrio la Iglesia monopolizó la acción social a través de las fundaciones católicas con el apoyo de patronos nobiliarios o de la propia Corona, aunque paulatinamente el Estado liberal ha ido asumiendo las competencias en este terreno a lo largo de los últimos doscientos años.

Tal vez el primer edificio asistencial construido en el territorio ocupado actualmente por el barrio de Justicia fue el llamado Hospital de Pestosos, fundado en el siglo XV en el camino de Hortaleza, situado lejos de la ciudad para aislar a los enfermos contagiosos. Parece que fue sobre las ruinas de este primitivo inmueble donde se construyó en 1600, cuando ya el solar quedaba dentro de la ciudad, el hospital de leprosos de San Antonio Abad, uno de los principales de la corte hasta la primera mitad del siglo XVIII. Estaba dedicado a enfermos infecciosos y la congregación de los Antoninos se encontraba a su cargo. Tenía una capilla dedicada a santa Brígida, origen del nombre de la calle perpendicular a Hortaleza. En las primeras décadas del siglo XVIII el hospital fue reformado y ampliado y entonces Pedro de Ribera construyó una nueva iglesia, la actual de San Antón. En 1787 fue abandonado y donado a los Calasancios, que acabaron por erigir un nuevo edificio en el solar para las Escuelas Pías.

A principios del siglo XVII se fundó el Hospital de San Andrés de los Flamencos en la calle San Hermenegildo —hoy San Marcos— esquina a Soldado —actualmente Barbieri—. En aquel Madrid plurinacional del Imperio hispánico cada comunidad disponía de su propio hospital y este estaba destinado a los flamencos y borgoñones sin recursos que se encontraban en la corte. Juan Gómez de Mora, el gran arquitecto del Madrid de los Austrias, dio las trazas para el edificio, que contó en su iglesia con el monumental cuadro de Rubens dedicado al *Martirio de san Andrés* que hoy se puede ver en la Fundación Carlos de Amberes, entidad heredera del viejo hospital. A mediados del siglo XIX el edificio fue derribado.

Entre las calles Hortaleza y Fuencarral, a la altura de San Onofre, estuvo desde mediados del siglo XVII el hospital llamado de Agonizantes, junto al convento de la Virgen de la Asunción y San Dámaso, de Padres Camilos. A principios del siglo XIX la iglesia y el convento se encontraban en mal estado y el conjunto se reconstruyó bajo la dirección de Manuel de la Ballina; se conserva el proyecto en el Archivo de la Villa y destaca por su riguroso neoclasicismo. Fue desamortizado en los años treinta del siglo XIX, se utilizó como almacén de papel y finalmente, a mediados de siglo, se derribó y se edificaron viviendas en su solar. Se conservan algunas obras de arte importantes procedentes de este convento desaparecido, entre ellas el barroco Cristo de la Agonía, que hoy se encuentra en el oratorio del Caballero de Gracia, obra de Sánchez Barba. Por otra parte, en la travesía de Belén estuvo hasta la primera mitad del siglo XIX el Hospital de Jesús y María, creado por el duque de Frías para atender a sus numerosos siervos a espaldas de su propio palacio.

En la segunda mitad del siglo XVII se instaló en la calle Fuencarral con el patrocinio real el Hospicio del Ave María y Santo Rey Don Fernando, procedente de Lavapiés. La capilla, trazada por José del Arroyo en 1695, es lo único que se mantiene del primitivo edificio, ya que este fue profundamente reformado por Pedro de Ribera en la década de los años veinte del siglo XVIII. El arquitecto madrileño trazó un gran complejo, organizado alrededor de amplios patios, del que sólo quedan en pie las crujías que dan a la calle Fuencarral, con una fachada muy característica de Ribera. En *La horda* (1905), Blasco Ibáñez nos transmite con crudeza la realidad del hospicio en sus últimos tiempos. El centro asistencial funcionó hasta 1917 y tras el derribo parcial del edificio se instaló en su parte más monumental el Museo Municipal, inaugurado en 1929 tras la reforma de Luis Bellido.

A finales del siglo XVIII se creó la Real Asociación de Caridad del Buen Pastor, con sede en la plaza de Santa Bárbara, para atender a los presos de las cárceles de corte. Ya en época más cercana a la nuestra debemos destacar la presencia de la sede de la Delegación Territorial de Madrid de la Organización Nacional de Ciegos de España (ONCE) en la calle Prim. La Fundación Soñar Despierto, en la calle Serrano Anguita, trabaja con menores residentes en centros de acogida. Y en 2015 el padre Ángel se hizo con la gestión de la iglesia de San Antón y la convirtió en un hospital de campaña, que atiende desde entonces durante día y noche a personas en situación de calle o riesgo social. La Fundación Mensajeros de la Paz organiza también en la iglesia un banco solidario. Se encuentra además en Santa Brígida el Centro Municipal de Mayores Benito Martín Lozano.

Por lo que respecta a la salud en época contemporánea, a mediados del siglo XIX surgieron las casas de socorro para atender a personas accidentadas en la vía pública, ofrecer curas de urgencia, consulta médica para personas sin recursos o vacunación. Y el barrio contó con alguna de ellas en la calle Augusto Figueroa y en Barquillo. Además estuvo en la calle Fernando VI esquina a Regueros la Farmacia de Sanidad Militar y enfrente tenían sede las Siervas de Jesús para asistir a enfermos a domicilio. En el año 1893, también en Fernando VI, que entonces era todavía el tramo final de Barquillo, esquina a Pelayo, abrió el Instituto de Física Terapéutica del doctor Joaquín Decref y Ruiz en un edificio que sigue en pie pero con otros usos. Actualmente, además de las oficinas de la Consejería de Sanidad en Sagasta, el barrio cuenta con un Centro de Atención Sociosanitaria Integral situado en la calle Hermanos Álvarez Quintero, número 3, y el Centro de Salud Justicia en la calle Regueros.

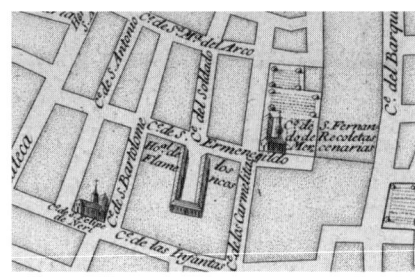

Detalle del *Plano de Madrid* de Nicolas de Fer, fechado en 1706, en el que vemos en el centro el Hospital de San Andrés de los Flamencos. Este establecimiento asistencial se fundó un siglo antes en la calle San Hermenegildo, que se corresponde con la actual San Marcos, en su confluencia con la calle del Soldado, que hoy es Barbieri; precisamente el hospital impedía que esta calle llegara por el sur hasta Infantas, lo que finalmente se consiguió tras el derribo del edificio a mediados del siglo XIX. Al suroeste aparece, por error, el convento de San Felipe Neri, ya que en realidad es el de Capuchinos de la Paciencia, y al nordeste el de San Fernando, de monjas mercedarias, y no *mercenarias*. Biblioteca Regional de Madrid. Cartoteca, Mp. VI/6.

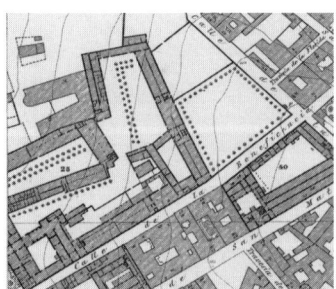

El Hospicio de San Fernando, señalado con el número 25 en el *Plano parcelario de Madrid* editado por el Instituto Geográfico y Estadístico entre 1872 y 1874, ocupaba no sólo el edificio del actual Museo de Historia, sino también todo el solar de los jardines del Arquitecto Ribera e incluso el del colegio Isabel la Católica. El gran edificio se organizaba en torno a varios patios. Biblioteca Regional de Madrid. Cartoteca, Mp. VI/10, hoja n.º 7.

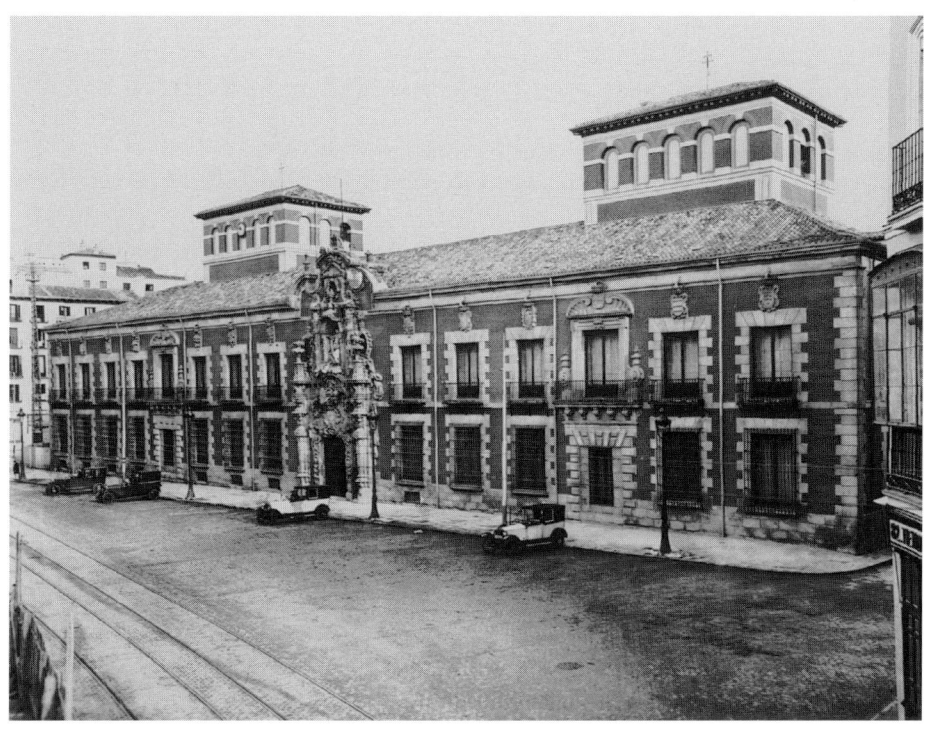

Vista de la crujía occidental del antiguo Hospicio, actualmente sede del Museo de Historia de Madrid. La fachada, trazada por Pedro de Ribera, combina, como en el cercano cuartel del Conde-Duque, la severidad y la regularidad de las líneas generales con la profusión ornamental de la portada, que anuncia la capilla que está más atrás. En la imagen la acera es mucho más estrecha que en la actualidad, aunque desde hace algunos años una anodina verja define un espacio peatonal triangular abierto sólo en el horario de actividad del museo. Además de los automóviles antiguos, llama la atención la presencia de las vías del tranvía que recorría la calle Fuencarral. Fotografía de los años treinta del siglo xx. Archivo de Ediciones de La Librería.

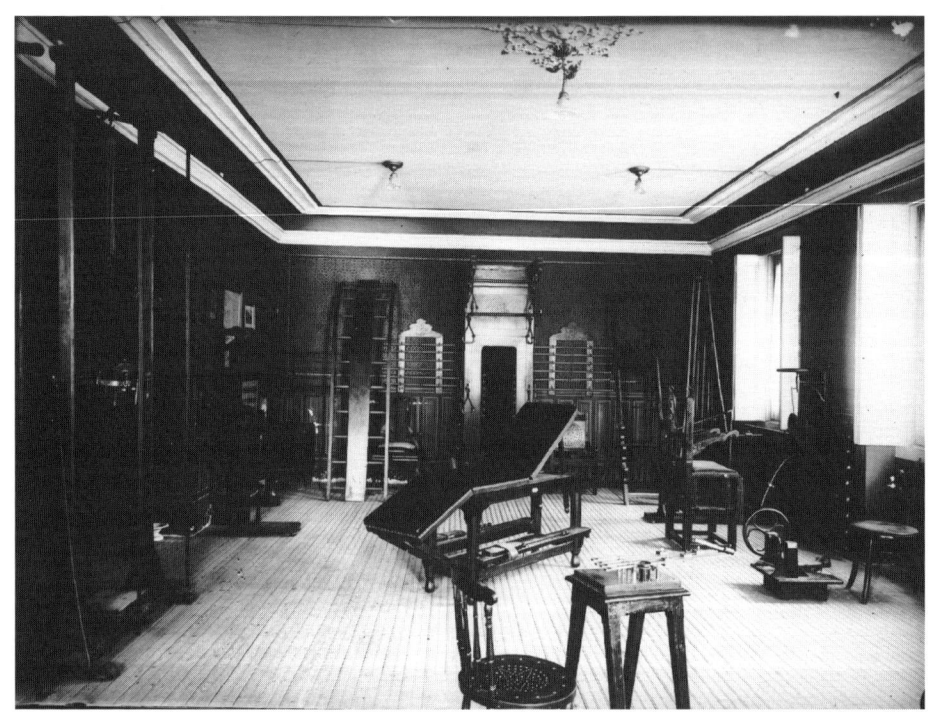

Sala de mecanoterapia del Instituto de Física Terapéutica del Dr. Joaquín Decref y Ruiz, situado en el actual número 6 de la calle Fernando VI. Abrió sus puertas en el año 1893 en lo que entonces era el tramo final de Barquillo, esquina a Pelayo. El doctor Decref, nacido en La Habana y verdadera celebridad en la época, aplicaba en su innovador establecimiento hidroterapia y mecanoterapia a los enfermos atendidos por las hermanas de la Caridad de San Vicente de Paúl. Hoy permanece en pie el edificio, con su letrero original, pero convertido en viviendas y local de ocio. Fotografía anónima, c. 1903. Colección Ripollés. Biblioteca Regional de Madrid, Mg. XXVIII/1492.

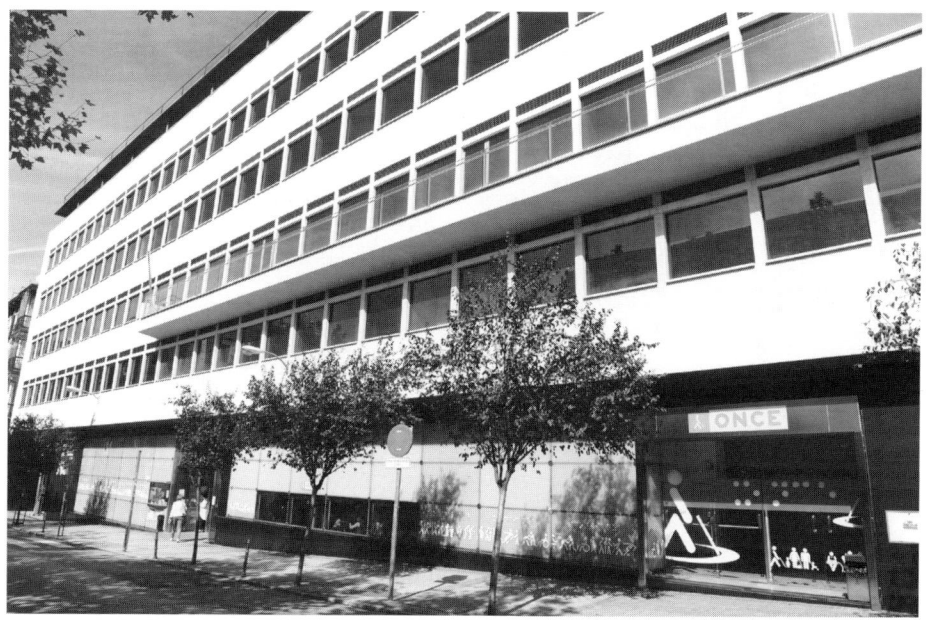

En Prim, número 3, se encontraba el palacio de la Condesa de Villar, de mediados del siglo xix, hasta principios de los años sesenta del siglo pasado, cuando Luis Gutiérrez Soto construyó en su solar el moderno edificio que actualmente es la sede de la Delegación Territorial en Madrid de la Organización Nacional de Ciegos de España (ONCE). Desde 1938 esta institución atiende a personas ciegas o con otra discapacidad a través de un original modelo de prestación social. Fotografía cortesía de la ONCE.

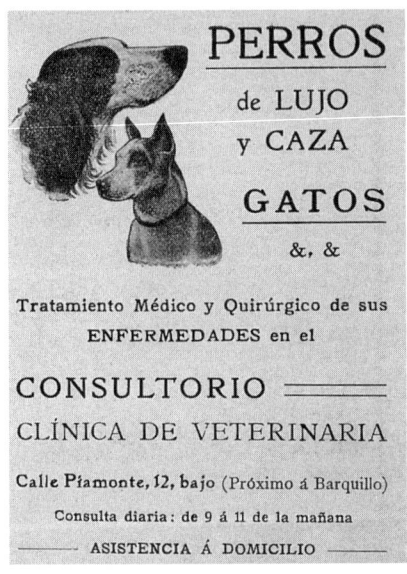

PERROS

de LUJO

y CAZA

GATOS

&, &

Tratamiento Médico y Quirúrgico de sus
ENFERMEDADES en el

CONSULTORIO ════

CLÍNICA DE VETERINARIA

Calle Piamonte, 12, bajo (Próximo á Barquillo)

Consulta diaria : de 9 á 11 de la mañana

ASISTENCIA Á DOMICILIO

Anuncio de una clínica veterinaria situada en la calle Piamonte a principios del siglo XX, lo que revela el alto nivel económico de los vecinos de este sector de la ciudad ya en aquella época. Álbum *Madrid a la vista*. Barcelona: Imp. Elzeviriana. Biblioteca Regional de Madrid, Mg. XXVIII/35.

16. CENTROS DE ENSEÑANZA

Actualmente son pocos los centros de educación primaria y secundaria en funcionamiento en el barrio de Justicia, como consecuencia de la caída de la natalidad desde finales de los setenta del pasado siglo. Sólo existe un colegio público de primaria, el CEIP Isabel la Católica, y un instituto, el IES San Mateo, que nació en los años ochenta del siglo pasado y que es desde 2011 para alumnos sobresalientes. Además, en la calle Mejía Lequerica se encuentra la Escuela de Educación Infantil Osa Menor. Funcionan también dos centros concertados: el Colegio Santa Isabel y el Colegio La Merced. Más numerosos son los centros educativos históricos ya desaparecidos que atendieron a los estudiantes en tiempos en los que el barrio contaba con una población infantil y juvenil más elevada que en la actualidad. Uno de los más antiguos desapareció con la construcción de la Gran Vía, el Colegio de Nuestra Señora de la Presentación, conocido popularmente como de las Niñas de Leganés, ya que su patrono fue el marqués de Leganés. Situado en la calle de la Reina, esquina a la de San Jorge —actual Víctor Hugo—, fue fundado en 1630 por el genovés Andrés Spínola. La música y el canto formaban parte primordial de la educación de las niñas de este centro.

En el Trienio Liberal (1820-1823) algunos intelectuales afrancesados, inhabilitados para desempeñar cargos públicos, pusieron en marcha un colegio privado, el de San Mateo, en la calle del mismo nombre, dirigido por el sacerdote Alberto Rodríguez de Lista. El centro se cerró en 1825, pero Lista se trasladó con algunos alumnos a la calle Valverde, ya fuera del actual barrio de Justicia. Entre los estudiantes más ilustres del Colegio de San

Mateo se encuentran Espronceda, Patricio de la Escosura, Roca de Togores, Ferrer del Río o Ventura de la Vega.

Seguramente el colegio más famoso de la historia del barrio es el de las Escuelas Pías de la calle de Hortaleza. Los escolapios llegaron a la zona a mediados del siglo XVIII, concretamente a la calle San Mateo, luego pasaron a Hortaleza esquina a Colmillo —hoy Pérez Galdós—, después a Fuencarral y finalmente en 1793 ocuparon el edificio del antiguo Hospital de San Antón, abandonado en 1787, y algunas casas colindantes. Francisco Rivas construyó en ese lugar un nuevo edificio para colegio, que fue reformado y ampliado en varias ocasiones durante los siglos XIX y XX, especialmente cuando se transformó en la Prisión Provincial de Hombres número 2 de Madrid en la Guerra Civil. De ella salieron durante noviembre y diciembre de 1936 numerosos presos que fueron asesinados en la periferia de la ciudad, especialmente en Paracuellos del Jarama. Luego fue cárcel también en los primeros tiempos de la dictadura de Franco, aunque más tarde recuperó su función docente, hasta su cierre en 1989, ya con las instalaciones en mal estado. Un incendio en 1995 dejó en ruinas al edificio, que acabó sustituido en 2012 por la nueva sede del Colegio de Arquitectos de Madrid y su Fundación, así como algunas dotaciones municipales: centro deportivo con piscina, escuela de música, centro de mayores, aparcamiento y un agradable jardín público interior.

En 1859 se fundó el Colegio de Santa Isabel en la calle Barquillo, de enseñanza primaria y secundaria, luego llamado Hispano-Americano de Santa Isabel y posteriormente Liceo Americano; en él ejerció de profesor Joaquín Costa. No debe confundirse con el colegio actual del mismo nombre del que hablaremos un poco más adelante. En un edificio hoy desaparecido en la esquina de Infantas y Marqués de Valdeiglesias tuvo su sede provisional hasta 1884 la Institución Libre de Enseñanza. Y en 1893, junto a su catedral en la calle Beneficencia, los protestantes fundaron un colegio; como respuesta, la Sociedad Católica de Señoras abrió en un edificio de viviendas muy cercano un pequeño centro escolar. Por otra parte, en la calle del Arco de Santa María —hoy Augusto Figueroa—, muy cerca de Barquillo, estaba situado a principios del siglo XX un edificio que reunía la tenencia de alcaldía del distrito de Buenavista, casa de socorro y escuelas municipales.

El Isabel la Católica, único colegio público de infantil y primaria que existe hoy en el barrio, fue construido por Antonio Flórez Urdapilleta y Bernardo Giner de los Ríos e inaugurado en 1933 con el nombre de Grupo Escolar Pablo Iglesias dentro del ambicioso plan municipal de construcción de escuelas durante la Segunda República. En la Guerra Civil y en la posguerra se utilizó como albergue y hospital, hasta que en 1949 se rebautizó con el nombre de Isabel Católica y se reservó para las niñas. Con la democracia volvió a ser mixto y fue reformado entre 2010 y 2012, cuando los estudiantes se trasladaron provisionalmente al instituto San Mateo. Es uno de los colegios bilingües, español-inglés, de la Comunidad de Madrid desde el curso 2006/2007. También entre los años cincuenta, sesenta y setenta del siglo pasado funcionó el colegio nacional Ezequiel Solana en el palacio del Conde de Villagonzalo, de carácter público, para niños.

Con respecto a la educación secundaria, en el palacio de la Condesa de Villar, que estaba en el número 3 de Prim, se instaló en los años de la Segunda República provisionalmente el Instituto Nacional Cervantes de Segunda Enseñanza, que acabó trasladándose en 1960 a la glorieta de Embajadores. En el edificio de Prim, en cuyo solar se encuentra la sede territorial de la ONCE, Antonio Machado tomó posesión de la Cátedra de Lengua y Literatura Francesas el 1 de abril de 1936. Llevaba mucho tiempo deseando obtener plaza en Madrid, pero a causa de la guerra su actividad en el centro fue efímera. Tras su temprana muerte en el exilio, Antonio Machado en 1941 fue expulsado del Cuerpo de Catedráticos por la Comisión de Expedientes de Depuración, aunque con la democracia se le rehabilitó de manera simbólica.

En los años ochenta del siglo xx nació el instituto San Mateo, que continúa en funcionamiento, con un programa de bachillerato de excelencia. Posiblemente el edificio más feo del barrio sea el antiguo instituto Emilia Pardo Bazán, de la calle Santa Brígida, donde dio clase el escritor Luis Landero. Cerró en 2001 por falta de alumnos y después se convirtió en la escuela oficial de idiomas, actividad que mantiene.

Con respecto a los centros concertados, el de Santa Isabel pertenece a la Compañía de las Hijas de la Caridad de San Vicente de Paúl, con un carisma orientado hacia la atención a los más necesitados. Fundaron en 1856 una casa entre la calle Hortaleza y la travesía de San Mateo para escuela, guardería y asilo para personas sin recursos y un obrador de bordado poco después. En 1902 se creó un internado para niñas. Fue hospital de sangre durante la guerra y posteriormente fue recuperado como colegio. También funcionó como dispensario en los duros años de la posguerra. Actualmente su oferta educativa cubre infantil, primaria y ESO.

Otro colegio concertado es el de La Merced, que nació como centro privado de educación preescolar y EGB en el curso 1968/1969. Desde 1986 disfruta de concierto de primaria que se ha ido extendiendo a infantil. Es un centro mercedario vinculado al vecino convento conocido como las Góngoras.

Al margen de la educación primaria y secundaria, han existido o existen otros centros de formación que merece la pena recordar. Por ejemplo, la Real Sociedad Matritense de Amigos del País abrió una Escuela Patriótica en la calle Hortaleza para la formación de mujeres en el sector textil. Entre las calles San Mateo y Beneficencia estuvo el Colegio de Sordomudos y de Ciegos, en el solar sobre el que luego se construyó el actual instituto de San Mateo. Era el centro más antiguo de España en su clase, ya que había abierto sus puertas en 1805 en la calle de las Rejas por iniciativa de la Real Sociedad Matritense, luego se trasladó a la calle del Turco y en 1866 llegó al barrio de Justicia, a la ubicación citada. En 1898 el colegio se marchó al paseo de la Castellana y en 1947 regresó a San Mateo, donde ocupó al viejo edificio de la Escuela de Aparejadores hasta 1969.

La Asociación para la Enseñanza de la Mujer merece un recuerdo muy especial. Creada en 1870 por Fernando de Castro, ofrecía formación a las mujeres de clase media de la época en diversas materias, muy orientadas al mundo laboral. En 1893 se instaló en un nuevo edificio de la calle San Mateo, que actualmente es la sede de la Fundación Fernando de Castro, dedicada al impulsor de la asociación, franciscano, sacerdote y profesor krausista, que llegó a ser rector de la Universidad Central.

En la calle Marqués de la Ensenada se encuentra el Institut Français, centro oficial para la enseñanza de la lengua francesa en Madrid, en un edificio de principios del siglo XX. La Escuela Municipal de Arte Dramático se ubica en Mejía Lequerica y está gestionada por La Teatral de Arniches. La Escuela Municipal de Danza y Música María Dolores Pradera se localiza en la calle Farmacia y la escuela de danza Karen Taft estuvo en funcionamiento en la calle Libertad entre 1949 y 2016. También hay una academia privada de idiomas orientales en la calle San Mateo, que además es papelería. Y en San Bartolomé la Academia Pinto prepara desde 1984 a los estudiantes para las oposiciones a la Guardia Civil.

Con respecto a la educación superior, destaca el Colegio de Farmacia de San Fernando, creado en 1830 y que da nombre a la calle en la que se encuentra, anteriormente llamada San Juan. El edificio, como dice la inscripción que corona su característica fachada, que se adapta a la curva de la calle, se terminó en la citada fecha bajo la dirección del arquitecto Pedro de Zengoitia, académico y discípulo de Villanueva. En 1845 se transformó en Facultad de Farmacia de la Universidad Central hasta su traslado a la Ciudad Universitaria tras la Guerra Civil. Desde 1947 es la sede de la Real Academia Nacional de Farmacia, institución, como otras de su tipo, que tiene sus orígenes en la época de Felipe V, cuando se creó el Real Colegio de Profesores Boticarios de Madrid. Desde 1994 también el Museo de la Academia se encuentra en el edificio.

La Escuela Central de Artes y Oficios tuvo su sede administrativa en la calle San Mateo, donde hoy está el instituto, hasta que se trasladó en 1930 a la calle de la Palma, donde continúa. Dos universidades norteamericanas se han instalado recientemente en el barrio: la New York University, en Madrid desde 1958, tiene su sede en la calle Barquillo esquina con San Marcos desde 2019; y la Schiller International University, que se encuentra en el paseo de Recoletos desde 2023. También el Centro de Estudios Mexicanos en España de la Universidad Nacional Autónoma de México se localiza en la calle Barquillo, junto al Instituto Cervantes, con el que colabora.

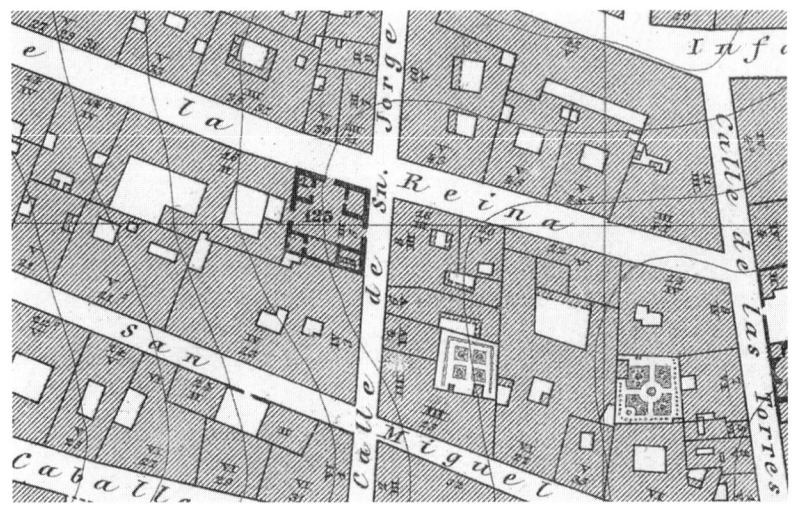

El Recogimiento de Niñas Desamparadas de Nuestra Señora de la Presentación, conocido como Colegio de las Niñas de Leganés, fundado en 1630, aparece en el centro de la imagen con el número 125. El *Plano parcelario de Madrid*, editado por el Instituto Geográfico y Estadístico entre 1872 y 1874, nos permite conocer su ubicación entre las calles de la Reina y San Jorge —hoy Víctor Hugo— y nos muestra de manera esquemática su planta. Una de las estudiantes más famosas de este colegio fue Elena Sanz, más tarde amante de Alfonso XII, con el que tuvo dos hijos. El edificio desapareció con la construcción de la Gran Vía. Biblioteca Regional de Madrid. Cartoteca, Mp. VI/10, hoja n.º 7.

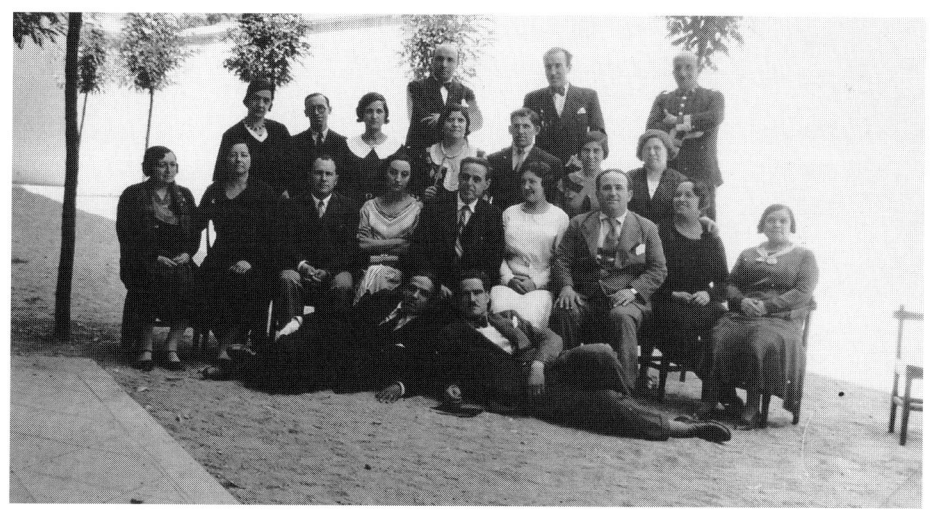

Primera plantilla del Grupo Escolar Pablo Iglesias el día de su inauguración, el 11 de febrero de 1933, en plena Segunda República. Maestras y maestros se comprometieron con gran optimismo en uno de los objetivos más loables del régimen que había iniciado su andadura dos años antes: la reforma educativa. Se dio al centro el nombre del fundador del PSOE y la UGT, que había vivido su infancia y adolescencia en el Hospicio, en parte de cuyo solar se alza el colegio. Archivo del CEIP Isabel la Católica.

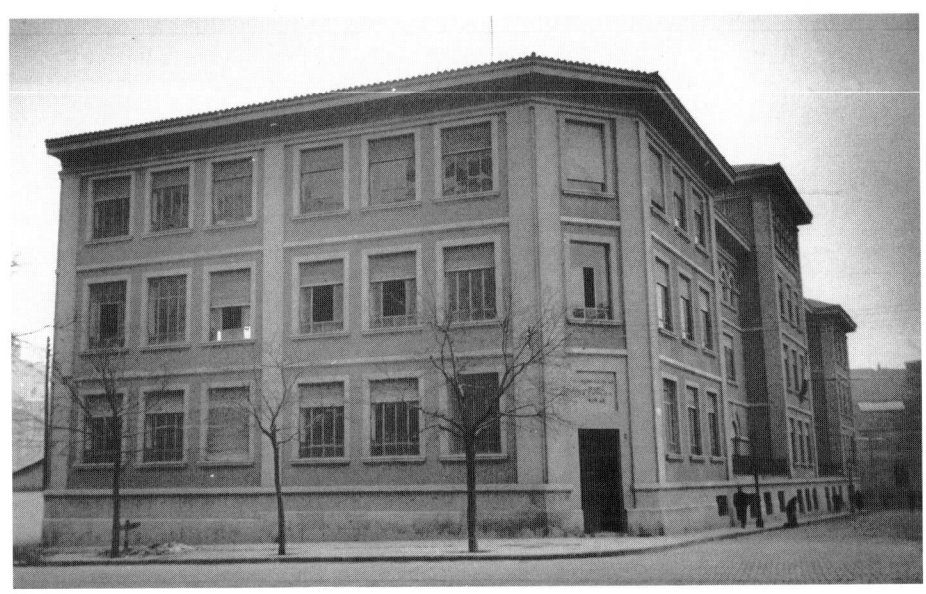

Imagen de los años cuarenta del siglo xx del edificio del Grupo Escolar Pablo Iglesias, ya rebautizado como colegio Isabel la Católica, nombre que mantiene en la actualidad. Fue construido por Antonio Flórez Urdapilleta, arquitecto del Ministerio de Instrucción Pública y creador de un modelo de arquitectura escolar que se extendió por el país, y por Bernardo Giner de los Ríos, jefe de la sección de Construcción de Escuelas del Ayuntamiento. Es un gran ejemplo de la arquitectura escolar de la Segunda República; un edificio funcional, sencillo, sin ornamentos innecesarios. Archivo del CEIP Isabel la Católica.

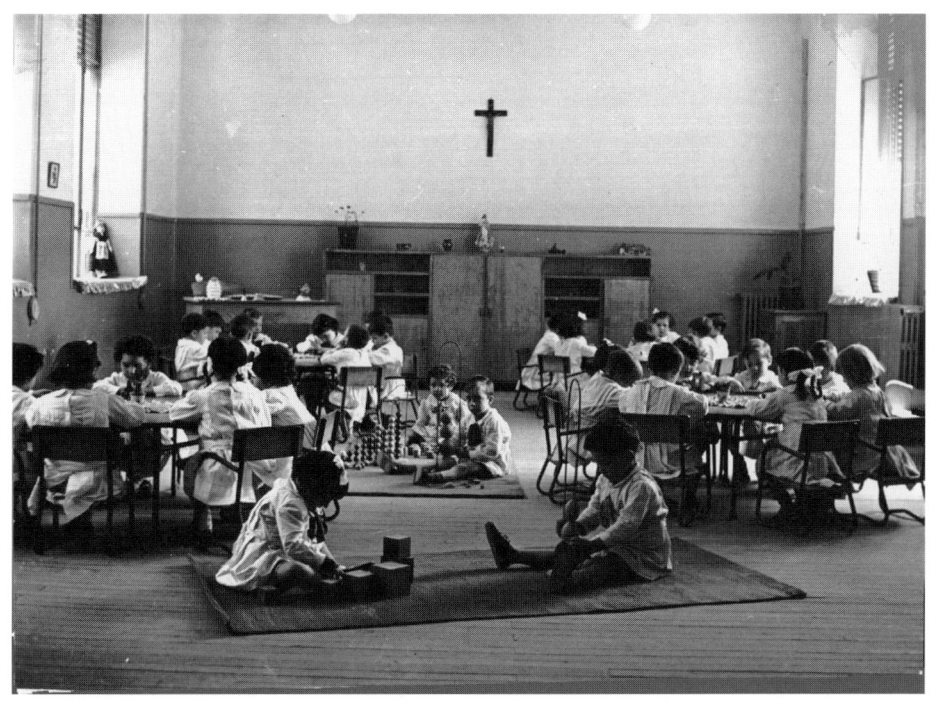

En esta fotografía del estudio Aumente observamos un aula del colegio Isabel la Católica en los años cincuenta del pasado siglo. Niños y niñas de corta edad juegan y aprenden en un espacio diáfano y bien iluminado que destaca por su pureza arquitectónica racionalista. Archivo del CEIP Isabel la Católica.

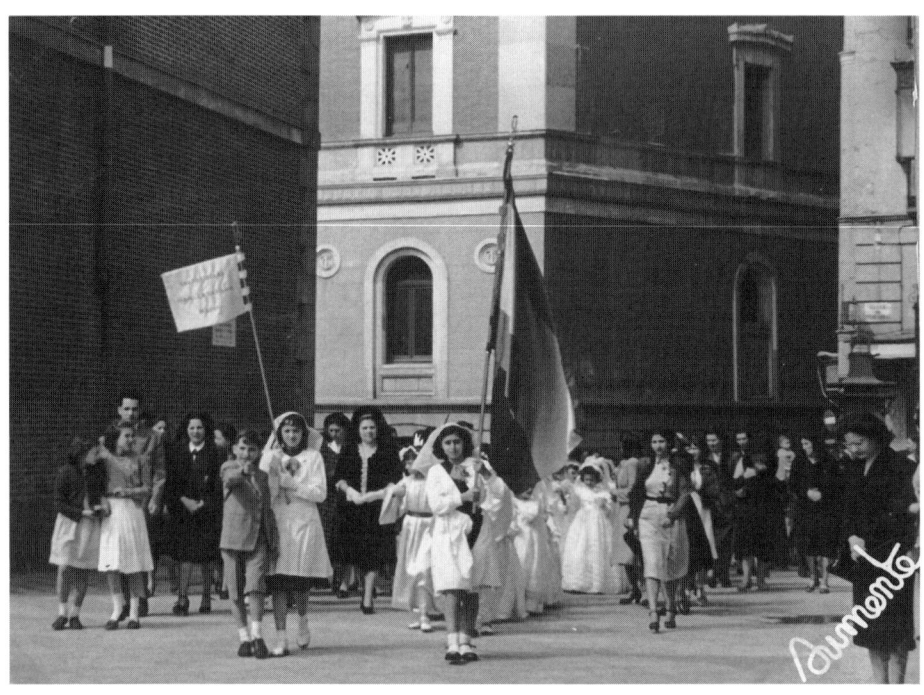

Las alumnas regresan en procesión al colegio Isabel la Católica después de tomar la primera comunión en la iglesia de Maravillas. En la imagen pasan junto al Museo Municipal y al fondo se ve el edificio del Tribunal de Cuentas. Durante la Guerra Civil el Grupo Escolar Pablo Iglesias fue albergue y hospital, situación que se prolongó hasta 1949. El alumnado se trasladó al palacio del Conde de Villagonzalo, donde el colegio fue rebautizado con el nombre de José Antonio y posteriormente Ezequiel Solana y se suprimió el carácter mixto inicial: las niñas regresaron al edificio original, ya con la denominación de Isabel la Católica, después de algunas reformas y los niños se quedaron en el Ezequiel Solana Año 1952. Archivo del CEIP Isabel la Católica.

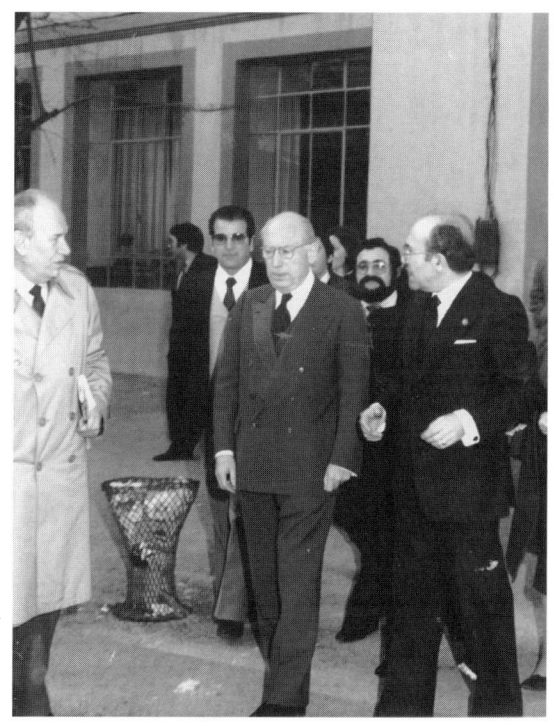

El alcalde Enrique Tierno Galván visita el colegio Isabel la Católica en 1983, cuando el centro celebraba su quincua-
gésimo aniversario. Con ese motivo se descubrió una placa en el interior del centro educativo, que volvía a ser mixto.
Archivo del CEIP Isabel la Católica.

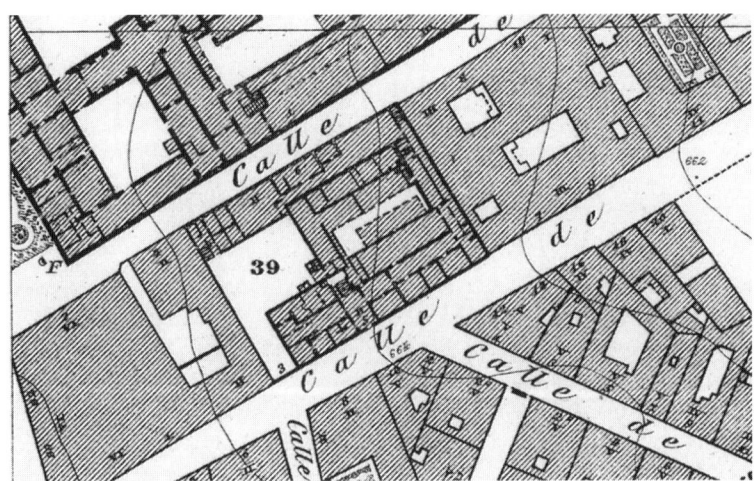

El *Plano parcelario de Madrid* de Ibáñez de Ibero nos facilita la planta y la ubicación del desaparecido Real Colegio de Sordo-Mudos en 1872-1874, cuando estaba situado entre las calles Beneficencia y San Mateo. Esta institución, creada por real decreto en 1802, se ubicó en 1866 en el edificio señalado en el plano con el número 39, que anteriormente había sido la Fábrica Nacional del Sello. Después fue ocupado por la Escuela Central de Artes Industriales y de Industrias, luego por la sede del curso preparatorio de Derecho y Letras y finalmente en su solar se levantó el Instituto San Mateo. Biblioteca Regional de Madrid. Cartoteca, Mp. VI/10, hoja n.º 7.

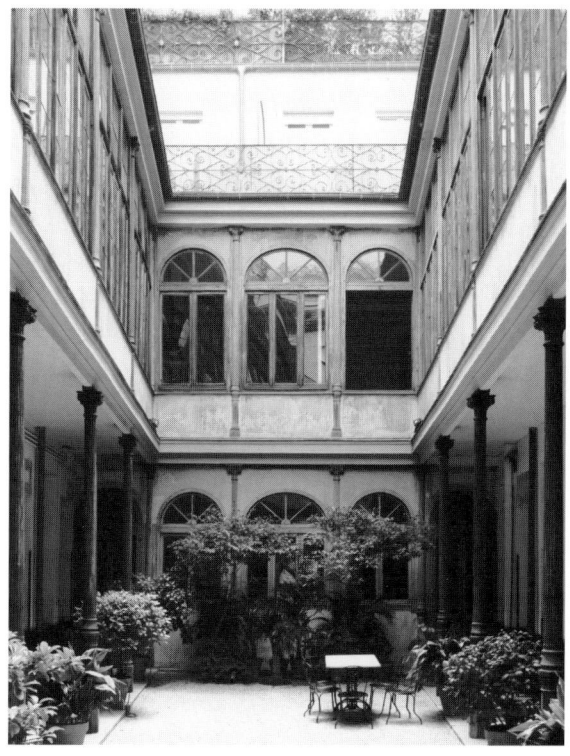

Patio del edificio de la Asociación para la Enseñanza de la Mujer que el fundador de la institución, Fernando de Castro, no llegó a ver terminado. Actualmente es la sede de la Fundación Fernando de Castro, que conserva en excelente estado la construcción original de 1893, organizada en torno a un patio con una galería de columnas de fundición, magnífico ejemplo de la vanguardista arquitectura de hierro y cristal de la época; cuenta con un gran conjunto de mobiliario de la segunda mitad del siglo XIX. Fotografía cortesía de la Fundación Fernando de Castro-Asociación para la Enseñanza de la Mujer.

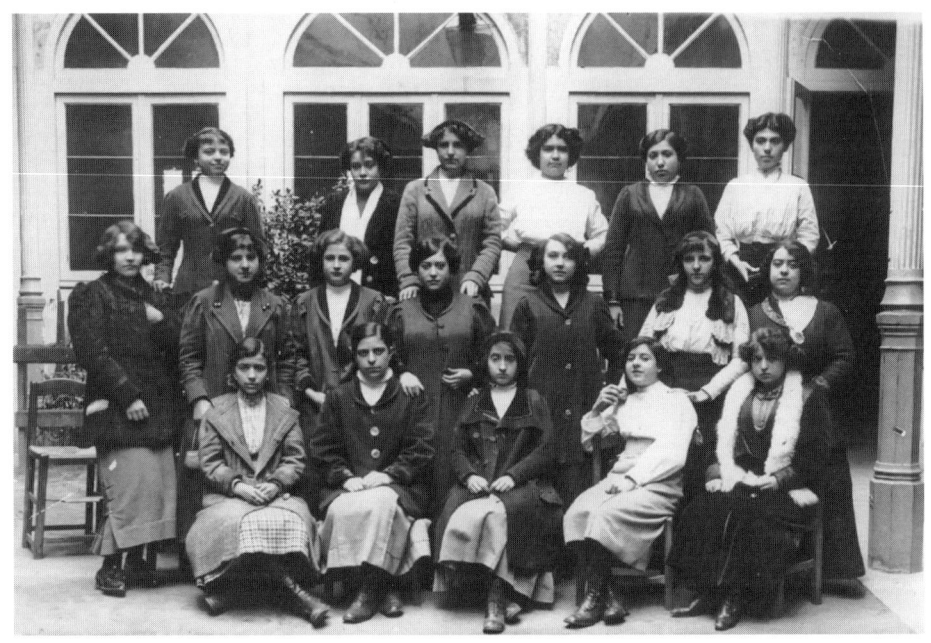

Alumnas de taquigrafía y mecanografía de la Asociación para la Enseñanza de la Mujer en el curso 1911/1912. Esta institución privada, nacida en 1870, reunió todas las escuelas femeninas creadas por Fernando de Castro y permitió a mujeres de clase media estudiar materias como telégrafos, comercio, magisterio, idiomas y artes diversas. Sus primeras dependencias se instalaron en la calle del Arco de Santa María —actualmente Augusto Figueroa—. Hoy permanece en pie el edificio que fue su sede desde 1893 y que construyeron Pablo Sánchez, Gerardo de la Puente, Manuel Ruiz de Quevedo y Domingo Ortiz de Zárate en la calle San Mateo. Fotografía cortesía de la Fundación Fernando de Castro-Asociación para la Enseñanza de la Mujer.

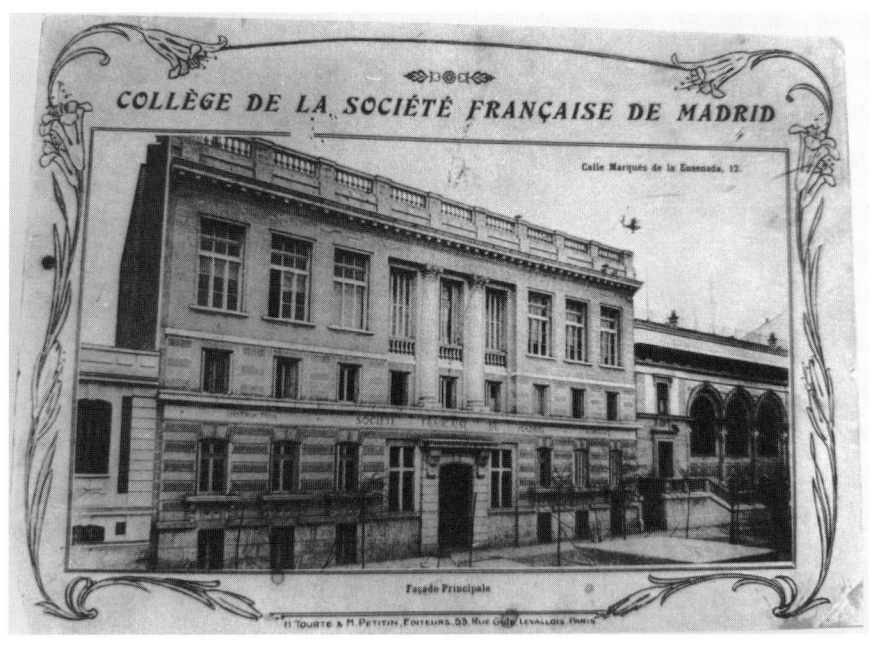

En el número 12 de la calle Marqués de la Ensenada se encuentra un edificio construido por Daniel Zavala y André Galeron en 1910 que primero albergó el Collège de la Société Française de Madrid, posteriormente el Liceo Francés de Madrid y finalmente el Institut Français. Es el centro oficial para la enseñanza de la lengua francesa en Madrid y el fomento del diálogo franco-español y depende del Ministère de l'Europe et des Affaires Étrangères. Fotografía de 1915. Cortesía del Institut Français.

17. CHUECA MULTICOLOR

La zona de Chueca es un magnífico ejemplo de la profunda transformación social del país en los últimos cincuenta años. Durante este tiempo el colectivo LGTBIQ+ —al principio denominado simplemente *gay*— ha ido ocupando este espacio para afirmar su identidad, hacerse visible y defender mejor sus derechos. Como dice Ignacio Elpidio Domínguez, Chueca surgió por el impulso de una voluntad individual y colectiva por construir un espacio propio como destino de un proyecto emancipatorio. Es una respuesta a la discriminación, una crítica al espacio urbano heterosexualizado. Los barrios gais, luego LGTBIQ+, son un fenómeno muy extendido sobre todo como espacios para el comercio y la socialización, más que como lugares de residencia.

En los años setenta nació un comercio específico en Madrid para hombres gais, especialmente en el barrio de Justicia, aunque no sólo en Chueca, sino también en Recoletos y Almirante y en la plaza de Alonso Martínez. Igualmente en esas áreas se daban encuentros furtivos entre varones homosexuales y se practicaba la prostitución. Los urinarios de la plaza de Chueca eran escenario de encuentros clandestinos.

Durante la transición, en especial tras la llegada de Tierno Galván a la alcaldía de Madrid en 1979, la juventud puso en marcha nuevas formas de sociabilidad y novedosas expresiones culturales que ayudaron a transformar la vida en Madrid. Uno de los lugares de los que los nuevos movimientos se apropiaron para expresar identidades de género no normativas fue el sector de Chueca. La llegada de esta comunidad inmigrante fue modificando la fisonomía del barrio y fomentó la rehabilitación de edificios y locales. Se realizó una apropiación territorial colectiva, que tiene mucho que ver con que Chueca se convirtiera en los ochenta en parte del epicentro de la Movida madrileña, movimiento anárquico y variopinto que manifestó un irrefrenable deseo de libertad, con la música como principal modo de expresión. Junto a Malasaña, la plaza de Chueca o la de Barceló fueron centros de reunión callejera.

Nuevos establecimientos se extendieron durante los años ochenta, de manera casi exclusiva dirigidos al público masculino homosexual: discotecas, saunas, bares, cafés, manteniendo cierta clandestinidad. No sólo aparecieron en Chueca, sino que también se extendieron hacia Malasaña, e incluso por la zona de Barquillo, pero con un nivel económico más alto en este último caso. Sin embargo, poco a poco se fueron concentrando en torno a la plaza de Chueca.

La primera manifestación del Orgullo en Madrid fue en 1978, un año después que Barcelona, pero no fue en Chueca. Tuvo un carácter minoritario, con una actitud hostil del entorno hacia los manifestantes. Pero poco a poco durante los ochenta la plaza de Chueca, la calle Pelayo y otros lugares cercanos se fueron convirtiendo en escenarios de una celebración reivindicativa que fue creciendo año a año.

Chueca conoció también a partir de mediados de los años ochenta la marginalidad, la droga y la delincuencia. El VIH hacía estragos en el colectivo y sobre todo condujo a su estigmatización. En aquellos años eran frecuentes los ataques homófobos. Muchos comercios cerraron, la arquitectura y el urbanismo sufrieron un deterioro, lo que provocó un fenómeno de desinversión previo a la gentrificación, con espacios asequibles y céntricos para instalar nuevos comercios. Entre mediados de los ochenta y mediados de los noventa salieron familias con hijos del barrio, que sufrió un proceso de envejecimiento de su población. En aquel contexto nació COGAM, concretamente, en 1986, con sede en la calle Fuencarral y desde entonces trabaja por la igualdad de lesbianas, gais, transexuales, bisexuales y otras realidades de diversidad sexual.

En los años noventa se inició un proceso de normalización que tiene que ver con la integración social general del colectivo y que se refleja en el consumo, el ocio y la cultura. Se abrieron locales nuevos orientados a personas LGTBIQ+ y con un carácter militante, lo que se tradujo en su mayor visibilidad, la colocación de la bandera arcoíris o de distintivos de colectivos más específicos. La Federación Estatal de Gais y Lesbianas (FEGL) se fundó en 1992 y hasta hace poco ha estado en el número 40 de Infantas. Hoy es la FELGTBI+ (Federación Española de Lesbianas, Gays, Transexuales y Bisexuales) y se encuentra fuera del barrio, pero cerca de él, en la calle Chinchilla.

También en los años noventa del pasado siglo fueron asumiendo mayor protagonismo las lesbianas y otros colectivos de sexualidad no normativa. La librería Berkana se trasladó de Malasaña a Chueca al año siguiente de su fundación, es decir, en 1994. Y en esta época poco a poco fue mejorando la imagen del barrio con algunas reformas urbanas. Desde mediados de la última década del siglo XX se produjo un salto en el crecimiento del Orgullo como gran acto reivindicativo de los derechos del colectivo, aunque ha acabado mercantilizándose e institucionalizándose en el siglo XXI, con menor protagonismo de Chueca, ya que se ha extendido a otras zonas más centrales de la ciudad. La celebración en 2017 en Madrid del World Pride supuso el cénit de este proceso.

Es indudable que Chueca se ha convertido en las últimas décadas en un referente nacional e internacional para el colectivo LGTBIQ+ y un espacio de libertad y diversidad. Y es que no sólo se ha producido una concentración habitacional de personas del colectivo, sino que también esta comunidad ha conseguido una gran visibilidad, especialmente a través de tiendas y servicios, y ha generado una intensa actividad comunitaria de afirmación cultural colectiva en el barrio. Además, en los últimos tiempos la presencia femenina se ha intensificado.

En la segunda y tercera década del siglo XXI el Ayuntamiento ha incluido denominaciones en las vías públicas como la de la plaza Pedro Zerolo, la plazuela de la Memoria Trans o la de Raffaella Carrà, icono de la cultura *queer*. Encontramos asimismo una elevada presencia de símbolos, especialmente en las calles Hortaleza y Pelayo y en las plazas de Chueca y Pedro Zerolo: banderas, iconos, arte urbano, etc. Incluso el logo de la estación del metro de Chueca se ha decorado con los colores de la bandera arcoíris, que también cubre las paredes de los andenes. Además, han surgido nuevas organizaciones, como CRISMHOM, Cristianas y Cristianos de Madrid Homosexuales, nacida en 2006 y que ahora se denomina oficialmente CRISMHOM, Comunidad Cristiana LGTBI+H, Asociación de Diversidad Sexual e Identidad de Género; su sede ha estado en el número 18 de la calle Barbieri hasta su traslado a la calle Chinchilla en 2021.

La noche ha sido muy activa en Chueca a lo largo de este proceso, con sus discotecas y pubs con fiestas y espectáculos: Black and White, pionero de la noche LGTBIQ+ de Chueca, abrió en 1984; cerró en 2017, pero volvió a abrir renovado en 2018, con espectáculos de *drags*, *strippers* y gogós. Why Not está desde 1993 en la calle San Bartolomé, con su decoración neobarroca. Hot se encuentra en Infantas desde finales del siglo pasado. Son muchos los locales que forman parte de la historia nocturna del barrio, algunos ya cerrados: Rimmel Pub, Fluide Escape, Delirio Club, Fulanita de Tal, Me Da Igual, D'Mystic, Bears Bar, Fraggel Pop, Thick Madrid, Organic Madrid Club, La Kama Bar, LL Bar, Gris Bar, etc. Pero mayoritariamente están dirigidos a un público masculino homosexual, con algunos dedicados a comunidades gais concretas y espacios de *cruising*. Han proliferado también los hoteles *gayfriendly* como Room Mate Oscar Hotel, en la plaza de Pedro Zerolo, u Only You, muy cerca de ella. Y es que Chueca ha ido adquiriendo un creciente protagonismo en la promoción turística de Madrid, lo que ha conducido a una simplificación y tematización que tiene mucho que ver con la comentada institucionalización del Orgullo. Algunas voces críticas denuncian la transformación de las personas LGTBIQ+ en activos económicos para las administraciones públicas porque transmiten imagen de tolerancia, modernidad y desarrollo para la ciudad, como dice Ignacio Elpidio Domínguez. Chueca se ha convertido así en una marca turística y empresarial y es uno de los territorios de Madrid más afectados por la *turistificación* o proceso de transformación urbana protagonizado por el turismo.

Por último, es interesante indicar que este fenómeno se relaciona con un proceso que se denomina *gaytrificación*, es decir, el crecimiento de la renta que produce una expulsión de una parte del colectivo de menores recursos económicos a otro barrio más modesto, que en el caso de Madrid se trata de Lavapiés. Shangay Lily en *Adiós, Chueca* plantea una reflexión sobre un barrio que ya no existe: el paso de la pedrada al gueto y del gueto a la marca, como metáfora del clasismo en Chueca en los últimos años. En efecto, se ha producido una crítica desde el activismo radical. Chueca se ha convertido en un territorio caro, se ha *boutiquizado*, término usado por Ignacio Elpidio Domínguez, lo que ha expulsado sobre todo a la gente joven, normalmente la más transgresora.

Chueca hoy en día es un barrio *queer*, pero con mayor coexistencia con otras comunidades que hace veinte años. Sigue teniendo un papel capital en la visibilidad del movimiento. Pero ya no concentra tanto al colectivo, que se ha extendido a otras zonas del centro como Embajadores y Lavapiés, tal y como ha investigado Beatriz Márquez Pozo. Esto tiene que ver con la evolución hacia un modelo más inclusivo de ciudad en el que el sentido de gueto se aleja. La gentrificación ha producido sobre todo un éxodo hacia Lavapiés (Lesbipiés), especialmente de mujeres, que se sienten expulsadas de Chueca.

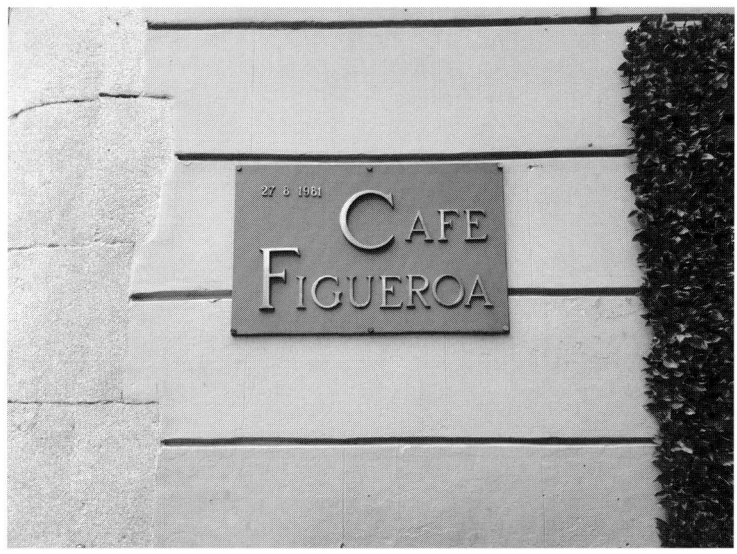

Lakama Café se instaló en 2018 en el local del emblemático Café Figueroa, situado en la esquina entre Hortaleza y Augusto Figueroa, uno de los primeros negocios de Chueca destinados al público gay. Los nuevos propietarios han tenido la delicadeza de conservar en la fachada de la primera calle el cartel verde del Figueroa en el que se indica la fecha de su fundación: 27 de junio de 1981. Fotografía de Francisco Juez, 8 de febrero de 2024.

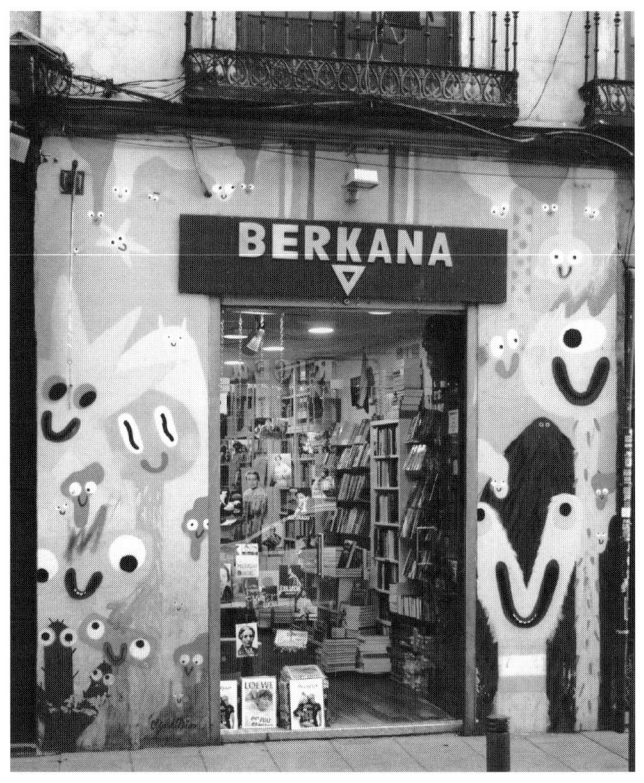

Fachada de la librería Berkana en su actual ubicación en la calle Hortaleza, muy cerca de Augusto Figueroa. Fue la primera librería especializada en cultura LGTBIQ+ que abrió en España, concretamente, en la calle de la Palma en el año 1993, aunque en el 94 se encontraba ya en la plaza de Chueca, desde donde se trasladó en 2011 a Hortaleza. Desde sus inicios, con el impulso de Mili Hernández, es un gran referente del movimiento. Fotografía de Eduardo de Madrid, 2 de julio de 2024.

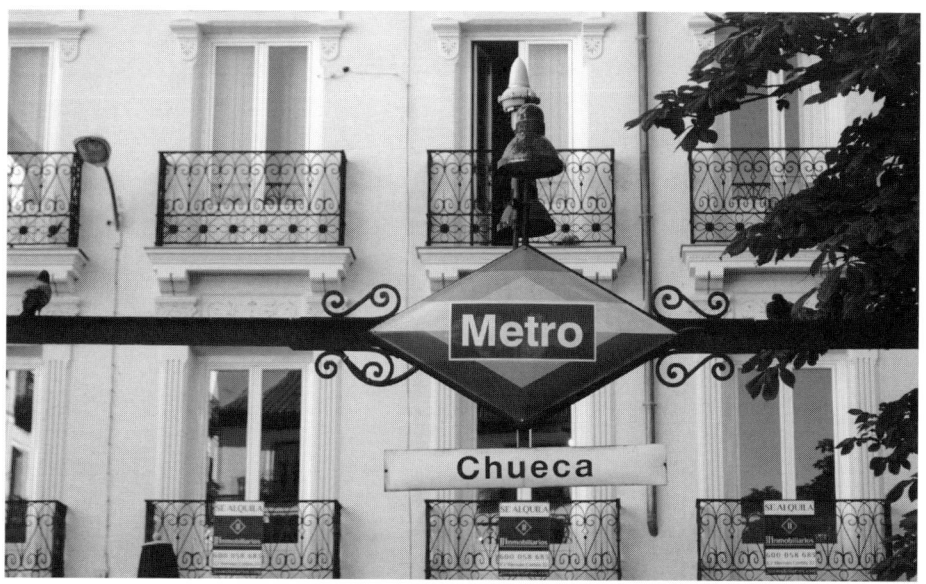

El rombo de Metro de Madrid de la estación de Chueca está decorado con los colores del arcoíris desde 2020. Cuatro años antes se habían cubierto las paredes de los andenes con idéntico motivo. La estación se abrió en 1970 con la prolongación de la línea 5, que cruza el barrio, al igual que la 10, en este caso desde 1981. La línea 1, desde 1919, la 2, desde 1924 y la 4, desde 1944, discurren por los límites de Justicia. Y en 1967 se abrió la estación ferroviaria de Recoletos, en otro borde del barrio. Fotografía de Eduardo de Madrid, 2 de julio de 2024.

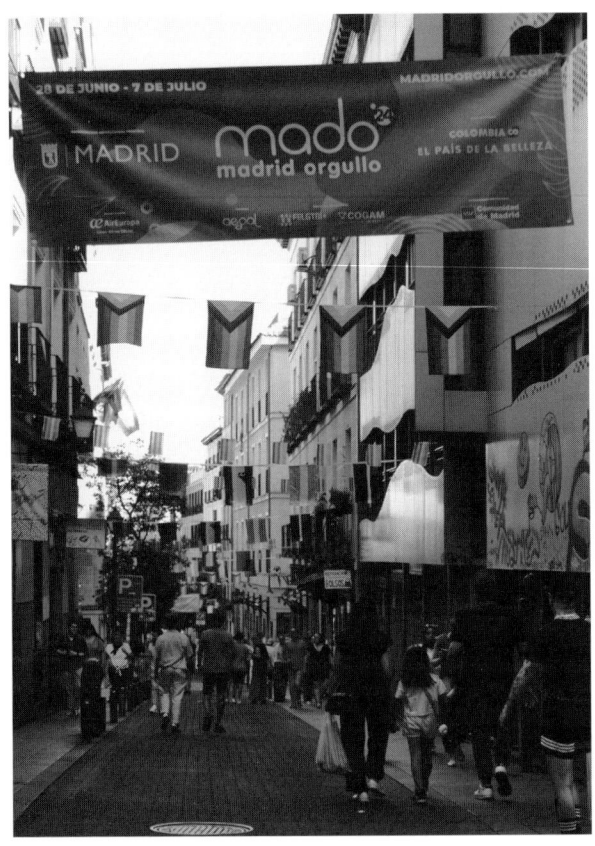

Panorámica de la calle Gravina desde la de Hortaleza engalanada para la celebración de Madrid Orgullo 2024, evento festivo y reivindicativo de la comunidad LGTBIQ+, de carácter estatal, que cada año tiene su epicentro en el barrio de Chueca. Fotografía de Eduardo de Madrid, 2 de julio de 2024.

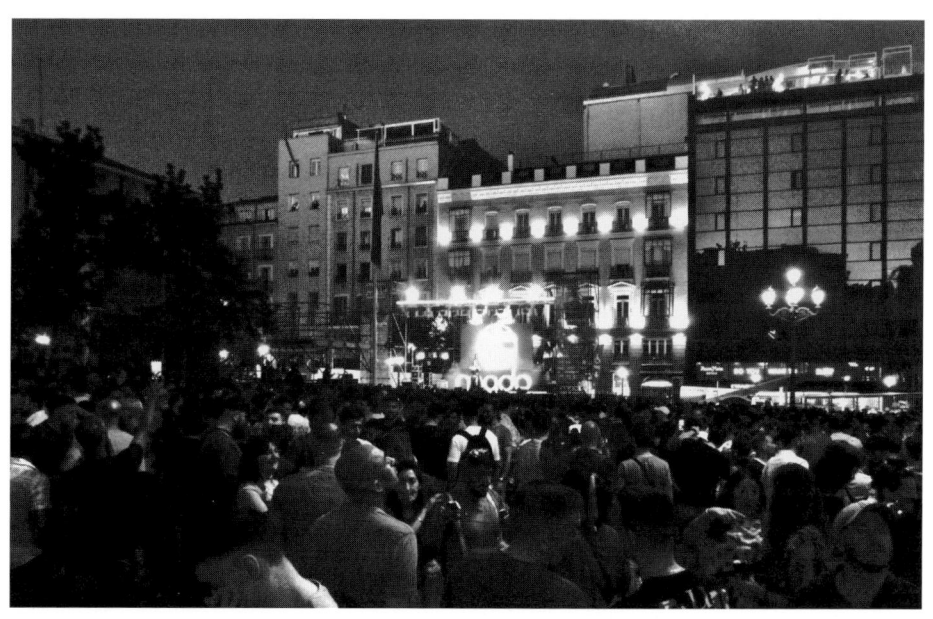

La plaza de Pedro Zerolo, que lleva el nombre de uno de los activistas LGTBIQ+ más reconocidos, abarrotada durante el pregón de Madrid Orgullo 2024. Tras su lectura oficial, la multitud disfrutó de las actuaciones musicales que dieron el pistoletazo de salida a las fiestas. Fotografía de Eduardo de Madrid, 3 de julio de 2024.

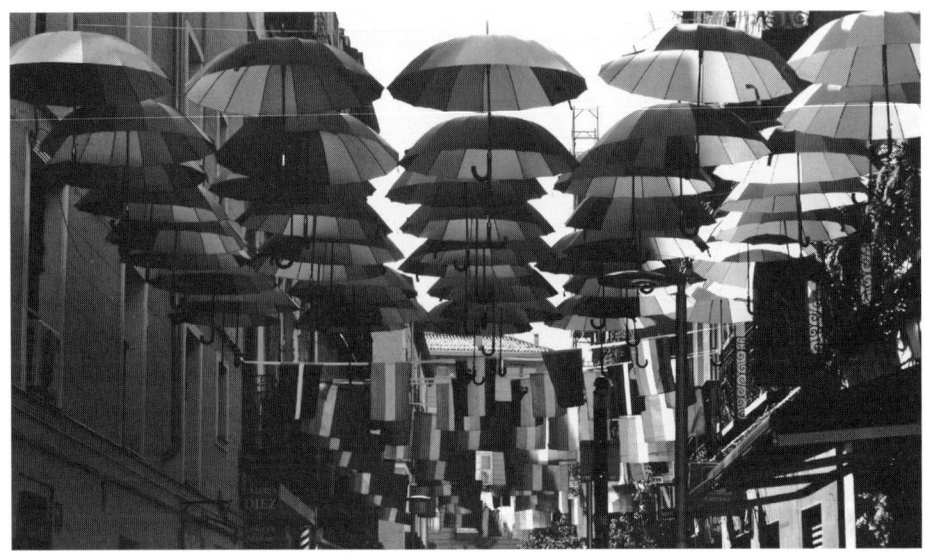

Paraguas y banderas con los colores del arcoíris cubren la calle Augusto Figueroa entre Hortaleza y Fuencarral durante la celebración de Madrid Orgullo 2024. Festejar la igualdad y la diversidad y reivindicar los derechos de las personas LGTBIQ+ son los objetivos principales de este evento anual. Fotografía de Eduardo de Madrid, 2 de julio de 2024.

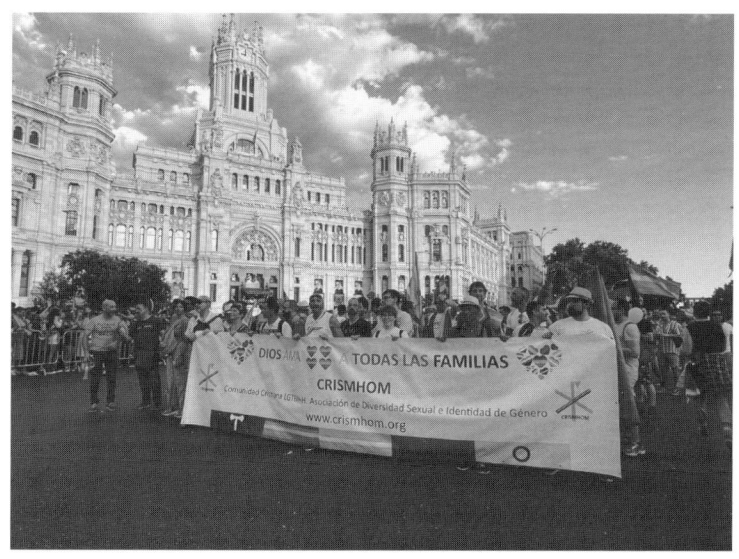

Los integrantes de CRISMHOM, Cristianas y Cristianos de Madrid Homosexuales, acuden todos los años a la manifestación del Orgullo con su pancarta propia. En la fotografía de 2023 vemos al colectivo en la plaza de Cibeles con un cartel con el siguiente lema: «Dios ama a todas las familias». Cortesía de CRISMHOM.

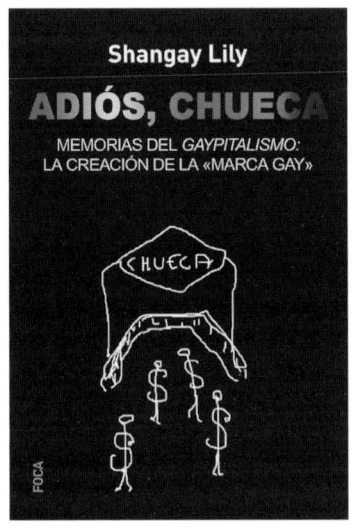

Portada del libro *Adiós, Chueca: Memorias del gaypitalismo: Creando la marca gay,* de Shangay Lily, una obra lúcida, radical y crítica, indispensable para entender la evolución de Chueca en un contexto global.

18. INSTITUCIONES CULTURALES PÚBLICAS Y PRIVADAS

Son numerosas las entidades de todo tipo dedicadas a los más diversos ámbitos de la cultura que están instaladas en el barrio de Justicia, sin duda, por su situación central en la ciudad y por su peso histórico. Entre las instituciones públicas hay que mencionar en primer lugar la sede del Ministerio de Cultura, concretamente, en la plaza del Rey, en un edificio de los años setenta del pasado siglo que ocupa el solar del circo Price. También pertenece al ministerio la vecina e histórica Casa de las Siete Chimeneas. Muy cerca, en la confluencia de la calle Barquillo con Alcalá, se encuentra la sede central del Instituto Cervantes, institución pública que nació en 1991 con el objetivo de promover en todo el mundo la enseñanza y el uso de la lengua española y difundir la cultura de la comunidad hispanohablante. En 2006 el Cervantes se instaló en el edificio conocido como de las Cariátides, construido en la segunda década del siglo XX por Antonio Palacios y Joaquín Otamendi y ampliado a mediados de la misma centuria.

Por lo que respecta a los museos, no fraguaron los proyectos de instalar en el palacio de Buenavista primero el Museo Josefino y luego el Fernandino, aunque finalmente sí acogió desde 1816 a 1841 el Real Museo Militar. Actualmente Justicia cuenta un museo público estatal, el Museo del Romanticismo —antes Museo Romántico—, creado en 1924 con fondos de Benigno Vega-Inclán (1858-1942) y con el apoyo de Ortega y Gasset y otros intelectuales. Se ubica en un palacio, ya mencionado, situado en la calle San Mateo y está dedicado a uno de los principales movimientos culturales del siglo XIX. Su carácter de casa-museo permite al visitante conocer la vida cotidiana de la alta burguesía de la época y profundizar en la sociedad y en la cultura del periodo isabelino.

También el barrio cuenta con un museo municipal, el Museo de Historia, que se instaló en el antiguo Hospicio, el cual se encontraba a principios del siglo XX en una situación lamentable. El centro asistencial funcionó hasta 1917 y la Sociedad Central de Arquitectos, con el apoyo de la opinión pública, consiguió detener el derribo total del edificio. La fachada, primera crujía y capilla fueron declarados monumento nacional en 1919 y el Ayuntamiento las adquirió. Tras la reforma de Luis Bellido se inauguró el Museo Municipal en 1929. Ha sido posteriormente rehabilitado en varias ocasiones, la última vez en el siglo XXI por Juan Pablo Rodríguez Frade, ya como Museo de Historia. Cuenta con importantes colecciones que permiten al visitante recorrer la evolución histórica y urbana de la ciudad desde la llegada de la corte a Madrid en 1561 hasta el siglo XX. Un museo privado muy popular es el Museo de Cera, que abrió sus puertas en 1972 y que expone figuras de personajes históricos y famosos del presente animados con ambientaciones y sonidos.

Entre otras instituciones privadas, hay que recordar que en la calle Colmenares tuvo su sede la Real Academia de Jurisprudencia y Legislación de España desde 1833 a 1905, actualmente ubicada en la calle Marqués de Cubas. Por otra parte, el Círculo de Bellas Artes, que nació en 1880 en el Café Suizo, tuvo su primera sede propia en el número 5 de la calle Barquillo. Surgió como foro de artistas para facilitar la exposición y venta de sus obras. Antes de que Antonio Palacios construyera el magnífico edificio que sigue siendo la sede del Círculo, estuvo en Libertad, número 16, y en Barquillo, número 11, entre otras ubicaciones.

Una entidad desaparecida pero con una memorable historia es el Lyceum Club, fundado en 1926, en plena dictadura, por un centenar de mujeres visionarias de la burguesía ilustrada. Fue un centro feminista, consagrado a la defensa de la igualdad y a la plena incorporación de la mujer a la educación y al trabajo. Objeto de feroces críticas, se mantuvo activo hasta la Guerra Civil, primero en la Casa de las Siete Chimeneas, en el número 31 de la calle Infantas, rebautizada como Rosalía de Castro durante la Segunda República, y posteriormente en la calle San Marcos, número 44.

En 2008 la Fundación Mapfre se instaló en el palacio de la Duquesa de Medina de las Torres y desde entonces la llamada Sala Recoletos acoge una importante programación de exposiciones de arte principalmente del periodo que abarca desde el tercio final del siglo XIX hasta después del fin de la II Guerra Mundial. En 2014 la fundación abrió también un nuevo espacio, la Sala Bárbara de Braganza, en la calle del mismo nombre, destinada a exposiciones de fotografía, aunque actualmente estas se realizan asimismo en la Sala Recoletos. La Fundación Mapfre cuenta también con el Museo del Seguro, ubicado en el número 14 de dicha calle.

Es también importante la actividad cultural del Institut Français, ya mencionado anteriormente. Y cabe destacar la Fundación Fernando de Castro, que, a través de su archivo y de su biblioteca, fomenta el conocimiento sobre la evolución del pensamiento y la pedagogía y sobre el papel de la mujer en el mundo intelectual durante la segunda mitad del siglo XIX y promueve diversas actividades culturales.

En 1881 se fundó el Centro Asturiano de Madrid, que tuvo durante algún tiempo su sede en el palacio Astearena, hasta el derribo de este cuando se trazó la Gran Vía. Mucho tiempo después, en 1986, se instaló en el llamado edificio Asturias, en el número 56 de la calle Fuencarral; el Centro Asturiano es el propietario de las cuatro primeras plantas y las otras pertenecen la Caja de Ahorros de Asturias y del Principado de Asturias.

En 1921 nació la Asociación de Ingenieros del ICAI (Instituto Católico de Artes e Industrias), entidad que había sido creada en 1908. Se instaló en 1931 en un edificio residencial construido por el arquitecto Joaquín Saldaña en la esquina de Víctor Hugo con Reina, calle rebautizada durante el periodo republicano como Gómez Baquero. En 1963 se creó el Colegio de Ingenieros de ICAI y se instaló en la misma sede que la asociación. Ambos se han trasladado en 2022 a la calle de Santa Cruz de Marcenado, en el vecino barrio de Universidad.

El Colegio de Ingenieros Técnicos Aeronáuticos se instaló en 1995 en el número 5 de Mejía Lequerica y desde 1999 se encuentra en el número 61 de la calle Hortaleza, en el piso principal del antiguo palacio de Montpensier, concretamente, en su salón de baile. En el año 2012 se inauguró la actual sede del Colegio Oficial de Arquitectos de Madrid en la calle Hortaleza. Se trata de un edificio diseñado por el arquitecto Gonzalo Moure y construido sobre el solar de las antiguas Escuelas Pías de San Antón. Por otra parte, hasta 2021 el Colegio y la Asociación de Ingenieros Industriales de Madrid tuvieron su sede en la calle Farmacia.

Por otra parte, algunas de las primeras instituciones deportivas madrileñas estuvieron en el barrio. Por ejemplo, la Sociedad Gimnástica Española, nacida en 1887, que tuvo entre sus primeras sedes y salas de gimnasia la de Barbieri, número 20, y la de Libertad, número 27. Una sociedad creada en 1916 con el nombre de Los Amigos del Campo se instaló en la calle San Lorenzo y el Club Alpino Madrileño, fundado en 1967, se encuentra actualmente en Mejía Lequerica.

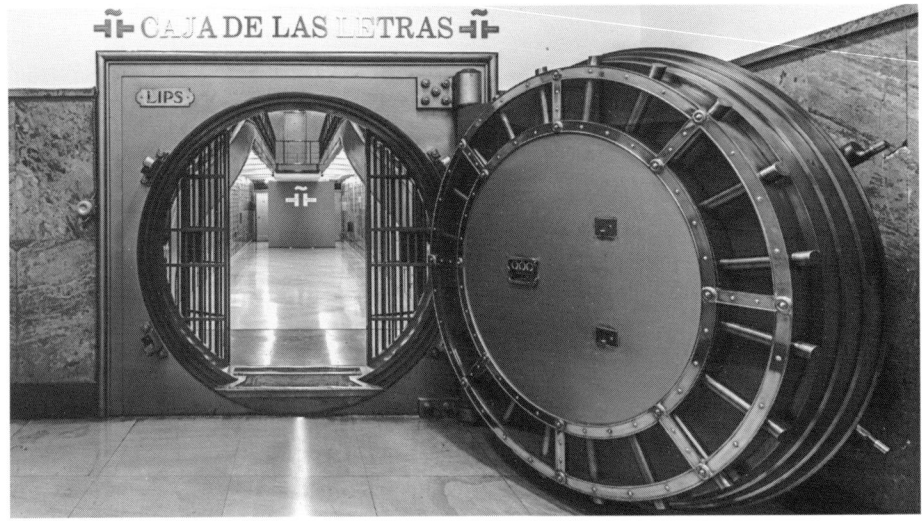

Puerta de la Caja de las Letras en la sede central del Instituto Cervantes, el conocido como edificio de las Cariátides. Las cajas de seguridad del antiguo Banco Central cobijan los legados que desde 2007 han ido depositando personalidades de la cultura en español. La imponente puerta de la cámara acorazada de la entidad bancaria protege ahora este patrimonio tan singular. Fotografía cortesía del Instituto Cervantes.

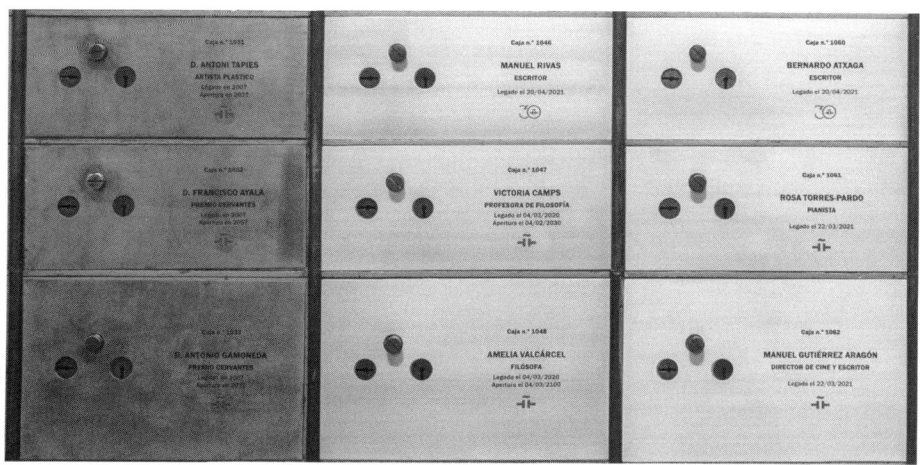

Detalle de algunas de las cajas de seguridad que forman parte de la Caja de las Letras del Instituto Cervantes. Todos los premios Cervantes desde 2007, otros escritores y personalidades del cine, el arte, la música, la danza, el teatro o la ciencia han depositado en estas cápsulas del tiempo objetos significativos de su vida y obra, por lo que constituyen un tesoro patrimonial de memoria viva de la cultura en español. Fotografía cortesía del Instituto Cervantes.

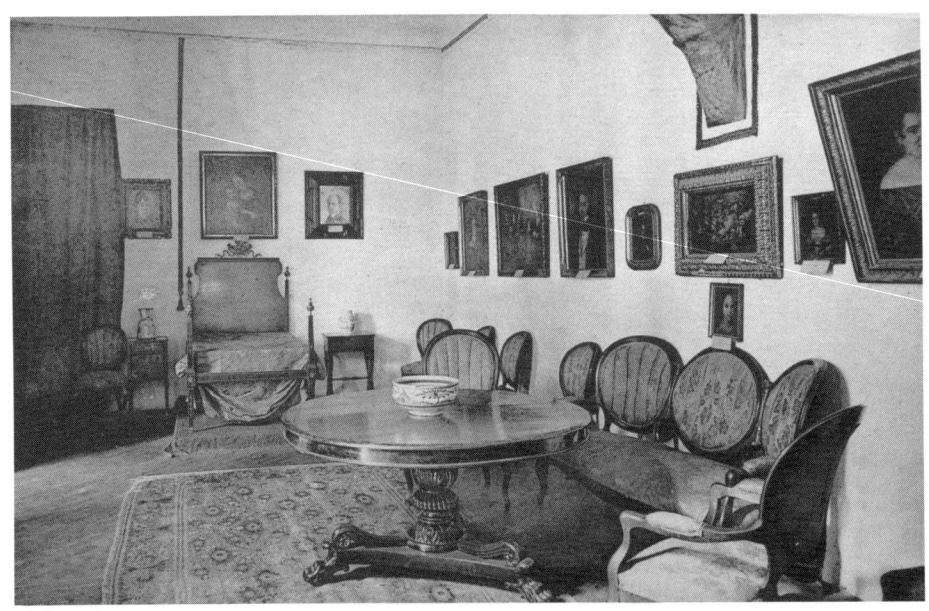

El Museo Romántico, actual Museo Nacional del Romanticismo, tiene su origen en una exposición de pinturas y muebles de la colección de Benigno de la Vega-Inclán y Flaquer, II marqués de la Vega-Inclán, que acabó donando al Estado en 1921. Los fondos se instalaron en un palacete de la calle San Mateo construido en la segunda mitad del siglo XVIII y el museo se inauguró en 1924. En esta tarjeta postal editada por Hauset y Menet puede verse el salón familiar, perteneciente al Museo Romántico. Biblioteca Regional de Madrid, Mg. XXVIII/6.

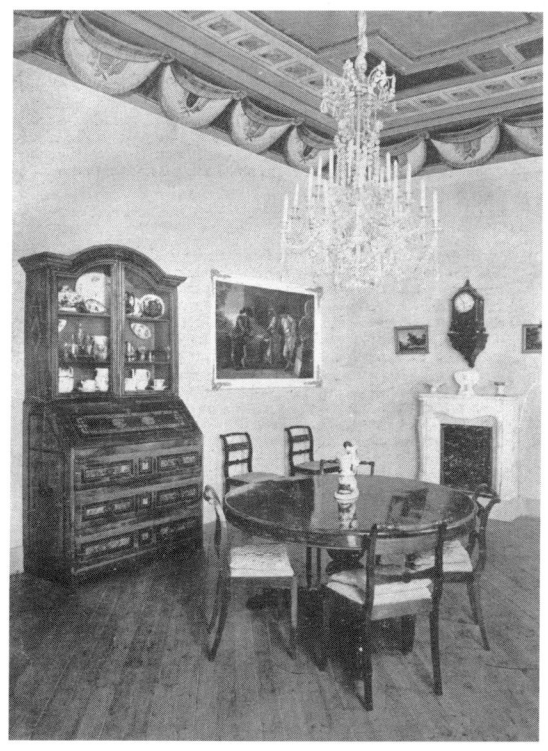

Comedor del Museo Romántico tras la reforma y reinstalación de 1944 dirigida por Manuel González Valcárcel. En el actual Museo Nacional del Romanticismo este espacio se organiza de manera diferente y se exponen en él objetos distintos a los que vemos en la foto, fruto de la reordenación de las salas y colección y de la elaboración de un nuevo discurso expositivo de principios del siglo XXI. Tan sólo las sillas, la mesa (ahora con mantel y servicio), la chimenea y la araña permanecen en el mismo lugar y se mantiene también el techo pintado. La imagen procede de la *Guía del Museo Romántico y legado Vega-Inclán*, publicada en 1945. Biblioteca Regional de Madrid, Caj. 33/18.

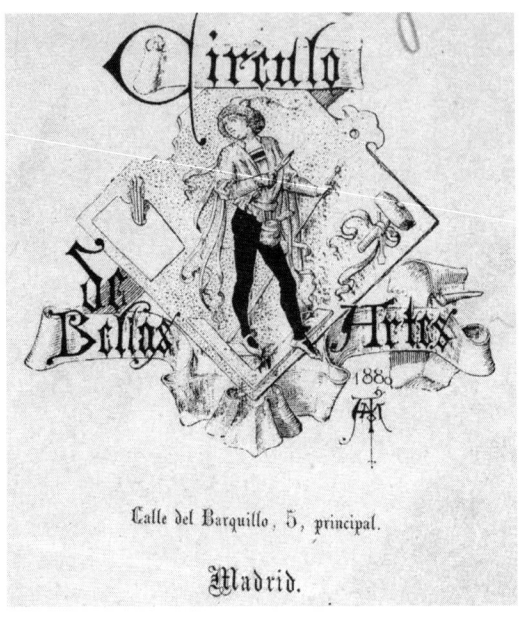

Calle del Barquillo, 5, principal.

Madrid.

La primera sede del Círculo de Bellas Artes estuvo instalada en el número 5 de la calle Barquillo. Concebido como un lugar de encuentro para artistas, el Círculo también facilitó a sus asociados la exposición y venta de sus obras. En 1880, año del nacimiento de la institución, se celebró la primera muestra. Uno de los socios, Arturo Mélida, diseñó esta preciosa portada, donde se indica la dirección del Círculo en la calle Barquillo, para el catálogo de aquella exposición. *Apuntes de la primera exposición del Círculo de Bellas Artes con dibujos de sus autores*. Madrid: Imprenta de Aribau y C.ª, 1880.

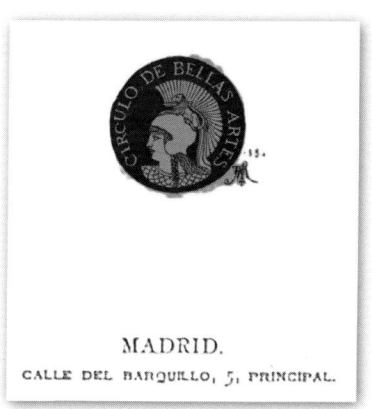

MADRID.

CALLE DEL BARQUILLO, 5, PRINCIPAL.

El logo del Círculo de Bellas Artes, diseñado por Arturo Mélida, con el perfil de Minerva dentro de un clípeo negro con el texto de la institución, ya existía en 1880, cuando tenía su sede en la calle Barquillo. *Apuntes de la primera exposición del Círculo de Bellas Artes con dibujos de sus autores*. Madrid: Imprenta de Aribau y C.ª, 1880.

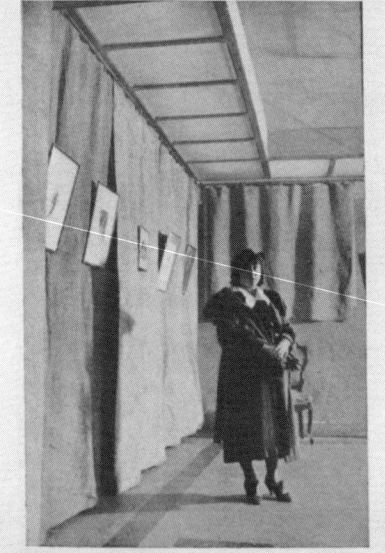

Juana Francisca Rubio...

que expone desde la semana pasada en la sala del
Lyceum Club Femenino, una serie de 24 dibujos

Reseña de una exposición de dibujos de la pintora, ilustradora y cartelista Juana Francisca Rubio (1911-2008) en el Lyceum Club, fundado en 1926. Siguiendo el modelo del primer club del mismo nombre, nacido en Londres, que ya se había extendido a otras ciudades europeas, el de Madrid fue un foro donde se debatieron asuntos como el derecho al voto femenino y en sus salas tuvieron lugar conferencias, charlas, exposiciones, recitales y otros actos. María de Maeztu fue su primera presidenta y contó con socias de la altura de Victoria Kent, Zenobia Camprubí, María Lejárraga, Clara Campoamor, Elena Fortún o Concha Méndez, entre otras muchas. *Civdad: Revista de Madrid para toda España*, n.º 7, 6 de febrero de 1935. Biblioteca Regional de Madrid. Hemeroteca, R. 3317.

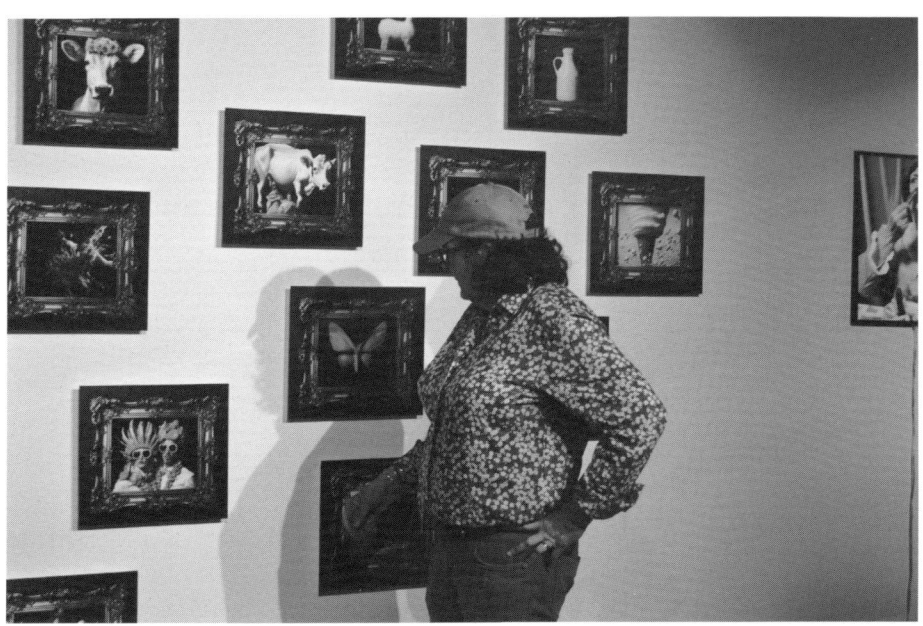

El Institut Français desarolla una amplia actividad cultural y cuenta con un bonito café. Junto a este edificio se encuentra el del Consulado General de Francia, que también acoge dependencias del Institut, como el teatro y la galería; fue construido por los arquitectos Juan Manuel Sanz Sanz y Juan López-Riobóo en la última década del siglo pasado, con una moderna fachada de granito, acero y vidrio. En la imagen, Albertine Meunier ante sus fotografías en la exposición de PHotoESPAÑA 2024 *Ay, ay, IA*, inaugurada en el Institut el 12 de junio de 2024. Cortesía del Institut Français.

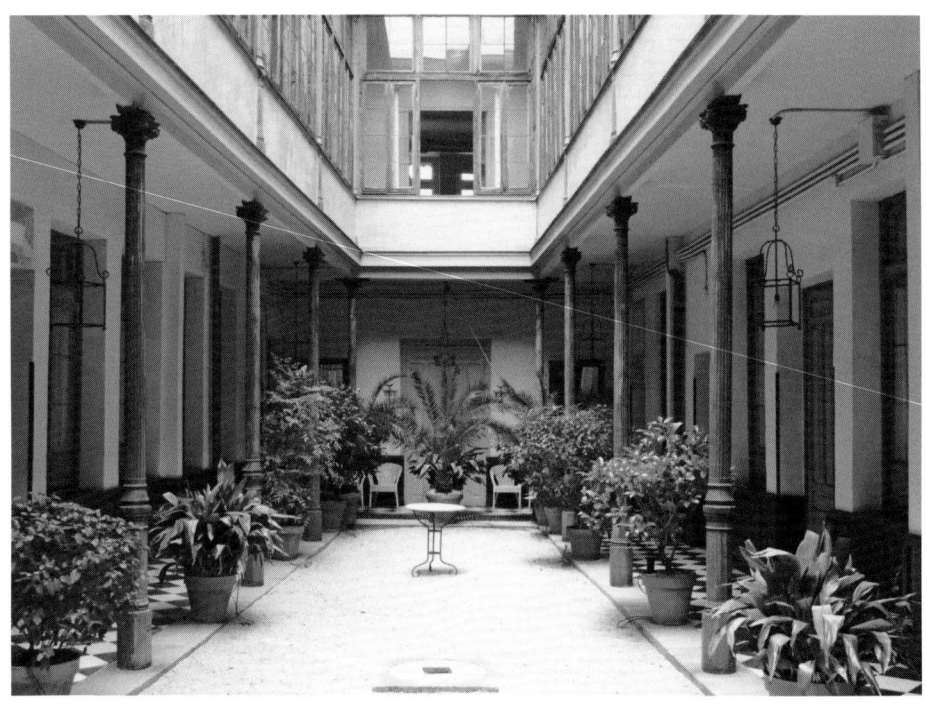

Patio de la sede de la Fundación Fernando de Castro, institución que promueve la investigación sobre pedagogía y la participación de las mujeres en el pensamiento de la segunda mitad del siglo XIX. Fotografía cortesía de la Fundación Fernando de Castro-Asociación para la Enseñanza de la Mujer.

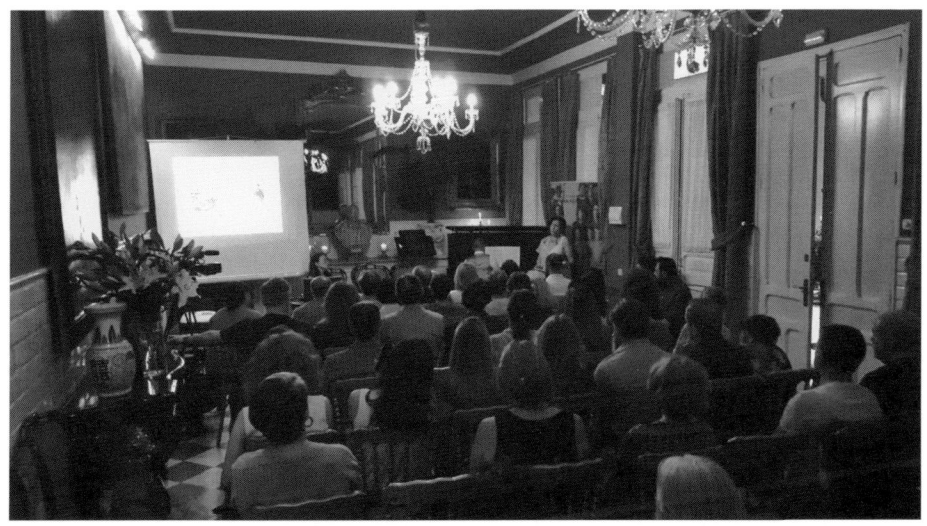

Homenaje a María Lejárraga, conferencia y concierto celebrados en 2017 en la sede de la Fundación Fernando de Castro. Esta institución mantiene el espíritu del fundador de la Asociación para la Enseñanza de la Mujer, en el mismo edificio en el que esta estuvo ubicada, y organiza actos y programas educacionales y culturales de ámbito universitario. Fotografía cortesía de la Fundación Fernando de Castro-Asociación para la Enseñanza de la Mujer.

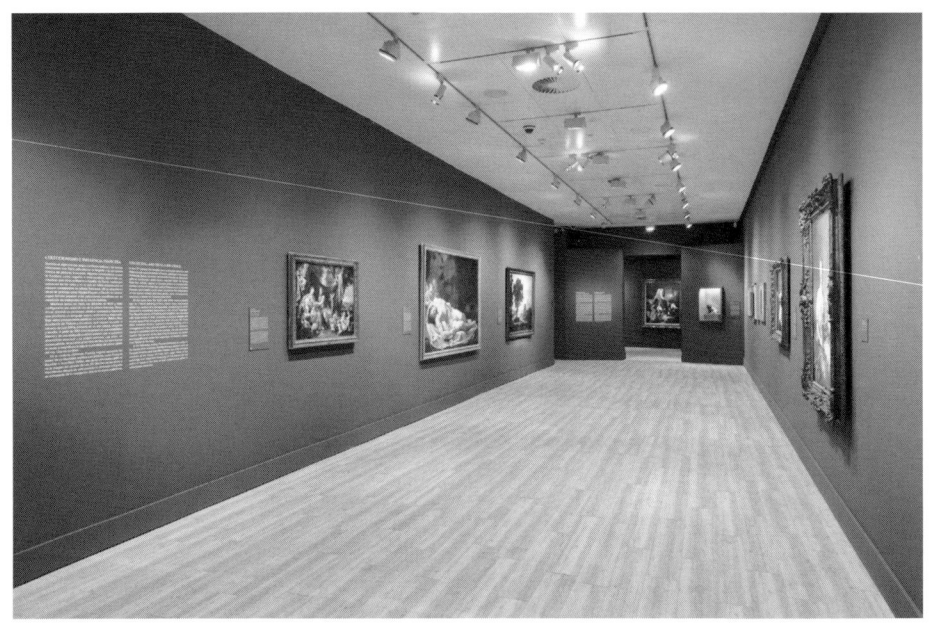

La Sala Recoletos de la Fundación Mapfre, instalada en el antiguo palacio de la Duquesa de Medina de las Torres, se ha convertido en los últimos años en uno de los escenarios más destacados de la intensa programación de exposiciones artísticas de Madrid. En la imagen vemos una de las salas de la muestra *El gusto francés y su presencia en España (siglos XVII-XIX)*, que tuvo lugar entre el 11 de febrero y el 8 de mayo de 2022. Fotografía cortesía de Fundación Mapfre.

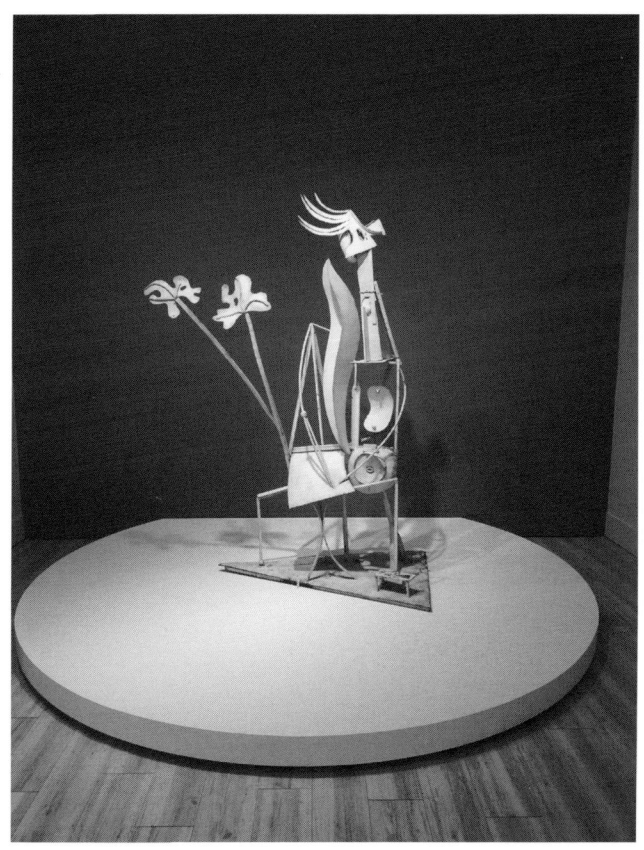

Mujer en el jardín de 1930, escultura de Pablo Picasso en colaboración con Julio González. La obra formaba parte de la exposición *Julio González, Pablo Picasso: La desmaterialización de la escultura* que se pudo ver en la Fundación Mapfre entre el 22 de septiembre de 2022 y el 8 de enero de 2023. Fotografía de Francisco Juez, 23 de noviembre de 2022.

19. NEGRO SOBRE BLANCO

El barrio de Justicia mantiene una importante relación histórica con la literatura, tanto con el negocio editorial y la venta de libros como con la propia creación literaria. Son muchas las editoriales que se han asentado en sus calles en los últimos dos siglos y algunas todavía se encuentran en este sector de Madrid. Uno de los editores históricos instalados en el barrio fue el establecimiento tipográfico de Francisco de Paula Mellado, que estaba a mediados del siglo XIX en la calle de Santa Teresa, cuando esta era mucho más corta. En la calle San Mateo se instaló en 1874 la editorial La Guirnalda, que publicó las obras de Benito Pérez Galdós, hasta que en 1897 el escritor creó su propia editorial y la ubicó en el número 132 de la calle Hortaleza —actual número 104—. No muy lejos, una corta calle que une Hortaleza y Fuencarral lleva el nombre del novelista canario, sustituyendo a la denominación anterior de calle del Colmillo.

En el desaparecido pasaje de la Alhambra se asentaron imprentas como la Nueva de San Francisco de Sales, la Helénica o la de El Siglo Futuro. En el paseo de Recoletos, concretamente, en el palacio de Elduayen, tuvo su sede Ediciones La Lectura entre 1913 y 1930. En la misma dirección abrió la Librería de Arte y Extranjera La Lectura, en 1923, por iniciativa de León Sánchez Cuesta, conocido como «el librero de la Generación del 27». La sede de Calpe estuvo en Sagasta en los años veinte y después de la guerra la editorial Aguilar pasó fugazmente por el paseo de Recoletos. En la calle Libertad se instaló la distribuidora de libros Nuevas Estructuras, impulsada en los años setenta del siglo pasado por Pepe Latorre.

Por otra parte, en Bárbara de Braganza subsiste uno de los escasos talleres dedicados en la actualidad en Madrid a la encuadernación artesanal, el más antiguo de la ciudad en su especialidad. Se trata de Encuadernación Calero, fundado en 1907, cuando Juan Mole traspasó a Manuel Calero Gómez su negocio abierto ocho años antes; hoy también restauran libros y documentos e imparten cursos de formación. Además, la imprenta Gráficas Sánchez en la calle Larra ha funcionado durante casi todo el siglo XX y principios del XXI.

Varios periódicos han tenido su sede en el barrio de Justicia. Por ejemplo, en el número 18 de la calle Libertad —actual número 16— estuvo desde 1846 hasta 1918 la redacción y administración de *La Época*, periódico monárquico liberal muy destacado en su tiempo; uno de sus directores en el siglo XIX, Ignacio José Escobar, marqués de Valdeiglesias, da nombre a una calle del barrio, anteriormente denominada de las Torres. Por otra parte, en la calle de San Mateo se asentó la redacción del diario republicano *La Igualdad* durante algunos años en la década de los setenta del siglo XIX y en el palacio de Masserano de la calle Reina estuvo instalado a finales del siglo XIX y principios del XX *El Heraldo de Madrid*. *La Correspondencia Militar* se editaba en el pasaje de la Alhambra y la revista *El Álbum Ibero Americano* tenía su redacción y administración en el número 3 de San Marcos.

En el bello y complejo edificio que se encuentra en el número 14 de la calle Larra han escrito muchos de los principales periodistas del siglo XX, ya que por allí han pasado el semanario *Nuevo Mundo*, el diario *El Sol*, *La Voz*, la editorial Calpe y los diarios *Arriba* y *Marca*. Las revistas *Postismo* y *Cerbatana*, medios de expresión del movimiento poético que dio nombre a la primera, estuvieron en la posguerra en el número 10 de la calle Barbieri. Sin embargo, sólo quedan dos quioscos de prensa en el barrio. El más antiguo es el que se encuentra en la glorieta de Bilbao, en la puerta del Café Comercial, con más de un siglo de historia y con la misma familia al frente durante todo ese tiempo. En la esquina de Augusto Figueroa con Barquillo está el otro.

Por lo que respecta a las librerías, el barrio de Justicia cuenta con una oferta muy rica. Una de las más antiguas es la librería Galdós, situada en el comienzo de la calle Hortaleza y abierta en 1942. Enfrente se encuentra una moderna librería generalista: Letras. Una de las mejores librerías de viejo de Madrid es la José Porrúa Turanzas, situada en el número 16 de la calle Marqués de la Ensenada. Fundada en 1954, está especializada en libros y manuscritos raros de distinta temática. Actualmente la dirige Ignacio Porrúa, nieto del fundador.

En la misma calle, en el corazón del barrio de la Justicia, está Lex Nova, que abrió en 1997, especializada en libros jurídicos. Marcial Pons, por su parte, se encuentra actualmente en el número 11 de la calle Bárbara de Braganza.

En el área de Salesas se encuentran dos librerías de referencia en Madrid, que llevan el nombre de dos grandes Antonios de la cultura española: Gaudí y Machado. La primera se encuentra en la calle Argensola y es un lugar indispensable para los amantes del arte y la arquitectura, entre otros temas. Antonio Machado abrió en 1971 en el número 17 de Fernando VI, en el local de una antigua sombrerería, y se ha trasladado en 2022 a la plaza de las Salesas; es una librería generalista e independiente que acoge eventos culturales.

En la calle Santa Teresa, en el mismo edificio en el que vivió Zorrilla, estuvo hasta 2014 la librería Paradox después de treinta y seis años. Mili Hernández abrió Berkana en 1993 en la calle de la Palma, pero se trasladó a la plaza de Chueca un año después. Fue la primera librería especializada en cultura LGTBIQ+ de España y actualmente sigue siendo un centro neurálgico del movimiento. Está situada desde 2011 en la calle Hortaleza. Una librería desaparecida pero muy recordada es El Bandido Doblemente Armado, librería-café que fue de la familia de la escritora Soledad Puértolas y que estuvo abierta entre 2002 y 2009 en la calle Apodaca. Cerró también la librería Padrino, que estaba en los bajos del palacio de los Marqueses de Alhama, en la calle Barquillo, pero se conserva su fachada en el nuevo hotel.

Panta Rhei inició su andadura en la calle Pelayo en 2000 y cinco años después se trasladó a Hernán Cortés, donde permanece; está especializada en el arte y sus múltiples manifestaciones y organiza talleres y otras actividades. Más reciente es Amapolas en Otoño, en la calle Pelayo. La librería de la editorial alemana Taschen en Madrid se encuentra en la calle Barquillo en un precioso local que antes fue mercería. Se ha instalado recientemente también en la misma calle, esquina con Almirante, Moleiro, empresa especializada en la reproducción de códices, mapas y manuscritos. Muy curiosa es la librería Naútica Robinson, que se encuentra desde 2013 en la calle Santo Tomé, en pleno barrio de Justicia, tan lejos del mar, aunque cerca de Colón y del Museo Naval; nació en los años setenta del pasado siglo en la calle Bárbara de Braganza. A Punto Librería, especializada en cocina, está en la calle Hortaleza; además es tienda y escuela.

Cabe mencionar también algún quiosco de libros, como el de la plaza de Santa Bárbara, de planta poligonal y muros de vidrio, perteneciente a la reforma de la plaza de 2010, que sustituye a otro de fábrica de los años cincuenta del pasado siglo proyectado por Manuel Valcorba. La única biblioteca pública en el barrio es la municipal Vargas Llosa. No olvidemos que además se celebró en el paseo de Recoletos la Feria del Libro de Madrid desde 1933 hasta 1967, cuando se trasladó al Retiro. Pero todos los años desde 1989 se sigue instalando en el mismo escenario la Feria de Otoño del Libro Viejo y Antiguo de Madrid.

Por otro lado, en el barrio también encontramos papelerías, algunas históricas, como Casa Vales, de 1906, situada en la calle Fernando VI. Más moderna pero ya clásica es Depapel, fundada en 1984 en la calle Justiniano; se mantiene igual desde entonces y atiende a sus clientes con sus trabajos de encargo y sus productos especializados.

Por último, cabe destacar que numerosos escritores y escritoras han vivido en el barrio de Justicia, como Ramón de Mesonero Romanos, que habitó un inmueble, hoy desparecido, en la plaza de Bilbao, actual Pedro Zerolo; una placa monumental lo recuerda. Sí está en pie la casa en la que vivió y falleció el famoso escritor romántico José Zorilla (1817-1893) en la calle Santa Teresa, muy cerca de la plaza de Santa Bárbara.

Una artística lápida en el número 11 de la calle Barquillo recuerda que en el edificio vivió el gran reformista Joaquín Costa (1844-1911). También en la misma calle otra placa con relieves de Ignacio Pinazo conmemora al escritor catalán Eduardo Marquina, que vivió en el número 7. Luis Fernández de Sevilla, creador de comedias y zarzuelas del siglo pasado, tuvo su domicilio en la calle Hermanos Álvarez Quintero. La poeta y crítica Ernestina de Champourcín residió en la calle Barquillo. Los Machado vivieron en su juventud en Apodaca y en Fuencarral y Manuel también en un edificio construido en 1900 en la calle Churruca, cerca del que fue su lugar de trabajo, el Museo Municipal. En el mismo inmueble vivió igualmente Enrique Jardiel Poncela, cuya casa natal se mantiene en pie en la calle del Arco de Santa María —hoy Augusto Figueroa—; además, vivió en un suntuoso edificio construido por Eduardo Sánchez Eznarriaga en el actual número 40 de Infantas y en él falleció en 1952. El dramaturgo y libretista Antonio Paso Cano vivió en la calle Apodaca, donde murió. En una pensión de la calle Gravina residió Juan Ramón Jiménez a principios del siglo xx. Miguel Mihura vio la luz en 1925 en la calle Libertad. Más recientemente, en la calle Churruca nació Almudena Grandes y en Larra vivió con su marido, el también escritor Luis García Montero.

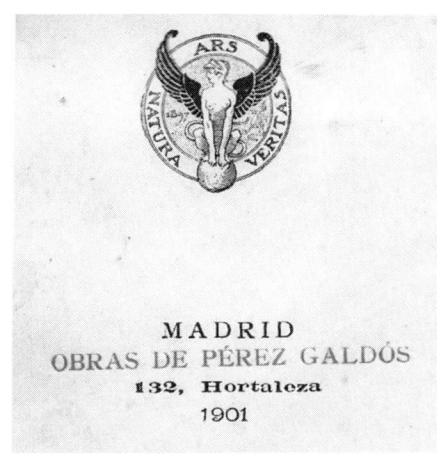

MADRID
OBRAS DE PÉREZ GALDÓS
132, Hortaleza
1901

Sello editorial de Benito Pérez Galdós. En el número 11 de la calle de San Mateo se encontraba desde 1874 la sede de la editorial La Guirnalda, propiedad del tinerfeño Miguel Honorio de la Cámara, que firmó un contrato con Benito Pérez Galdós según el cual novelista de Las Palmas le cedía en exclusiva los derechos de su obra presente y futura a cambio de una asignación mensual. En mayo de 1897 Galdós consiguió disolver su sociedad con Cámara y recobrar los derechos de propiedad de toda su producción, a cambio de una importante cantidad de dinero, y puso en marcha su propia editorial, con sede en el número 132 de la calle Hortaleza —actual número 104—. Se mantuvo hasta 1904, año en que don Benito firmó un nuevo contrato con la editorial Hernando. El establecimiento contaba con una bella fachada de madera, con rótulo de Arturo Mélida con el texto: «Obras de Pérez Galdós».

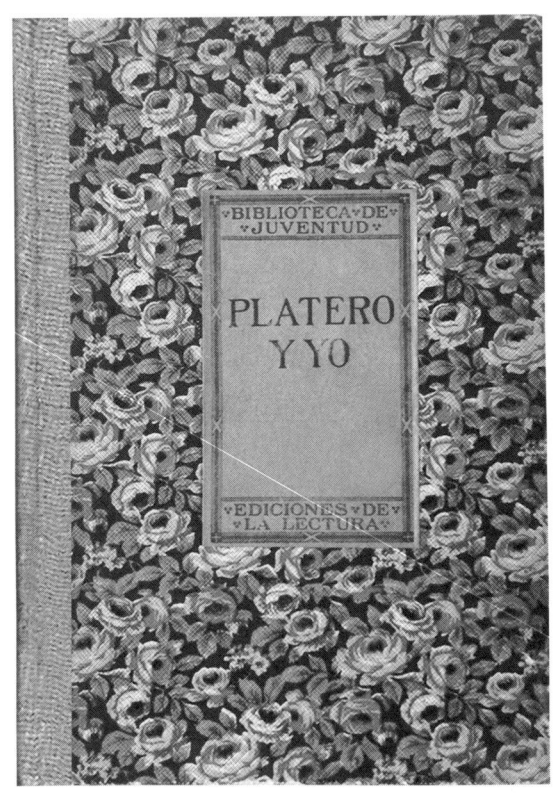

Portada de la primera edición de *Platero y yo* de Juan Ramón Jiménez. La obra fue publicada en 1914 por Ediciones La Lectura, que tenía su sede en el palacio de Elduayen, en el paseo de Recoletos, esquina a Bárbara de Braganza. La editorial nació en 1913 bajo el impulso del pedagogo Domingo Barnés y destacó sobre todo por dos colecciones: Clásicos Castellanos y Cuadernos Literarios. *Platero y yo*, con ilustraciones de Fernando Marco, se publicó en otra colección de la editorial: Biblioteca de Juventud.

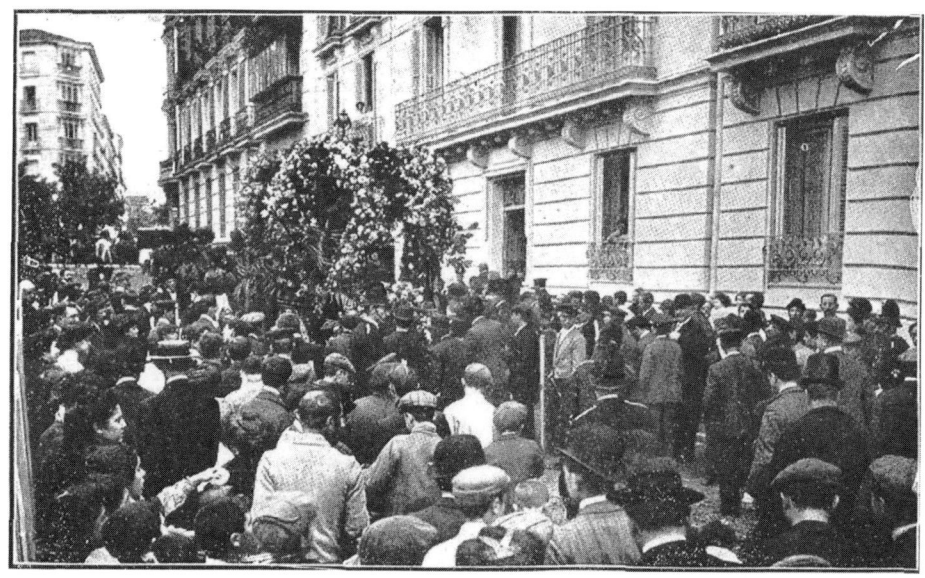

Comitiva fúnebre de José del Perojo y Figueras, filósofo, político, periodista y fundador de la revista *Nuevo Mundo*, al paso por la calle Larra, donde estaba la sede de la publicación. Fundada en 1894, fue una moderna revista ilustrada que incluía fotografías y que buscaba sobre todo entretener a sus lectores. El féretro partió de su domicilio en Conde de Xiquena con destino al cementerio de la Almudena y fue acompañado por autoridades, periodistas, políticos, personalidades de las letras y las artes y empleados y colaboradores de la revista. Los edificios que aparecen en la fotografía continúan en pie; el del fondo a la izquierda se encuentra en la calle Sagasta esquina a Eguilaz. Perojo falleció repentinamente el 17 de octubre de 1908 en su escaño del Congreso de los Diputados. Revista *Nuevo Mundo*, 22 de octubre de 1908.

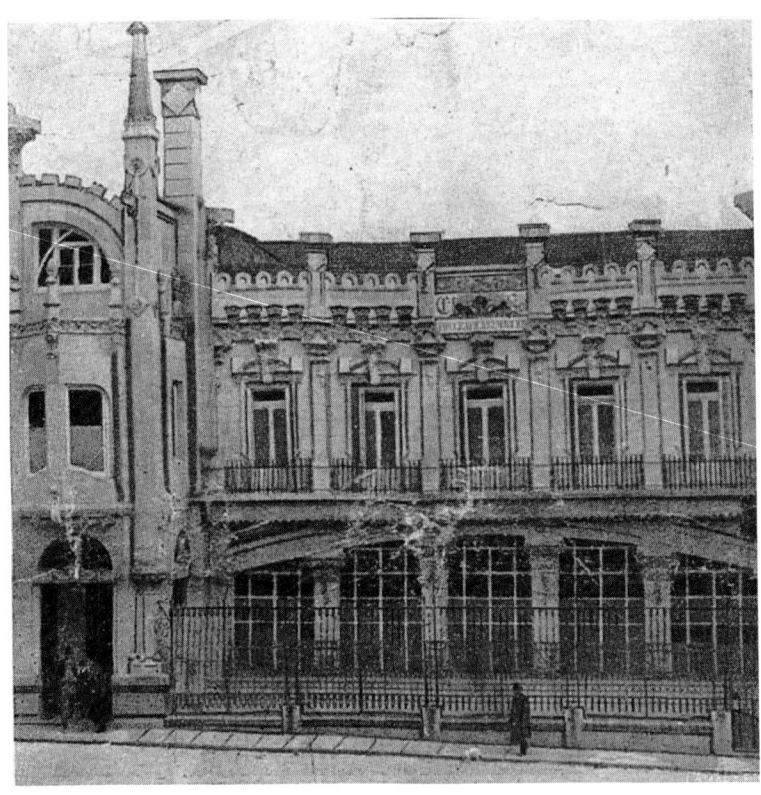

En 1908 el semanario *Nuevo Mundo* instaló su redacción y rotativa en un nuevo edificio construido por Jesús Carrasco en la calle Larra, con patio inglés y dos plantas retranqueadas con respecto a la alineación de la calle. Luego Nicolás María de Urgoiti instaló allí su grupo editorial, el diario *El Sol*, *La Voz* y la editorial Calpe en 1917. José María Mendoza Ussía y José de Aragón Pradera realizaron una reforma y ampliación en ese momento. En la imagen vemos la fachada del edificio. Diario *El Sol*, 13 de abril de 1919. Cortesía de Ephimera.

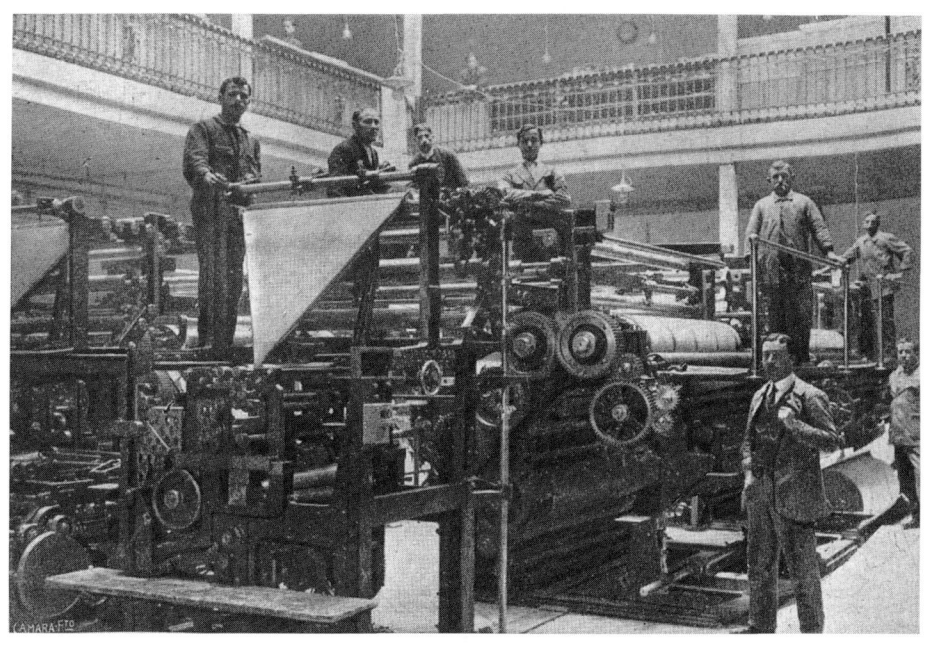

Detalle del salón de máquinas del diario *El Sol*. En 1920 Agustín Ruiz de Arcaute y Pedro Muguruza añadieron una planta y modificaron la fachada del edificio de la calle Larra. Poco después Ignacio Mazeres y Pascual Bravo ampliaron los talleres y Manuel Sánchez Arcas aumentó el cuerpo posterior y modificó la fachada del patio. Fotografía de Cámara. Diario *El Sol*, 13 de abril de 1919. Cortesía de Ephimera.

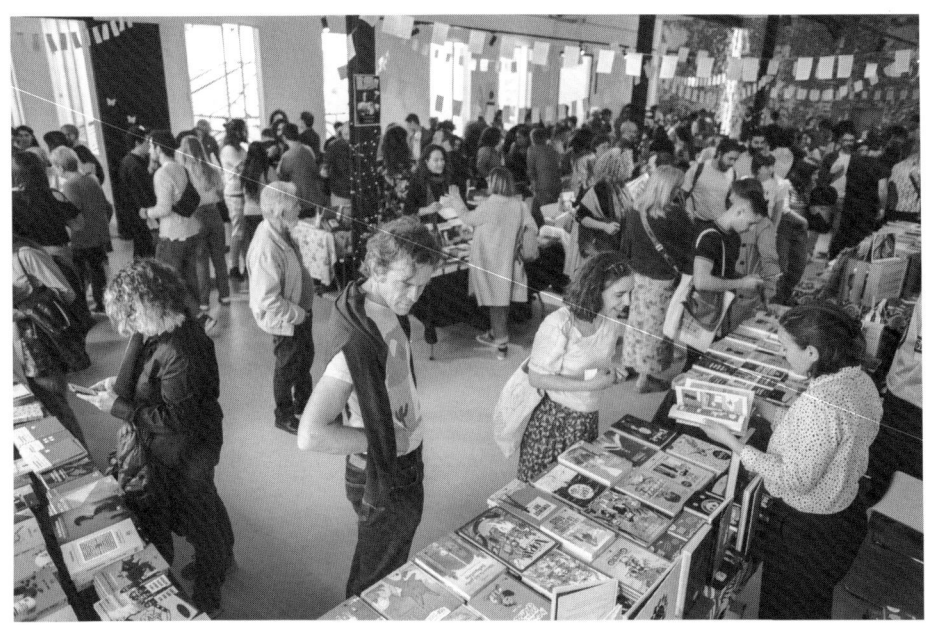

Tras la guerra la prensa del Movimiento se hizo con el edificio de la calle Larra e instaló su órgano oficial, el diario *Arriba*. Posteriormente tuvo su sede el diario deportivo *Marca* hasta 1963. Después de años de abandono, se instaló en 1987 la Fundación Diario Madrid y luego el Instituto Europeo de Diseño. El actualmente conocido como Espacio Larra, el edificio del número 14 de la calle que lleva el nombre del escritor donde han estado la redacción e imprenta de varias publicaciones periódicas, acoge diferentes eventos culturales. En la imagen vemos uno de ellos, el Festival de Editoriales Independientes y Emergentes, organizado por la Asociación Efímera Acción Literaria, 15 de abril de 2023. Cortesía de la Asociación Efímera Acción Literaria.

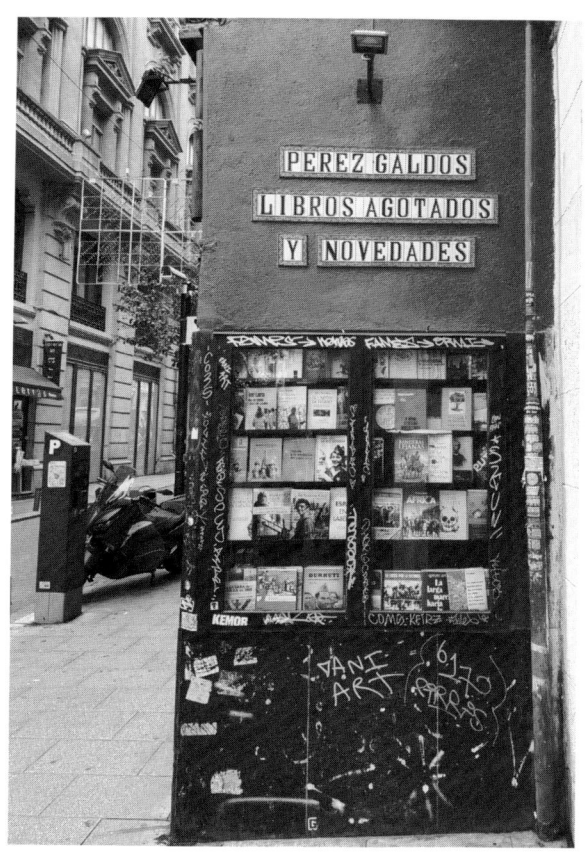

Fachada lateral de la librería Pérez Galdós, que se encuentra en el inicio de la calle Hortaleza. Fundada en 1942 por Benito Verde Pérez Galdós, nieto del escritor canario, sus estanterías están repletas de libros raros, descatalogados y agotados. Fotografía de Francisco Juez, 9 de enero de 2024.

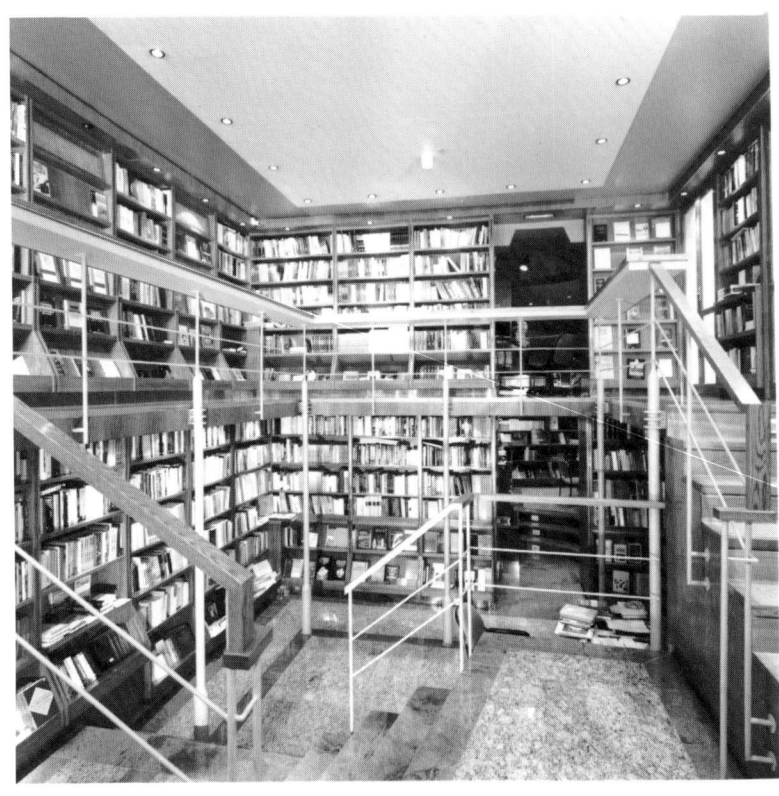

Interior de la antigua librería Marcial Pons, Libros de Economía y Empresa, inaugurada en 1991 en el número 10 de la plaza de las Salesas. Marcial Pons Abejer abrió su primera librería en 1948 en el Postigo de San Martín y desde entonces su organización empresarial dedicada al libro y a las revistas especializadas no ha dejado de crecer. Actualmente la librería de economía se ha fusionado con la de derecho y ambas se han trasladado muy cerca, al número 11 de la calle Bárbara de Braganza. Fotografía de 1991. Cortesía de Marcial Pons.

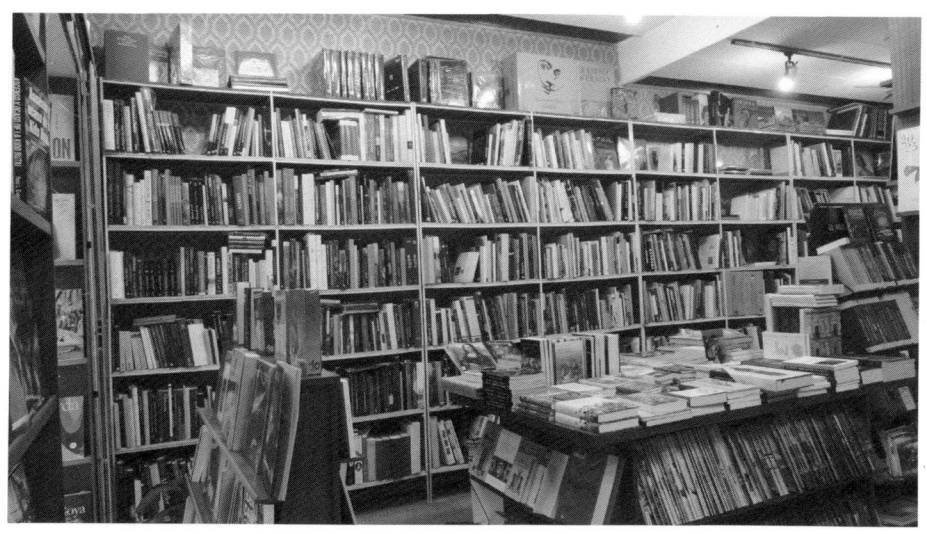

Interior de la librería Gaudí, fundada en 1975 por Miguel González. Sus hijas siguen hoy al frente del establecimiento de la calle Argensola especializado en libros de arte, arquitectura, militaria, ferrocarril y otros temas, desde novedades a descatalogados. Fotografía del año 2022. Fotografía de Francisco Juez, 24 de septiembre de 2024.

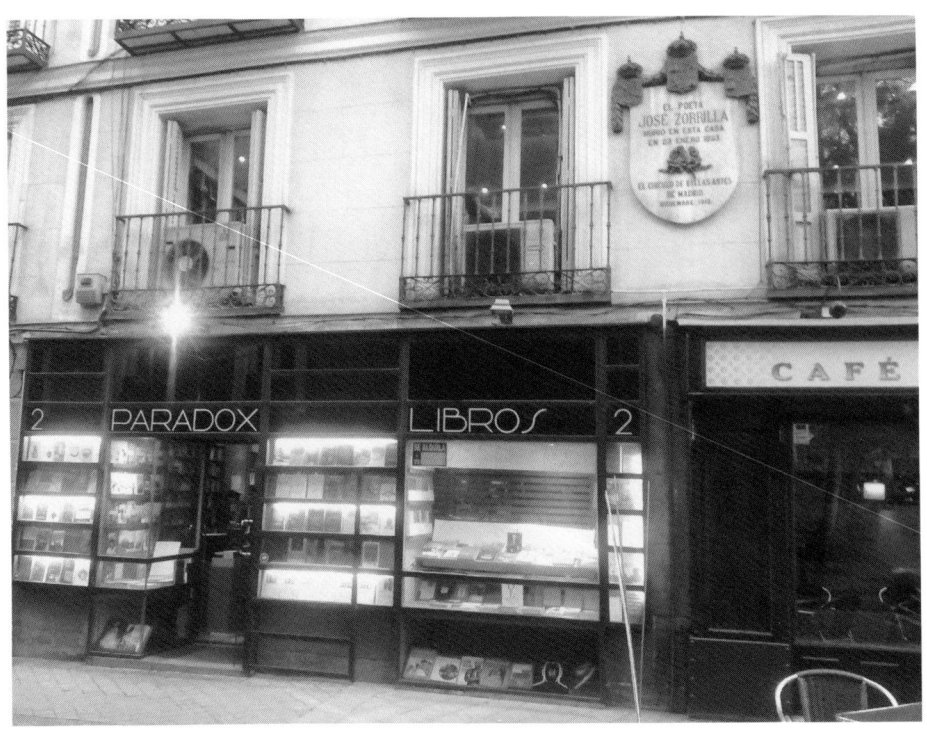

Fachada de la desaparecida librería Paradox, que abrió sus puertas en 1978 y atendió a sus clientes hasta 2014 en el principio de la calle Santa Teresa, en el mismo edificio en el que falleció José Zorrilla. Estaba especializada en psiquiatría, psicología y sociología. Fotografía de 2014 en la que también se aprecia la placa que recuerda al escritor vallisoletano. Cortesía de Rocío Díaz Gómez.

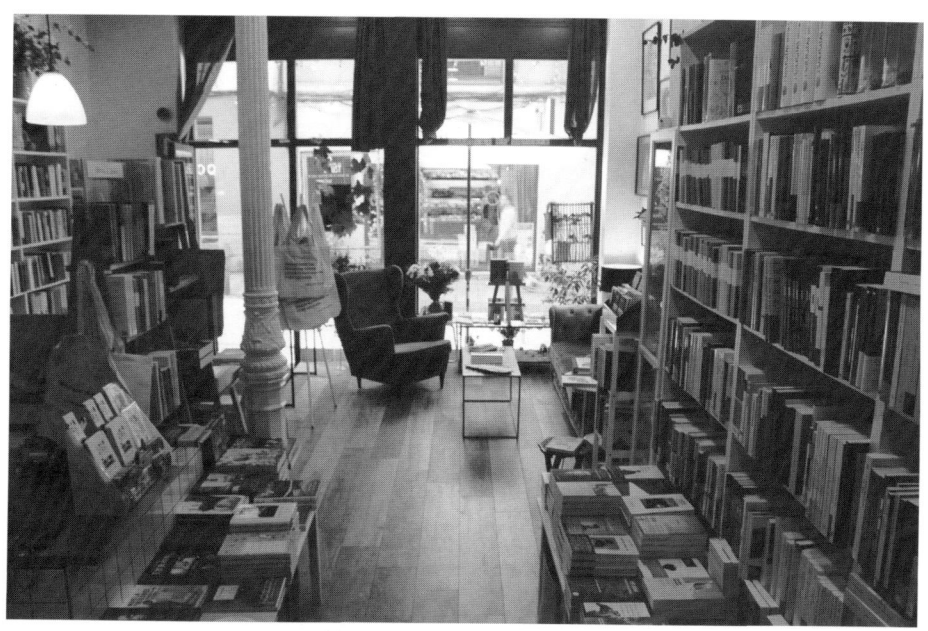

El interior de la librería Amapolas en Otoño, posiblemente la más acogedora del barrio. Abierta en 2019 por la escritora Laura Riñón, el nombre del local procede del título de su tercera novela. Cuidadosamente diseñada hasta el último detalle por Laura, es un lugar tranquilo que acoge una gran cantidad de eventos literarios. Cortesía de Amapolas en Otoño.

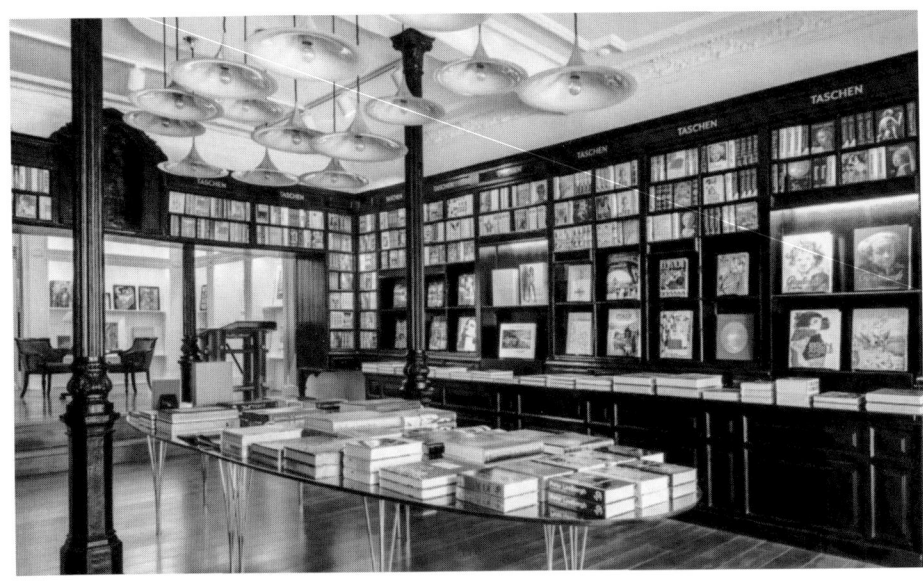

En el año 2020 la editorial alemana Taschen, nacida en 1980, abrió su librería en Madrid en la calle Barquillo, en el local de la antigua mercería Santa Rita. Ha tenido la delicadeza de conservar la fachada con el rótulo del comercio anterior y su estructura original con columnas de hierro, así como sus estanterías e incluso la hornacina donde estaba la escultura de la santa; pero se han añadido algunos elementos de diseño moderno de gran calidad y ahora las magníficas ediciones de Taschen sustituyen a las prendas de vestir. Cortesía de Taschen Store Madrid.

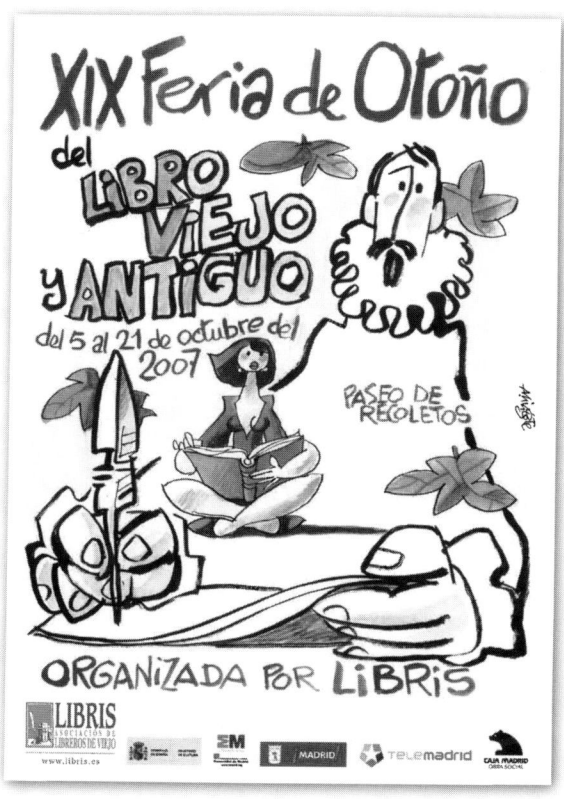

Folleto ilustrado por Mingote de la XIX Feria de Otoño del Libro Viejo y Antiguo, celebrada del 5 al 21 de octubre de 2007 en el paseo de Recoletos. Este evento, organizado por Libris, la Asociación de Libreros de Viejo, se realiza en el mismo escenario desde 1989. Lectores y amantes de los libros acuden en busca de ejemplares antiguos, descatalogados o viejos, manuscritos, grabados y otras rarezas. Colección Francisco Juez Juarros.

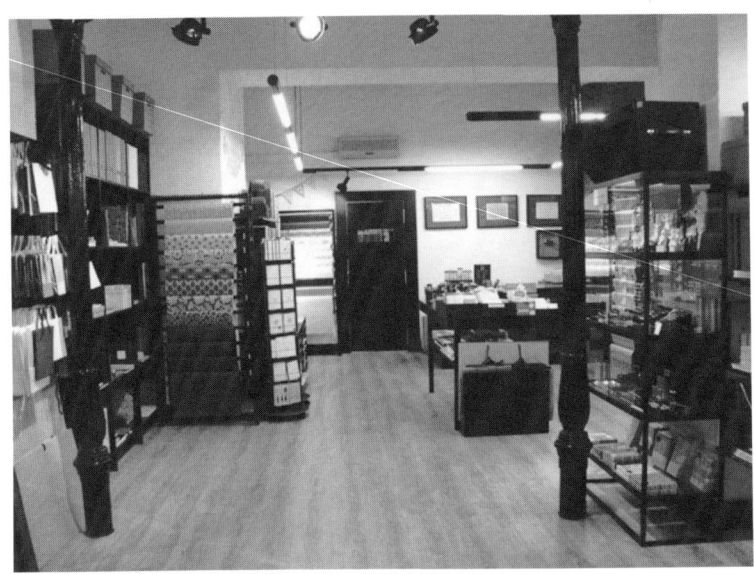

Interior de Depapel, papelería especializada y establecimiento muy representativo de los pequeños y originales comercios de la zona de las Salesas. Abrió en 1984 en la calle Justiniano, donde continúa ofreciendo una gran variedad de papeles especiales, productos de papelería e imprenta. Fotografía cortesía de Depapel.

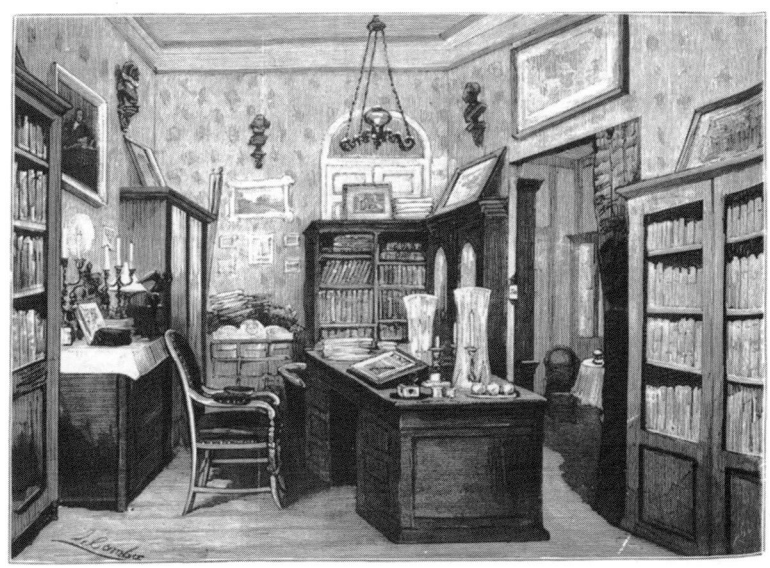

Numerosos escritores y escritoras han vivido en el barrio de Justicia. Entre ellos, Ramón de Mesonero Romanos, que moró durante décadas en un edificio, hoy desaparecido, que estaba en la plaza de Bilbao —actualmente de Pedro Zerolo—. En la imagen podemos ver un magnífico dibujo de Juan Comba que recrea su despacho acompañando a una necrológica, firmada por Manuel Bosch, en la que se dice, entre otras cosas: «Compónese el despacho de dos pequeñas habitaciones, que se comunican por una puerta sin hojas: dos balcones, que dan a la bonita plaza de Bilbao, bañan de luz la modesta estancia que durante tantos años ha servido de tranquilo retiro al ilustre Curioso Parlante». Revista *La Ilustración Española y Americana*, 8 de mayo de 1882, n.º XVII, p. 284.

20. FUENTES Y MONUMENTOS

El territorio de Justicia ha contado antes de la llegada del canal de Isabel II con algunas fuentes públicas abastecidas por los viajes, que también suministraban el líquido elemento a algunos edificios importantes del barrio, sobre todo conventos y palacios. El viaje de la Alcubilla, de finales del siglo XVII, procedía de las proximidades de la dehesa de Chamartín y atravesaba la cerca bifurcado por las puertas de Fuencarral y de los Pozos de la Nieve; este último ramal recorría la calle Fuencarral y suministraba a algunas de sus casas y desde el siglo XVIII a la fuente de la Red de San Luis, fuera ya del territorio del actual barrio de Justicia. En 2018 aparecieron unos restos arqueológicos de este viaje en unas obras en la calle Fuencarral a la altura de San Joaquín y San Mateo. Antes, en 2011, se habían encontrado en la calle Mejía Lequerica también importantes vestigios de estructuras hidráulicas, entre ellas, un acueducto. En torno a la calle Barceló, que lleva el nombre de un audaz corsario y marino de guerra mallorquín del siglo XVII, y en el subsuelo del Museo de Historia han aparecido igualmente en los últimos veinte años pozos de noria y galerías de ramales de los viajes.

El viaje del Alto Abroñigal, de la primera mitad del siglo XVII, penetraba en el barrio también por la puerta de Santa Bárbara, procedente de Canillas, y recorría la calle Hortaleza. En la esquina de Infantas abastecía una fuente pública y tres ramales perpendiculares recorrían dicha calle, la de la Reina y la de San Miguel —base del primer tramo de la Gran Vía—. El viaje de la Fuente Castellana, de la segunda década del siglo XVII, nacía también en Chamartín de la Rosa. Antes de entrar en la villa se bifurcaba y un brazo se dirigía hacia la actual plaza de las Salesas y la calle Conde de Xiquena. Otro ramal pasaba bajo la puerta de Santa Bárbara y seguía, encañado, el curso de la calle Hortaleza, aunque con numerosas bifurcaciones hacia las calles laterales. Abastecía la fuente de las Recogidas —luego de San Antón—, en la esquina de Hortaleza y Santa Brígida; muy modesta en principio, fue sustituida en 1770 por Ventura Rodríguez por una nueva más monumental, con un pilón convexo bajo una estructura arquitectónica en forma de chaflán cóncavo y rematada por un jarrón rodeado de conchas y galápagos, pero a principios del siglo XX los adornos originales se reemplazaron por dos delfines entrelazados, como podemos ver en la actualidad. Unamuno dedicó un artículo publicado en *El Sol* el 28 de febrero de 1932 a esta fuente. Había también otra en Hortaleza, entre Farmacia y Hernán Cortés. Y otra más en un ramal, en la calle San Marcos esquina a Soldado —actual Barbieri—, conocida como fuente de San Andrés, junto al hospital del mismo nombre.

El viaje del Bajo Abroñigal, que nacía en Canillejas, apenas entraba en el barrio de Justicia. Atravesaba el paseo de Recoletos y giraba hacia el sur bajo el promontorio de Buenavista hasta llegar a Alcalá, desde donde se dirigía hacia el oeste. Abastecía dos fuentes, una en el paseo de Recoletos, muy cerca de la iglesia de San Pascual, y otra en la esquina del citado paseo y la calle Alcalá. Una fuente barroca del siglo XVIII, hoy desparecida, llamada del Tritón estuvo en el jardín particular de los condes de Baños, más tarde transformado en el jardín de las Delicias. Más tarde se trasladó al paseo de Recoletos, de donde se desmanteló seguramente a principios del siglo XX.

Pero la más bella fuente del barrio no suministró jamás agua a sus habitantes, ya que llegó a él hace un siglo. Su ubicación original fue la plaza de Antón Martín; después pasó por los almacenes municipales y el parque del Oeste hasta aterrizar junto al Museo Municipal, actualmente Museo de Historia. Me refiero a la fuente de la Fama, trazada en 1731 por Pedro de Ribera, fontanero mayor además de maestro de obras de la villa.

En una plazuela que estaba en la calle Infantas, frente al convento de la Paciencia, se construyó a finales del siglo XVIII una sobria fuente, con diseño tal vez de Juan Villanueva, abastecida por el viaje de la Castellana. En 1845, cuando se había derribado el convento y se había abierto la plaza de Bilbao, dicha fuente se trasladó al paseo de Luchana. En la actual plaza de Pedro Zerolo se encuentra hoy la fuente conmemorativa de Vázquez de Mella, inaugurada en 1946 en su actual localización, aunque desde 1950 hasta 1999 estuvo en la plaza de las Platerías Martínez, para regresar después a la antigua plaza de Bilbao. Vázquez de Mella fue un importante político carlista y fundador del Partido Tradicionalista.

En el paseo de Recoletos se encuentra también una fuente en cascada de finales de los años sesenta del siglo pasado diseñada por Herrero Palacios. Está jalonada por columnas toscanas y dos de ellas, unidas por un entablamento, dieron cobijo a la famosa Mariblanca, escultura del siglo XVII que coronó la fuente de la Puerta del Sol del mismo nombre. Tras sufrir un ataque en 1984 la estatua se restauró y se instaló en el la Casa de la Villa, donde permanece. Más sencilla es la fuente de granito de los años ochenta del siglo XX de la plaza del Rey.

Al margen de las fuentes, el barrio de Justicia cuenta en la actualidad con otros diecinueve monumentos públicos, incluyendo esculturas, placas monumentales y otros formatos. Siete de ellos son del periodo de la Restauración borbónica (1875-1931) y una más es del siglo XVIII pero instalado en época de la regencia de María Cristina de Habsburgo. Seis se han inaugurado durante la democracia actual, cuatro en la dictadura de Franco y una es del periodo isabelino. Por su temática e iconografía, cinco son alegóricos, otros cinco monumentos están dedicados a escritores, todos varones, dos a políticos, dos representan a monarcas, uno es un filósofo, otro un ser mitológico, otro zoomorfo, otro está dedicado a un militar y uno más es de carácter abstracto.

Entre los principales monumentos que encontramos en las calles del barrio, debemos destacar la figura de Bárbara de Braganza, obra de Mariano Benlliure fechada en 1887, es decir, casi ciento treinta años después del fallecimiento de la reina. Se encuentra en la plaza de la Villa de París y hace pareja con la escultura de su marido, el rey Fernando VI, obra de Gian Domenico Olivieri, esta sí de mediados del siglo XVIII. La figura de cuerpo entero del monarca, con un león a sus pies, procede de la fuente del Rey de Aranjuez, aunque estuvo muy poco tiempo en ella, ya que en la época de Carlos III se trasladó a un patio del monasterio de las Salesas Reales. A finales del siglo XIX se decidió ubicar ambas esculturas de piedra caliza en la plaza de la Villa de París en homenaje a los reyes, enterrados en la vecina parroquia de Santa Bárbara.

En la acera del paseo de Recoletos perteneciente al barrio de Justicia encontramos una serie de monumentos muy diversos en su temática y ejecución. Muy cerca de la plaza de

Colón se encuentra una escultura que parece un tanto descontextualizada. Se trata de la dramática figura de Andrómaca, esposa de Héctor en la *Ilíada*. Esculpida por José Vilches en 1853 en Roma, se colocó en la década siguiente en el Real Conservatorio de Música de Madrid para acabar después en su ubicación actual, pese a que la escultura pertenece al Museo Nacional del Prado.

Algo más al sur, en el mismo paseo, se encuentra el monumento al escritor y diplomático Juan Valera, justo frente a la Biblioteca Nacional. Destaca por su carácter arquitectónico y por la presencia del busto del escritor y de una figura femenina que puede relacionarse con Pepita Jiménez, célebre personaje de Valera. La escultura, inaugurada en 1928, fue realizada por el sobrino del escritor, Lorenzo Coullaut-Valera.

También en Recoletos, muy cerca de la calle Bárbara de Braganza, se halla el monumento dedicado a Ramón María del Valle-Inclán, que solía pasear por Recoletos. De hecho, la figura de cuerpo entero del escritor se basa en una fotografía de Alfonso Sánchez tomada en ese lugar. Promovida en 1972 por el Círculo de Bellas Artes, es obra de Francisco Toledo Sánchez. En el Día Internacional del Teatro, el 27 de marzo, se coloca una bufanda blanca al escritor, que preside la entrega del Premio Alfiler de la Bufanda en una pequeña ceremonia en pleno paseo de Recoletos.

En la plaza del Rey se encuentra la escultura que representa en acción al teniente Ruiz, uno de los héroes de la jornada del 2 de mayo de 1808, herido mortalmente en el cuartel de Monteleón, apenas a 1,5 kilómetros del lugar. En 1891 se encargó la ejecución de este monumento a Mariano Benlliure, que realizó un bronce lleno de energía, realismo y detalle.

En los jardines del Arquitecto Ribera se halla el monumento al escritor y político madrileño Ramón de Mesonero Romanos (1803-1882), obra de Miguel Blay. Se trata de una escultura de gran delicadeza técnica, ubicada originalmente en 1914 en otro lugar del barrio, en el paseo de Recoletos, entre las calles Bárbara de Braganza y Almirante. En los años sesenta del siglo xx se decidió el traslado del monumento, según costumbre muy afianzada en Madrid, hasta el lugar donde se encuentra en la actualidad. En la plaza de Pedro Zerolo existe otro recuerdo a Mesonero, una placa de 1885 que conmemora su residencia en ese lugar; cuenta con un retrato en forma de efigie obra de Justo Gandarias.

En 1916 se colocó una placa monumental en el inicio de la Gran Vía en memoria del alcalde que dio el último impulso a esta gran obra, el conde de Peñalver. El mismo año el Círculo de Bellas Artes instaló otra lápida que recuerda al escritor vallisoletano José Zorrilla, en la casa donde falleció en 1893, en el inicio de la calle Santa Teresa. En el señorial edificio situado en la esquina de la calle Génova con la de García Gutiérrez, en la acera contraria a la Audiencia Nacional, nació en 1903 José Antonio Primo de Rivera, como rememora una placa y los relieves del yugo y las flechas y de un ángel con espada en el chaflán curvo.

En la plaza de las Salesas encontramos dos pequeños monumentos figurativos, con cierta relación temática entre sí. Uno de ellos es un busto dedicado a filósofo ilustrado Jean-Jacques Rousseau, réplica del realizado por el artista neoclásico James Pradier en Ginebra a principios del siglo XIX e instalado en Madrid en 1981. El otro es un grupo dedicado a la *Educación de la infancia*, obra del escultor José Chicharro, probablemente de los años treinta del siglo pasado, que se instaló en la plaza en los años cuarenta, aunque su ubicación original fue en la plaza de Bilbao, hoy Pedro Zerolo.

También el barrio de Justicia cuenta con una escultura de Eduardo Chillida situada junto a la Casa de las Siete Chimeneas que forma parte de la serie *Lugar de encuentros*. Realizada en acero Corten en 1971 por el artista donostiarra, sus tres brazos delimitan y activan un potente vacío interior. Cuando el propietario del histórico edificio era el Banco Urquijo compró y situó al norte del mismo la escultura, que acabó siendo adquirida por el Estado en 1983, ya que se encuentra junto al Ministerio de Cultura.

Entre los monumentos del siglo XXI hay que destacar el gran lazo rojo de acero situado sobre la entrada del aparcamiento subterráneo de la plaza Pedro Zerolo. Se trata de un diseño del estudio de arquitectura de Teresa Sapey y fue instalado en 2005 como homenaje a la lucha contra el VIH. El propio aparcamiento es singular por su decoración colorista, sus neones, fotografías de gran formato y citas de Dante.

Un monumento peculiar es el que se inauguró en 2010 para conmemorar el centenario del inicio de las obras de la Gran Vía; diseñado por los arquitectos Javier Aguilera y Javier Ortega, se trata de una maqueta metálica con los edificios que conforman la famosa avenida. En 2014 el Casino Gran Madrid colocó ante su fachada en el paseo de Recoletos la escultura publicitaria de una rana de la fortuna gigante, obra de Eladio de Mora, aunque, al parecer, afortunadamente, va a ser retirada en breve. En 2017 se situó en la plaza de la Villa de París un pequeño monumento en homenaje a las víctimas de los atentados de París de noviembre de 2015. El último monumento instalado en el barrio es el dedicado a los refugiados, obra del artista brasileño Bel Borba; fue inaugurado en 2019 por la alcaldesa Manuela Carmena. Cabe mencionar también la presencia de importantes esculturas en edificios y locales accesibles al público, como el Café Gijón, que conserva un magnífico móvil de Ángel Ferrant.

Otros monumentos estuvieron en el barrio, pero ya no continúan en él, como la escultura dedicada al pintor Eduardo Rosales, actualmente en el paseo de su nombre, pero en origen ubicada frente a la iglesia de San Pascual, en el paseo de Recoletos, donde se inauguró en 1922.

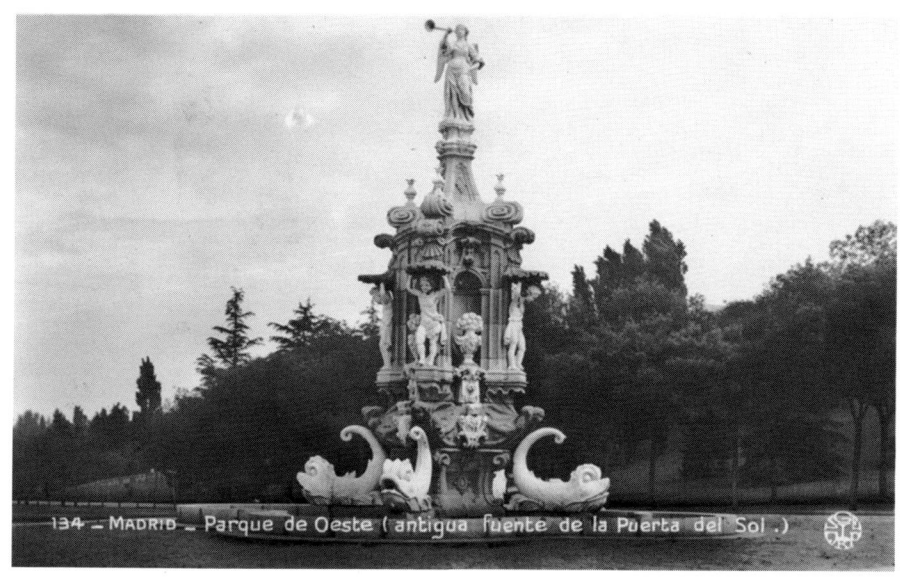

134 – MADRID – Parque de Oeste (antigua fuente de la Puerta del Sol .)

La fuente de la Fama, cuando estaba instalada en el parque del Oeste. Aunque nunca sirvió agua a los habitantes de Justicia, esta fuente procedente de la plaza de Antón Martín y luego trasladada junto al Museo de Historia tras pasar por el citado parque —nunca estuvo en la Puerta del Sol— es uno de los monumentos más bellos del barrio. Diseñada por Pedro de Ribera, la fuente es un prodigio de creatividad y fantasía. Tarjeta postal editada por la Sociedad Española de Librería. Biblioteca Regional de Madrid, Mg. XXVIII/1261.

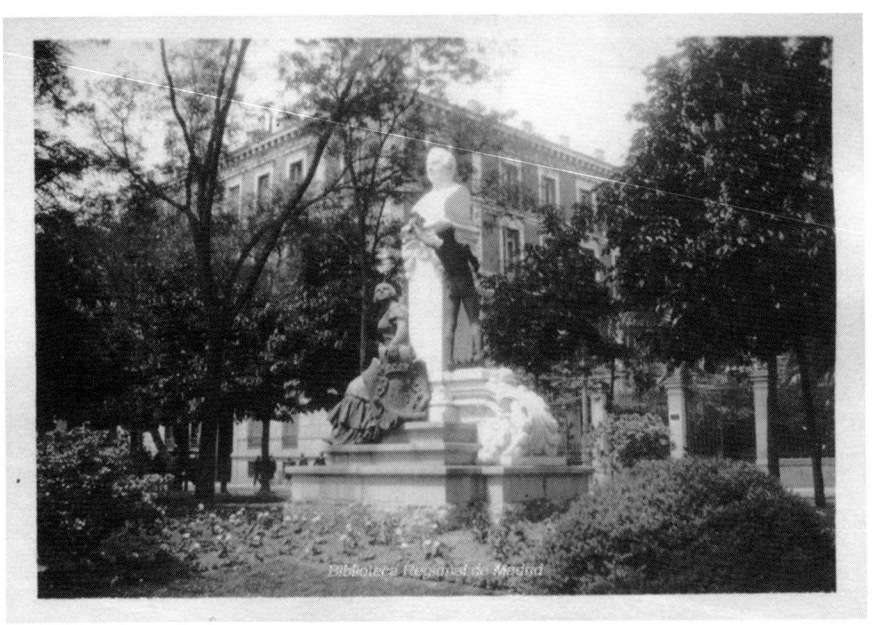

El Ayuntamiento de Madrid encargó a Miguel Blay un monumento al escritor y vecino del actual barrio de Justicia Ramón de Mesonero Romanos. Se inauguró en 1914 en el paseo de Recoletos, junto al palacio de la Duquesa de Medina de las Torres, que, como vemos en la imagen, todavía no tenía los torreones en las esquinas que se le añadieron posteriormente. En 1967 se trasladó a otro lugar del barrio, en el que continúa: los jardines del Arquitecto Ribera. Fotografía anónima, 1928. Biblioteca Regional de Madrid, Mg. XXVIII/1492.

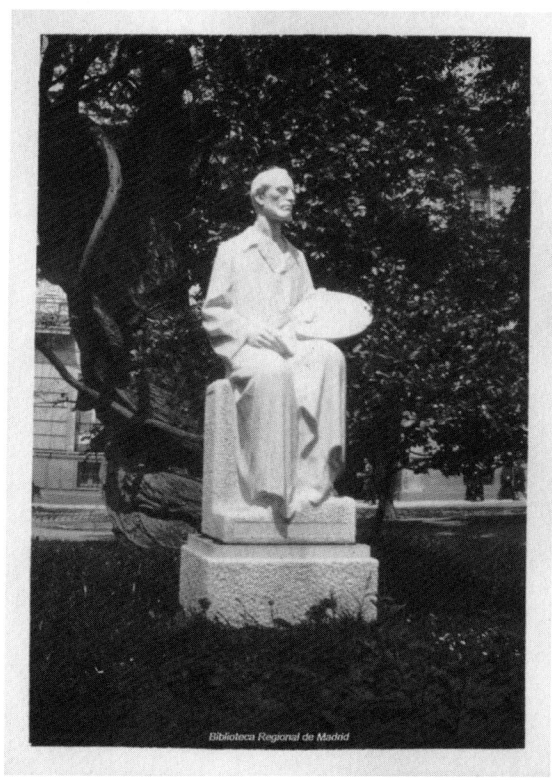

Biblioteca Regional de Madrid

Monumento al pintor Eduardo Rosales en su ubicación original del paseo de Recoletos, donde fue inaugurada en 1922. Se trata de una obra promovida por el Círculo de Bellas Artes y realizada por el escultor Mateo Inurria, en consonancia con la figuración moderna y depurada que caracteriza la obra de este autor. En 1968 se trasladó a su actual ubicación, en el paseo que lleva el nombre del pintor. Fotografía anónima, 1928. Biblioteca Regional de Madrid, Mg. XXVIII/1492.

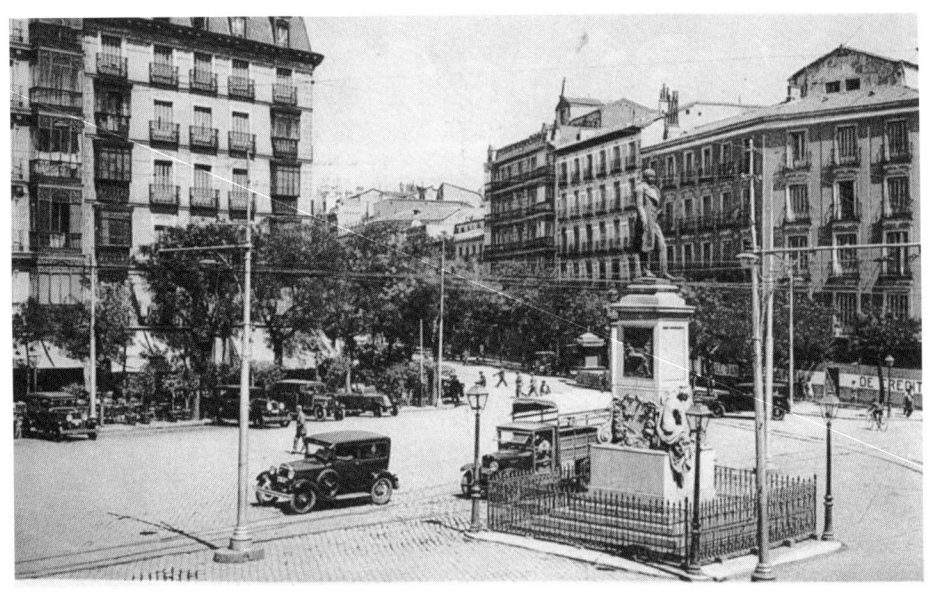

Vista de la glorieta de Bilbao en una tarjeta postal editada en 1920 por la Heliotipia de Kallmeyer y Gautier. Aparece en el centro el *Monumento a Bravo Murillo*, obra de Miguel Trilles inaugurado en 1902 en esta ubicación, donde estuvo hasta 1961, cuando se trasladó a la calle que lleva el nombre del político que fue ministro de Instrucción y Obras Públicas y promovió la construcción del canal de Isabel II. Biblioteca Regional de Madrid, Mg. XXVIII/1261.

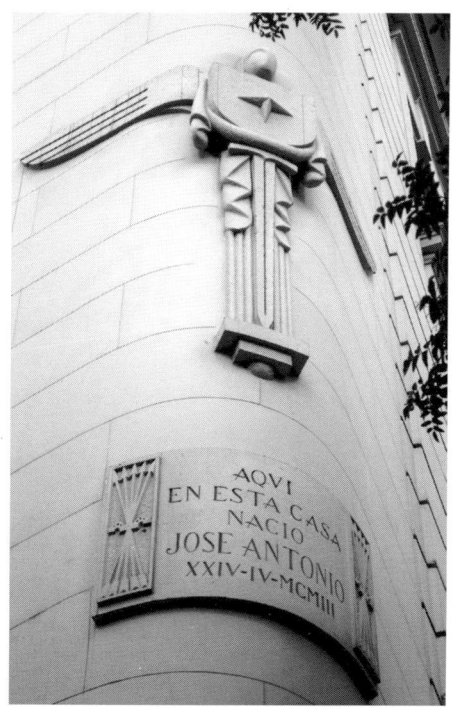

Una placa en curva para adaptarse al chaflán, acompañada de los símbolos de la Falange, y el relieve de un ángel con una espada en vertical y un lucero sobre el pecho recuerdan el nacimiento de José Antonio Primo de Rivera. Se encuentra en el edificio situado en la esquina de las calles Génova y García Gutiérrez y fue diseñado por el dibujante Fernando Chausa. Se inauguró en 1951. Fotografía de Eduardo de Madrid, 2 de julio de 2024.

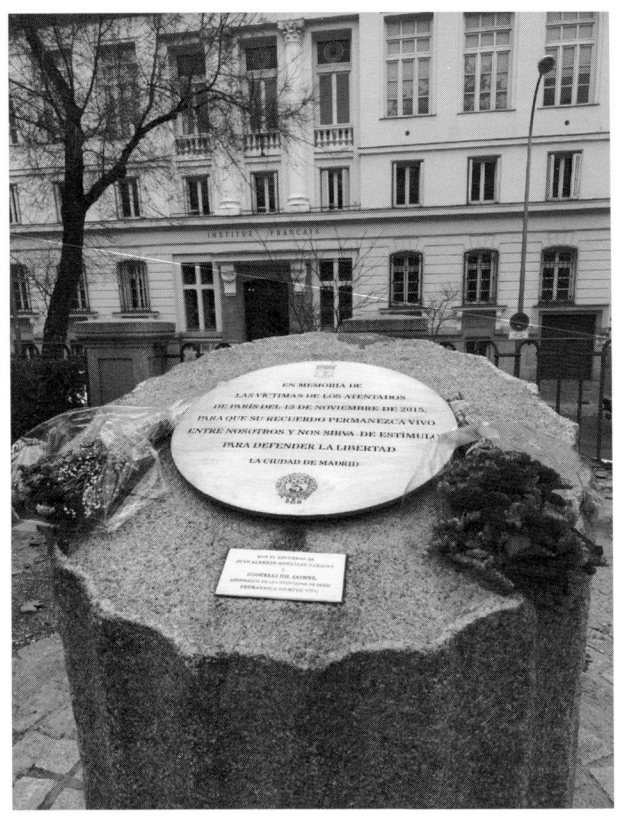

Uno de los monumentos más modernos del barrio de Justicia es el dedicado a las víctimas de los atentados de París de noviembre de 2015, inaugurado dos años después muy oportunamente en la plaza de la Villa de París. En la fotografía de Francisco Juez se ve al fondo la fachada del Institut Français, 31 de enero de 2024

21. UN BARRIO DE ARTISTAS, GALERÍAS Y ARTE URBANO

Son muchos los artistas que han vivido o viven en el barrio de Justicia. Ya el pintor del siglo XVII de origen flamenco Juan de la Corte residió en la calle Barquillo y posiblemente tuvo su taller en ella. Giacomo Amigoni, pintor italiano de la corte de Fernando VI, también vivió en la misma calle. Eduardo Rosales nació en la calle San Marcos en 1836, vivió durante su infancia en la calle Hortaleza, estudió en las Escuelas Pías de San Antón y tuvo su taller en la calle Libertad y su último domicilio y estudio en la de Válgame Dios. En el citado anteriormente pasaje de la Alhambra varios pintores instalaron su estudio, entre ellos, Casto Plasencia, José Jiménez Aranda, Joaquín Sorolla o Cecilio Pla. Julio Romero de Torres vivió y trabajó durante los quince últimos años de su vida en la calle Pelayo. Eduardo Chicharro falleció en 1952 en su casa de la plaza Vázquez de Mella, hoy de Pedro Zerolo. Eduardo Arroyo nació en 1917 en la calle Argensola. Los Costus vivieron en la calle Pérez Galdós. La colombiana Nicole Furman tiene su estudio en la calle Santa Brígida, como otros muchos artistas que siguen viviendo y trabajando en Justicia.

También numerosos fotógrafos han tenido su domicilio o su estudio en el barrio, como Gonzalo Langa en Fuencarral, número 2, o Campúa, en Bárbara de Braganza, número 2, desde los años cuarenta hasta su fallecimiento en 1975. Manuel Company trabajó igualmente en Fuencarral, pero en la acera del barrio de Universidad. Alfonso Sánchez García tuvo su estudio en el comienzo de la calle Fuencarral desde 1910 hasta la Guerra Civil, como recuerda una placa colocada por el Círculo de Bellas Artes; después se trasladó al actual número 20 de la Gran Vía, donde sus hijos continuaron trabajando hasta 1992. El fotoperiodista José Díez Casariego tuvo su estudio en la calle Fernando VI. Juan Ruiz Arias trabajó en los números 8-10 de Fuencarral en los años veinte y treinta y después se instaló allí la Foto Eléctrica. En la esquina de Hortaleza con la travesía de San Mateo se conserva un estudio de fotógrafo del siglo XIX sobre la azotea de un edificio.

El barrio de Justicia es además uno de los que reúne un mayor número de galerías de arte en Madrid, especialmente en el entorno de la plaza de las Salesas. Seguramente, la primera que se instaló en la zona fue la mítica Buchholz en 1946, en el número 3 del paseo de Recoletos. En 1949 se abrió en el número 1 de Hortaleza la tienda de marcos y grabados Sala Calle, que realizó exposiciones. Entre 1950 y 1953 estuvo en el número 3 del paseo de Recoletos la galería Xagra. Theo, fundada por Elvira Gozález en 1966 con su marido Fernando Mignoni, primero estuvo ubicada en la calle General Castaños y luego en Marqués de la Ensenada esquina Bárbara de Braganza.

En 1978 abrió Estampa en la calle Justiniano, sobre todo centrada en artistas de la nueva figuración y en la edición de libros de arte. También la histórica Edurne, actualmente en San Lorenzo de El Escorial, pasó por las calles Justiniano y Libertad en los años noventa. Otra de las pioneras en el barrio fue la gran Juana de Aizpuru, creadora de ARCO; su galería ha estado desde 1983 hasta 2024 en el número 44 de la calle Barquillo.

Elba Benítez lleva desde 1990 en el precioso patio de la calle San Lorenzo. Ehrhardt Flórez está en el mismo edificio, con especialización en arte alemán y español contemporáneo. Y también se encuentra La Cometa, más centrada en el arte latinoamericano. En el número 3 de la misma calle hay un espacio expositivo que gestiona Plus Artis, un equipo de comisarios especializados en diseño y curaduría de eventos artísticos.

Utopia Parkway se fundó en 1993 y se encuentra en la calle Reina. Junto a ella está Ra del Rey. En la calle Hermanos Álvarez Quintero se sitúa la Galería Elvira González, que se inauguró en 1994. Actualmente la dirigen las hijas de la fundadora, Elvira e Isabel Mignoni; está especializada en arte europeo y americano de la segunda mitad del siglo XX y del XXI. También en 1994 abrió la prestigiosa galería Max Estrella en un patio de la calle Santo Tomé, orientada a jóvenes artistas españoles y extranjeros.

En la calle Orellana se encuentra una importante concentración de galerías, como Orellana-5, que está desde 1997, especializada en obra gráfica contemporánea, o Rafel Pérez

Hernando desde 2004, aunque antes estuvo en el barrio de Salamanca; trabaja con artistas consagrados y emergentes. Villazán, presente también en Nueva York, Seúl y Miami, se halla en la calle Campoamor esquina a Orellana. La Caja Negra se encuentra en Fernando VI desde 1998 y su trabajo se centra en la obra gráfica, fotografía y libros de artista. En la misma calle está La Caja, fundada en el año 2000 por Annie Martínez-Pita y Javier Guijarro Fayard; no es exactamente una galería, sino un espacio abierto, creativo y flexible dedicado a la arquitectura, el arte y el diseño de mobiliario.

En 2003 Silvia Ortiz e Inés López-Quesada crearon Travesía Cuatro, cómo no, en la travesía de San Mateo, número 4, aunque ahora está en la calle de San Mateo, número 16. En la travesía también se encuentra la galería uruguaya Estudio Pausa. En la calle Pelayo abrió en 2005 Mad is Mad, un espacio diferente, más abierto al público, con precios asequibles y propuestas muy plurales. En la misma calle está también Échale Guindas. Nicolás Cortés es una importante galería dedicada al arte antiguo en la calle Justiniano, antes Coll & Cortés, desde 2005. En la misma calle se encuentra Farenheit, que desde 2019 trae a Madrid la vanguardia neoyorquina, y desde 2021 VLAB, orientada a los artistas emergentes.

Entre 2006 y 2012 Moriarty realizó importantes exposiciones en la calle Libertad y luego se trasladó a Tamayo y Baus. Desde 2010 hasta su fallecimiento en 2022 Antonio Machón se dedicó al asesoramiento, expertización y fomento del coleccionismo desde su local de la calle Conde de Xiquena, después de una larga trayectoria como galerista desde 1973. En la misma calle encontramos una galería gestionada exclusivamente por los artistas Javier Madrid y Berta Solana: Espacio CX13. En Argensola se sitúa desde 2013 Gurriarán, aunque nació en 1999 fuera del barrio. En Bárbara de Braganza se instaló en 2014 Lucía Mendoza y está centrada en el arte contemporáneo nacional e internacional. La neoyorquine Michel Soskine abrió en 2005 su galería de Madrid en el barrio de Salamanca y luego se trasladó en 2016 a General Castaños, pero cerró en 2023. Puxagallery se encuentra en la calle Santa Teresa también desde 2016. La mexicana Yuri López Kullins está en Santa Brígida desde 2017 y en Válgame Dios encontramos la galería internacional Azur.

En el número 10 de Piamonte se encuentra desde 2007 Casado Santapau. En 2020 se inauguró en la misma calle —y en Carabanchel— la galería Memoria, fundada por Alejandro de Villota, que ha abierto al lado Memoria Gráfica, para arte en papel y Memoria Atelier. Muy cerca, en Marqués de Monasterio, abrió en 2022 la barcelonesa Alzueta Gallery y en Beneficencia se halla Nogueras Blanchard desde 2022. Otra de las últimas en abrir, también en 2022, es Rosenblut & Friedmannde, la galería en Bárbara de Braganza de la marchante chilena Yael Rosenblut y del coleccionista alemán Mario Friedmann, o Silk, dedicada al arte gráfico, en Pelayo. En Barquillo, número 13, se encuentra asimismo desde 2022 Albarrán Bourdais, en el número 25 Yusto/Giner y en el número 43 Badr El Jundi. En 2022 abrió Mestiza en la calle Larra, centrada en el arte contemporáneo latinoamericano. En 2023 lo hizo Tamara Kreisler Gallery en la calle Hermanos Álvarez Quintero y una de las galerías más importantes de Portugal, Pedro Cera, en la calle Barceló. En Hernán Cortes está Creatis, equipo de mujeres creativas especializado en arte y diseño. En 2024 ha abierto en la calle Colmenares, un espacio que aúna los servicios de una agencia inmobiliaria, RE-MAX, con los de exposición y galería de arte. Además, en la zona de Salesas se encuentran algunos anticuarios, como Los Gusano, desde 1980 en la calle Justiniano, donde también se halla FdG, fundado por Fernando Fauquié.

Por otro lado, notables de arte urbano, más o menos efímero en las calles de Justicia, como el mural de 2013 del colectivo BoaMistura llamado *Aceptando el mundo comienzas a cambiarlo*, en el final de la calle Hortaleza, casi en la plaza de Santa Bárbara; en la misma medianería y en la que está situada enfrente hay sendos trampantojos que simulan fachadas de edificios. También destaca el osado mural de NeverCrew en la calle Augusto Figueroa, del año 2020. En 2008 Jack Babiloni decoró con sus coloridas pinturas un edificio de principios del siglo XX que se encuentra en la esquina de Campoamor con Orellana, pero hace unos años este trabajo despareció. Además, las obras pixeladas de Basket of Nean se extienden por las esquinas del barrio. Desgraciadamente, los que más abundan son los *tags*, que buscan protagonismo en las muy transitadas calles.

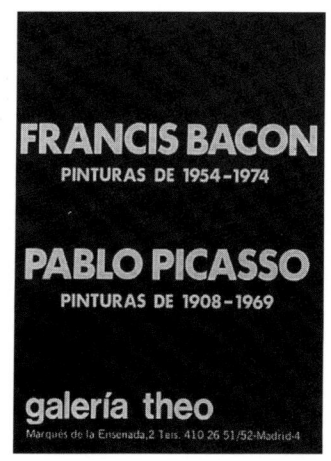

FRANCIS BACON
PINTURAS DE 1954-1974

PABLO PICASSO
PINTURAS DE 1908-1969

galería theo
Marqués de la Ensenada,2 Tels. 410 26 51/52-Madrid-4

Las obras de algunos de los principales artistas del siglo XX se expusieron por primera vez en España en la galería Theo, que sufrió un atentado terrorista de la extrema derecha en protesta por la exposición de los grabados de la *Suite Vollard* de Pablo Picasso en el año 1971. En la imagen podemos ver un anuncio de dos exposiciones en Theo, ya después de la muerte de Franco. Revista *Triunfo*, año XXXII, n.º 737, 12 de marzo de 1977, p. 62.

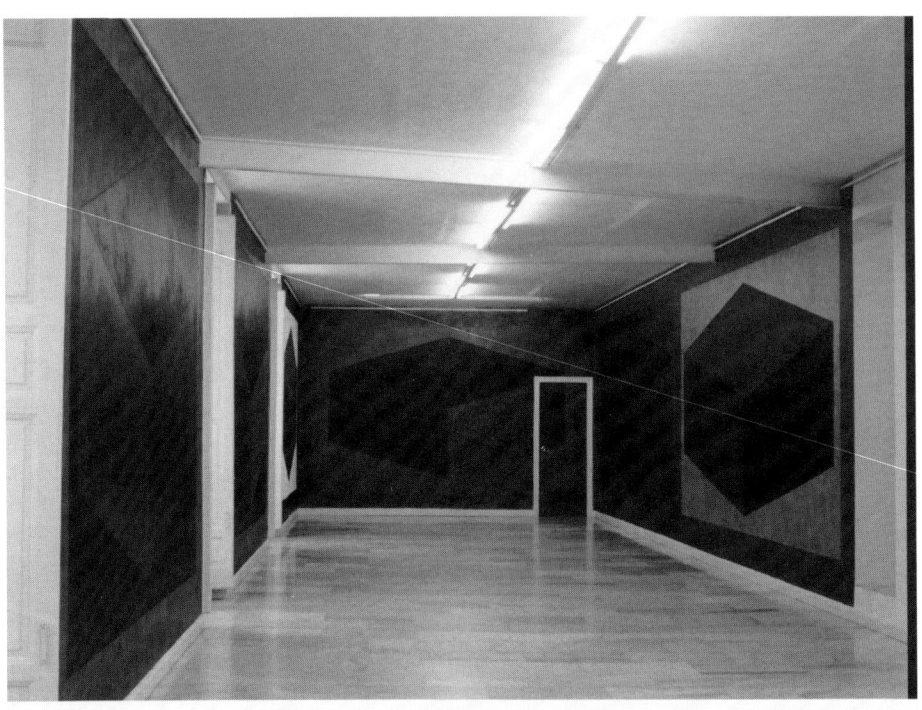

SOL LEWITT
"WALL DRAWINGS" 1989
Instalación en la galería Juana de Aizpuru de Madrid

Juana de Aizpuru abrió su galería de Sevilla en 1970 y en 1983 inauguró en el número 44 de la calle Barquillo su nuevo espacio expositivo en Madrid. Mantuvo en paralelo las dos galerías hasta 2006, cuando cerró la sevillana. Durante cuarenta años Aizpuru ha impulsado proyectos de gran relevancia que han marcado el panorama artístico contemporáneo en la capital. En la fotografía podemos observar una vista de la exposición *Wall Drawings* de Sol Lewitt realizada en 1989 en la galería Juana de Aizpuru de Madrid. Cortesía de la galería Juana de Aizpuru.

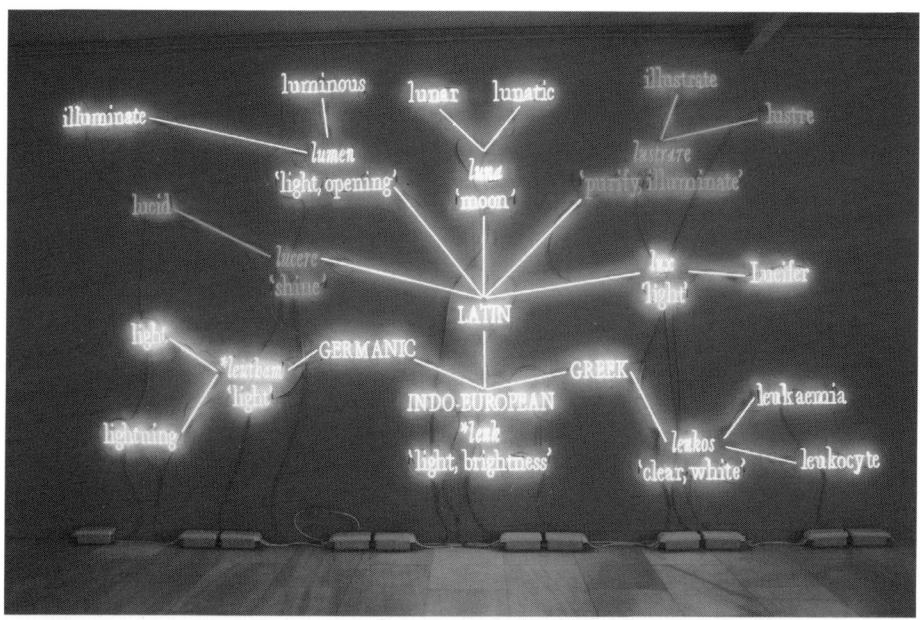

JOSEPH KOSUTH

"MAPAS DE LENGUAJE, EN SU TOTALIDAD O EN UNA PARTE"
8 obras en neon de diferentes colores y dimensiones
2008

a.-"W.F.T. #1A" **(World family tree)**, 75 x 116 cm, neon verde
b.-"W.F.T. #1B" **(World family tree)**, 60 x 124 cm, neon rojo rubi
c.-"W.F.T. #1C" **(World family tree)**, 75 x 209 cm, neon azul cobalto
d.-"W.F.T. #1D" **(World family tree)**, 85 x 85 cm, neon violeta
e.-"W.F.T. #1E" **(World family tree)**, 80 x 140 cm, neon rojo rubi
f.-"W.F.T. #1F" **(World family tree)**, 35 x 100 cm, neon verde
g.-"W.F.T. #1G" **(World family tree)**, 54 x 150 cm, neon azul cobalto
h.-"W.F.T. #1H" **(World family tree)**, 180 x 225 cm, neon amarillo

En 2008 Juana de Aizpuru acogió en su galería de la calle Barquillo la exposición *Mapas de lenguaje, en su totalidad o en una parte*, del artista conceptual norteamericano Joseph Kosuth, con el que la sevillana ha colaborado durante décadas. Cortesía de la galería Juana de Aizpuru.

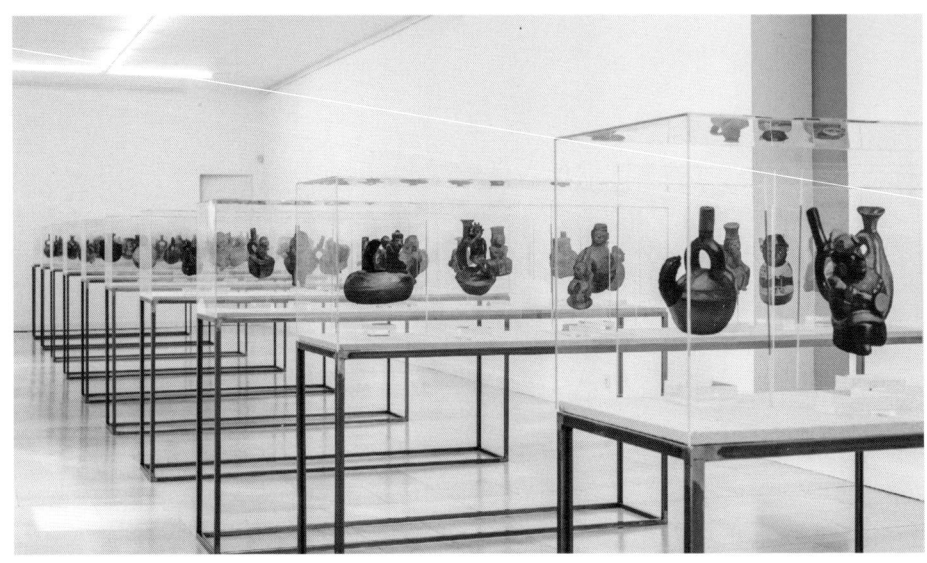

Exposición *Rojo indio*, de la artista peruana afincada en Madrid Sandra Gamarra, celebrada en la galería Juana de Aizpuru de Madrid del 17 de febrero al 13 de abril de 2018. La galerista siempre se ha caracterizado por apoyar a creadores que posteriormente han conseguido grandes logros; es el caso de Gamarra, representante de España en la Bienal de Venecia de 2024. Cortesía de la galería Juana de Aizpuru.

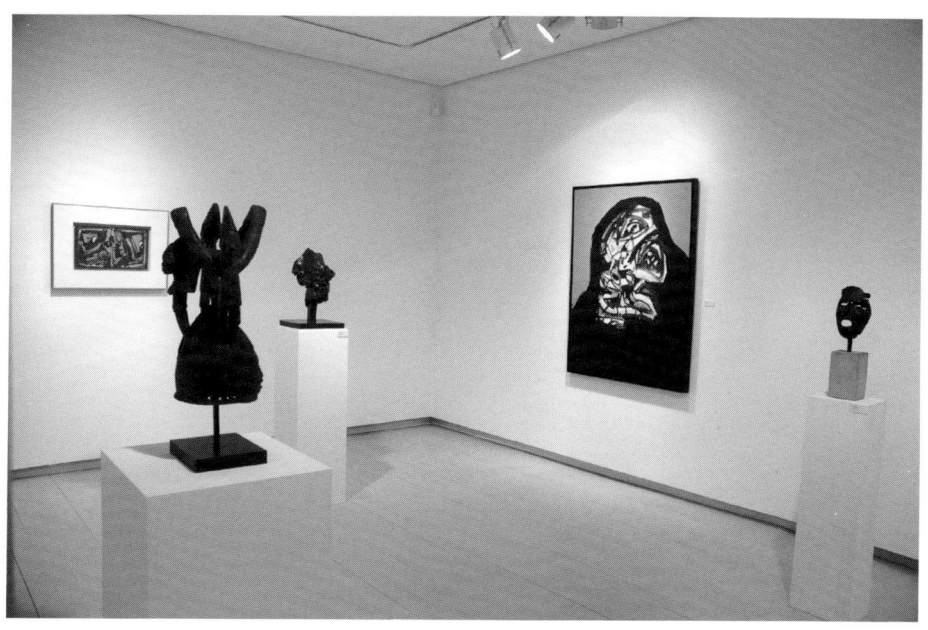

Exposición *Rostros y máscaras*, celebrada en la galería Elvira González en el año 2006, cuando estaba situada en el número 3 de la calle General Castaños. Actualmente se encuentra en el número 1 de Hermanos Álvarez Quintero. Fundada por Elvira González, propietaria y directora de la galería Theo durante tres décadas, actualmente son sus hijas las que la dirigen. Cortesía de la galería Elvira González.

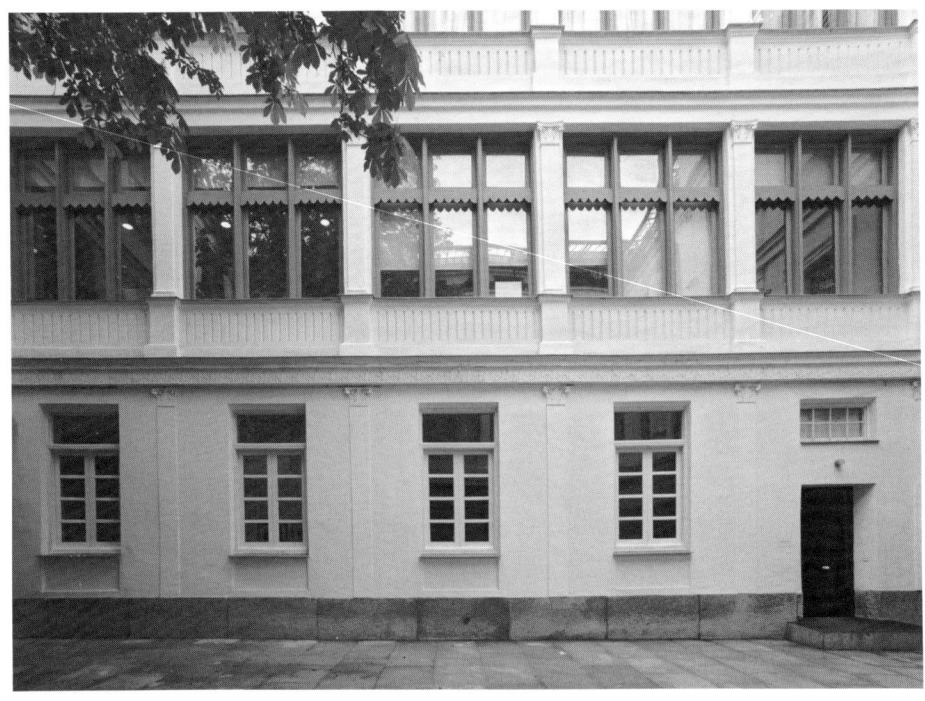

Preciosa fachada, con su galería acristalada, del edificio en el que se encuentra la galería Elba Benítez, en un maravilloso patio de la calle San Lorenzo, muy apropiado para la concentración y la serenidad que requiere la contemplación del arte. Fotografía de Luis Asín, 2018. Cortesía de la galería Elba Benítez.

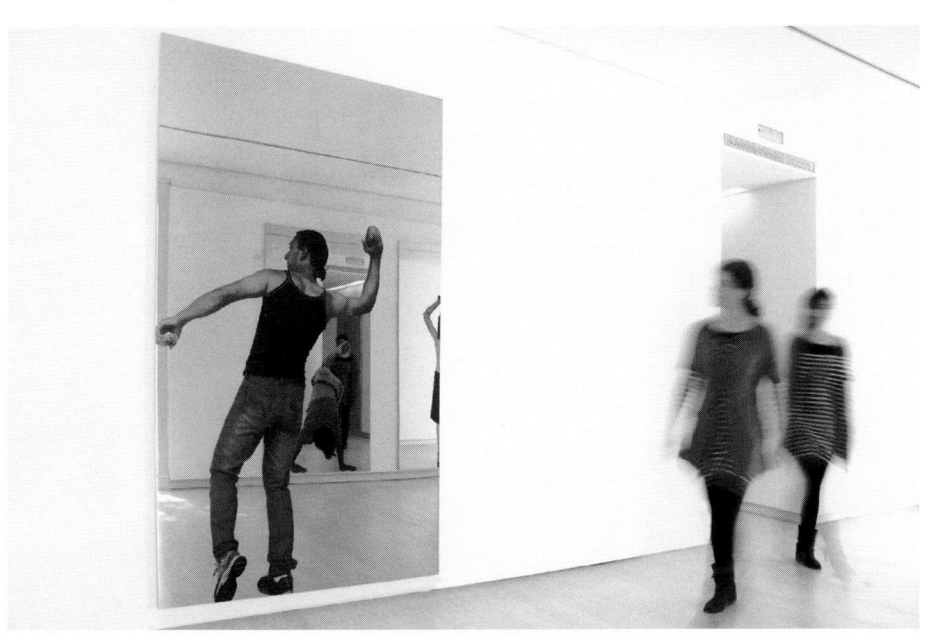

En 2010 la galería Elvira González presentó la exposición *Uomo che lancia un sasso*, de Michelangelo Pistoletto, en su sede de la calle General Castaños. Pudo verse una selección de ocho obras de gran formato pertenecientes a la serie *Mirror Paintings* del artista italiano. Cortesía de la galería Elvira González.

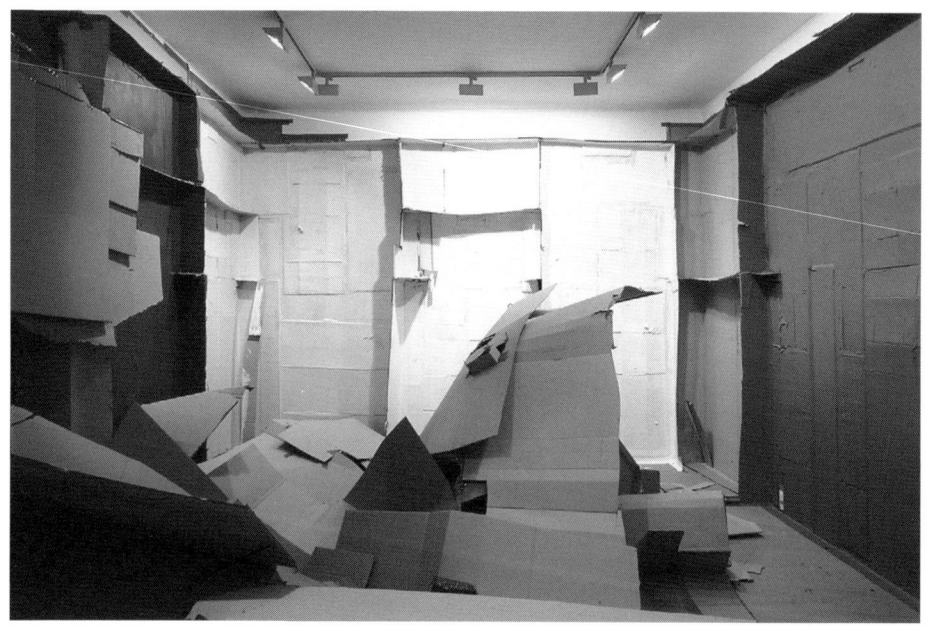

Imagen de la exposición de Carlos Bunga *Proyecto Elba Benítez* en dicha galería, que se ha especializado en diferentes soportes de la producción artística contemporánea y en la relación con otras disciplinas creativas. Fotografía de Luis Asín, 2005. Cortesía de la galería Elba Benítez.

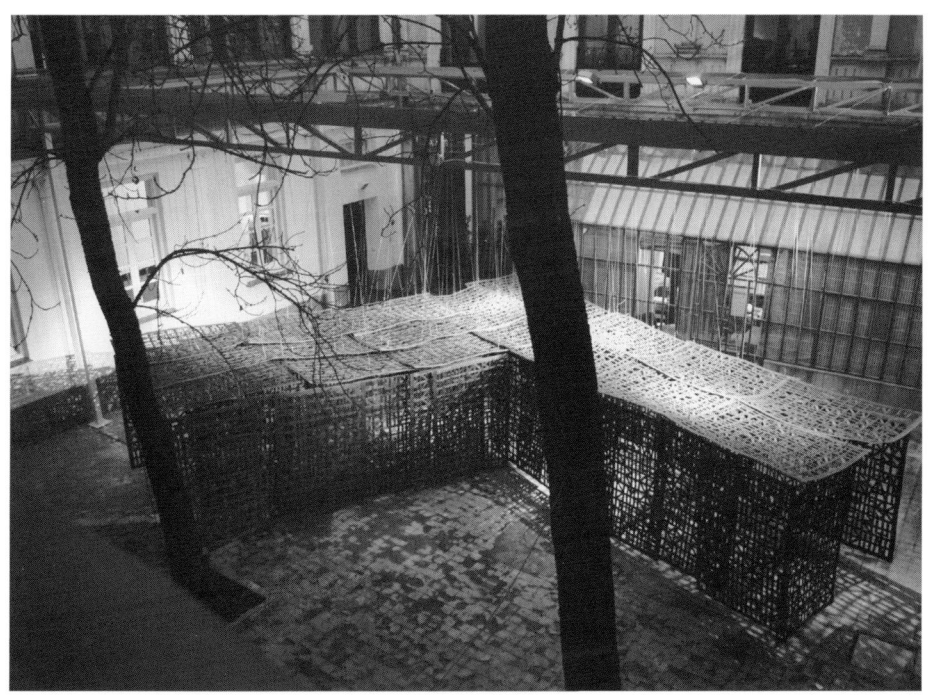

Vista de la exposición de la gran escultora donostiarra Cristina Iglesias *Escultura en un espacio construido* en la galería Elba Benítez. En la imagen se aprecia la obra *Corredor suspendido I,* instalada en el patio. Fotografía de Luis Asín, 2007. Cortesía de la galería Elba Benítez.

GALERÍA **LA CAJA NEGRA** EDICIONES

Anish Kapoor *Red Shadow*

Inauguración jueves 7 de junio de 2018 a las 19 h

Lunes a viernes de 11 a 19 h. Sábados de 11 a 14 h
Fernando VI, 17 2ª izq., 28004 Madrid T. +34 913 104 360 www.lacajanegra.com info@lacajanegra.com

Invitación para la inauguración de la exposición de obra en papel de Anish Kapoor *Red Shadow*, en la galería La Caja Negra. Desde 1998 trae a la calle Fernando VI obra gráfica, fotografía y libros de artista de las figuras más importantes del arte contemporáneo. La exposición del artista británico de origen indio tuvo lugar del 13 de junio al 27 de julio 2018. Colección de Francisco Juez Juarros

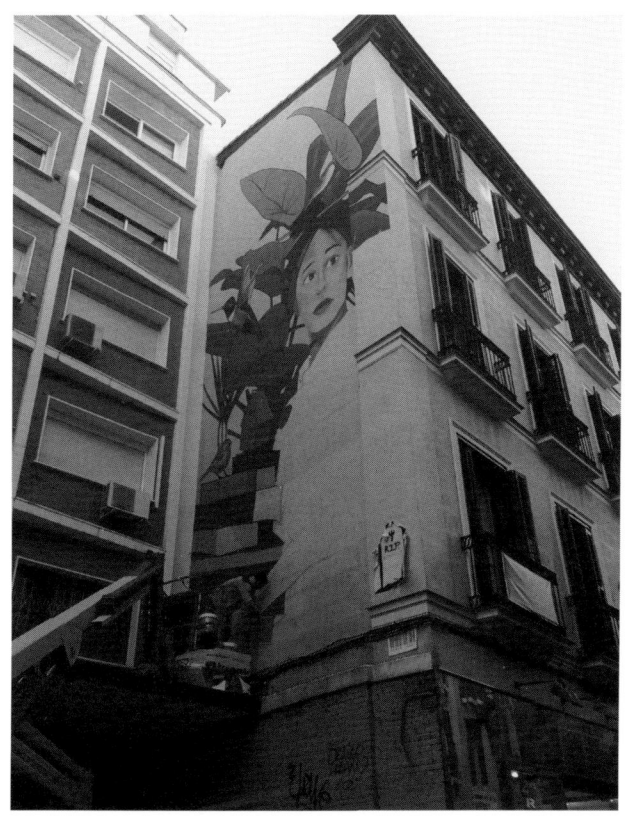

El artista serbio Artez pinta el mural del número 31 de la calle Fuencarral, en la acera que ya pertenece al barrio de Universidad. Mujeres, libros, plantas y aves son elementos iconográficos habituales en su obra. Este trabajo se realizó en el marco del Festival Urvanity 2019. Fotografía de Francisco Juez, 1 de marzo de 2019.

22. ESPECTÁCULOS Y DIVERSIONES DE LA VIDA MODERNA

Desde el siglo XIX se han ido integrando en el barrio nuevas prácticas de ocio en consonancia con el estilo de vida de la moderna sociedad urbana madrileña. Los jardines de recreo, los teatros, los locales con música en directo, algunos espacios deportivos y los cines han sido y en algunos casos siguen siendo los escenarios más destacados.

El primer jardín de recreo de Madrid fue posiblemente el llamado jardín de las Delicias, situado en torno al paseo de Recoletos, entre la calle de la Veterinaria, hoy Bárbara de Braganza, y Almirante. Se abrió en 1834 y durante casi medio siglo ofreció a sus clientes entretenimiento en un entorno agradable, con bellas fuentes ornamentales. En el solar del convento de Santa Teresa, entre las actuales calles Campoamor, Santa Teresa, Argensola y Fernando VI, estuvieron desde 1874 los Jardines Orientales, otro espacio de ocio en el que, previo pago de la entrada correspondiente, se podía disfrutar de diferentes espectáculos y otras diversiones. Por otra parte, en Churruca, durante los veranos de los años veinte del siglo pasado, funcionó un centro de atracciones llamado Parque Pekín que contaba con un teatrillo.

El teatro es un espectáculo de larga tradición en Madrid, cuya oferta se incrementó a finales del siglo XIX. En el paseo de Recoletos, uno de los principales espacios de ocio de la burguesía madrileña en el siglo XIX y un lugar privilegiado para manifestar de su posición social, y en la calle Barquillo se construyeron algunos de los primeros circos y teatros modernos de Madrid. En el solar del citado jardín de las Delicias se instaló el teatro y circo de madera del irlandés Thomas Price en 1868 hasta su traslado en 1880 a otro lugar del barrio, la plaza del Rey, donde anteriormente había estado desde 1834 el circo Olímpico, luego llamado teatro Circo. La historia del nuevo circo-teatro Price de la plaza del Rey, conocido también en algunas épocas como circo de Parish, está repleta de espectáculos inolvidables, no sólo circo, sino además animatógrafo, cine, zarzuela, revista, lucha libre, boxeo o conciertos, hasta su derribo en 1970.

En Barquillo estaba el teatro del Circo de Paul, a la altura de la calle de San Marcos, construido a mediados del siglo XIX por un empresario francés que dio su nombre al local, luego se llamó sucesivamente teatro de la Bolsa, Lope de Rueda y de los Bufos; se derribó en 1880. En 1863 se inauguró el teatro circo Príncipe Alfonso, construido por el arquitecto José María Guallart en el paseo de Recoletos, frente a la escalinata de la Biblioteca Nacional que todavía no se había empezado a construir. Primero se llamó circo de Rivas porque fue financiado por el banquero Simón Rivas y en el Sexenio Progresista se denominó teatro y circo de Madrid. Su existencia fue efímera, ya que se derribó en 1878.

Sobre el solar del convento de las Mercedarias, en la calle Libertad esquina al callejón de San Marcos, que entonces no llegaba hasta Barquillo, se inauguró el teatro de la Alhambra en 1870. Destacaba por su decoración de estilo alhambrista y acogió espectáculos del género chico, óperas y dramas. Triunfaron en su escenario Emilio Mario, María Tebau, Loreto Prado y Enrique Chicote, entre otros. Fue demolido en 1905, cuando se llamaba teatro Moderno, y poco después se construyó un bonito edificio de viviendas en su solar. Junto al teatro estaba el popular salón de baile del mismo nombre, que aparece en *Fortunata y Jacinta*: «¡Qué recuerdo tan vivo de las polkas bailadas con horteras en el salón de la Alhambra, de tarde, levantando mucho polvo del piso, las manos muy sudadas y chupando caramelos revenidos!».

El teatro Martín estuvo en la calle de Santa Brígida esquina a Santa Águeda y fue uno de los más populares de Madrid desde 1870, cuando abrió sus puertas, hasta su desaparición en 1989. Recibía su nombre del apellido del empresario, Casimiro Martín, y contaba también con un famoso café. En 1919 Teodoro Anasagasti realizó una profunda reforma que amplió y modernizó el local para seguir presentando espectáculos con gran éxito, especialmente dentro del género sicalíptico. Fue quizás el más importante teatro de revista en el Madrid de la posguerra, de la mano de José Muñoz Román. En sus últimos tiempos se convirtió en cine S, acogió conciertos de la Movida y teatro alternativo. Hoy en su lugar se encuentra un edificio de viviendas con fachadas de ladrillo visto.

En la calle Reina existió también en el siglo XIX y en los primeros años del XX un pequeño teatro llamado Salón Zorrilla. En 1874 se inauguró el teatro Moratín en la calle Alcalá, en terrenos del antiguo convento de San Hermenegildo; luego se convirtió en el Apolo, donde se estrenó el 17 de febrero de 1894 *La verbena de la Paloma*. Tras una bella fachada se abría un lujoso vestíbulo al que se podía acceder en carruaje y luego una galería acristalada que daba acceso a un café y al salón de butacas y las escaleras. Empezó dedicándose a obras dramáticas para pasar después a especializarse en la zarzuela hasta convertirse en la Catedral del Género Chico. En 1929 lo compró el Banco de Vizcaya, que lo derribó para construir su sede en la *city* madrileña.

En 1885 se inauguró el teatro de la Princesa, construido por el marqués de Monasterio. El edificio, de un eclecticismo clasicista en su fachada, fue diseñado por Agustín Ortiz de Villajos, autor de otros inmuebles en el barrio, como el circo Price o el palacio de Medina de las Torres. Fue frecuentado por la alta sociedad madrileña y tuvo una famosa tertulia o saloncillo teatral. La compañía de María Guerrero actuó regularmente en los últimos años del siglo XIX y la actriz y su marido compraron en 1908 el teatro, que en 1931 fue rebautizado con el nombre de la famosa intérprete, fallecida tres años antes. Desde 1978 es la sede del Centro Dramático Nacional y en 2003 incorporó la sala de la Princesa para espectáculos de pequeño formato.

En Marqués de la Ensenada se inauguró en 1902 el teatro Lírico, rebautizado en 1905 como Gran Teatro de Madrid y tres años después abreviado como Gran Teatro. Fue construido por José Grases Riera, autor de otros edificios en el barrio. Su existencia fue breve, ya que, salvo su fachada, desapareció en 1920 a causa de un incendio; para entonces el teatro había sido reconvertido en cine. José Espelius lo reconstruyó como edificio de viviendas transformando el antiguo patio de butacas en patio de luces. Más tarde fue reformado de nuevo para albergar la sede del Consejo General del Poder Judicial.

En 1915 Eladio Laredo, Luciano Delage y Villegas y José Espelius transformaron el cinematógrafo Petit Palais de la calle Barquillo en teatro para quinientos cincuenta espectadores con el nombre de Infanta Isabel. En él triunfó durante décadas como primera actriz Isabel Garcés, que se casó con el propietario del teatro, Arturo Serrano. Continúa abierto en 2024 y sigue destacando su pintoresca fachada que da color a la calle. El más moderno es el teatro Marquina, inaugurado en 1962 y reconstruido en 1998; junto a él se encuentra la sede de Antígona, editorial especializada en teatro.

También han funcionado en el barrio pequeños teatros independientes y algunos continúan operativos. Ya en 1988 abrió en la plaza de Chueca Ensayo 100, luego traslado a Chamberí en 1995 porque no cabía el público. Siguen en funcionamiento AZarte, desde 2010 en la calle San Marcos, como sala de teatro y centro de formación, y DT Espacio Escénico en la calle Reina. Además, algunas compañías están instaladas en el barrio, como Uroc Teatro, que se encuentra en la calle Infantas.

Por otra parte, Justicia contó en el siglo XIX y en las primeras décadas del XX con cafés-teatros destinados a un público popular, como el Bretón en la calle Fuencarral. Uno de los primeros escenarios del flamenco en Madrid fue el Café Cervantes, que curiosamente estaba ubicado en el solar de la actual sede del instituto del mismo nombre y tenía también la condición de café-teatro o café-cantante. Cabe mencionar en época más moderna el tablao flamenco Los Canasteros, abierto por Manolo Caracol en la calle Barbieri, que ofreció espectáculos entre 1963 y 1993. En 2019, en la calle Conde de Xiquena, ha abierto sus puertas el Centro Cultural Flamenco, donde se puede disfrutar de los espectáculos flamencos sin interferencias de bebidas ni comidas, sin megafonía y con aforo reducido; también se realizan exposiciones y otras actividades en relación con la cultura flamenca. En la calle Libertad está la Escuela de Flamenco y Danza Española Isabel Quintero.

Son numerosos los locales que ofrecen música en vivo y en directo. Desde 1972 está abierto el piano-bar Toni2 en la calle Almirante. El Café de la Libertad se abrió en 1976 en la calle del mismo nombre; hoy se llama Café Libertad 8. También cabe señalar la sala de conciertos Búho Real, en la calle Regueros desde 1984. El Junco abrió en 2004 en la plaza de Santa Bárbara y ha cerrado en 2022 después de ser uno de los locales más importantes de música en directo. En Barquillo, número 29, estuvo Kingston's y luego Bogui Jazz desde 2006 a 2019, con música en vivo, uno de los templos del *jazz* en Madrid; ahora está la Sala Vesta, con música y otros espectáculos en directo. En Chueca también hay numerosos locales con música en vivo, como Intruso Bar u otros citados anteriormente.

Menos presencia tienen en la historia de Justicia los espectáculos deportivos, pero cabe mencionar que en la calle Larra existió a finales del siglo XIX un frontón, llamado de los

Pozos de la Nieve o de la Puerta de Bilbao. Y también hay noticia de otro, de existencia efímera, en los últimos años de la misma centuria, el Euskal-Jai o de las Salesas, en la calle Marqués de la Ensenada, luego convertido en el citado anteriormente teatro Lírico.

Por lo que respecta al séptimo arte, el que se considera primer barracón en el que se vio cine en Madrid de manera sistemática fue el Jimeno-Gaph de la glorieta de Bilbao, en funcionamiento desde 1896. A principios del siglo XX abrieron otros cinematógrafos de efímera existencia, como el Venecia de la plaza de Bilbao —hoy Pedro Zerolo—, el Fantasio o el teatro de la Infancia, en la calle Sagasta, o el San Mateo y el Salón Mágico Nuevo, ambos en la calle de San Mateo. Otro de los más antiguos del barrio fue el modesto Cinema Nacional, que abrió sus puertas en la calle Barquillo en 1906; unos años después cambió su nombre por el de Petit Palais y en 1915, tras una importante reforma, se transformó en el teatro Infanta Isabel.

Uno de los primeros cines modernos de la ciudad fue el cine Royalty, abierto en el número 6 de la calle Génova en 1914 y construido bajo la dirección del arquitecto José Espelius con decoración modernista en fachada e interior y con casi mil localidades. Cerró en 1926, pero reabrió cuatro años después tras una reforma racionalista de Luis Gutiérrez Soto para cambiar su nombre por el de Colón en 1940. Cerró definitivamente en 1971 y su lugar lo ocupa hoy un edificio de oficinas.

En la misma acera de la calle Génova, más cerca del paseo de Recoletos, estaba el teatro y cine Príncipe Alfonso desde 1908. Construido por Pablo Aranda, fue restaurado por Teodoro Anasagasti diez años después. Cerró en los años sesenta y fue sustituido por un edificio de oficinas. En 1917 abrió también un centro de recreos al aire libre, con proyecciones cinematográficas y conciertos en la plaza de Santa Bárbara. Asimismo, hay que considerar el salón de actos de la Casa del Pueblo, transformado en 1926 en cine Gravina y rebautizado como Pérez Galdós en 1930.

El Barceló, diseñado por Luis Gutiérrez Soto, es una de las joyas arquitectónicas del barrio. En un solar trapezoidal entre las calles Larra y Barceló se construyó con estructura de hormigón armado para cine y sala de fiestas. Su planta se organiza en torno a un eje diagonal con entrada por la esquina y su exterior destaca por el peculiar racionalismo expresionista de la arquitectura madrileña de la época. Se inauguró en 1931 y funcionó como cine hasta principios de los años ochenta, cuando pasó a ser teatro y la sala de fiestas se convirtió en la discoteca Pachá. También el Barceló contó con un cine de verano en su terraza, con entrada por la calle Larra, pero sólo estuvo activo entre 1932 y 1936.

Otro de los cines más importantes del barrio fue el Benavente, situado en la plaza actualmente llamada Pedro Zerolo y con entrada también por la calle Hortaleza. En el mismo lugar habían existido ya otros cinematógrafos y salas de espectáculos desde principios del siglo XX, como el ya citado modernista Salón Venecia, el teatro Benavente, el Petit Casino —con decoración de la mismísima Sonia Delaunay— y el Ideal Room. Un nuevo y renovado teatro Benavente se inauguró en 1933 y desde 1936 funcionó alternativamente como cine y teatro hasta su cierre en los años ochenta y su derribo a principios del siglo XXI.

En 1948 se inauguró el cine Infantas en el número 21 de la calle del mismo nombre. Fue sala de arte y ensayo y, por un breve periodo en los años setenta del siglo pasado, sede de la Filmoteca. Proyectó películas en versión original durante sus últimos años hasta su cierre en 1993. Hoy es un supermercado. También en la zona se encuentran algunas productoras de cine y televisión y son numerosísimos los rodajes cinematográficos que se realizan desde hace décadas en sus calles y edificios, por lo que bien se puede afirmar que Justicia es un barrio de película.

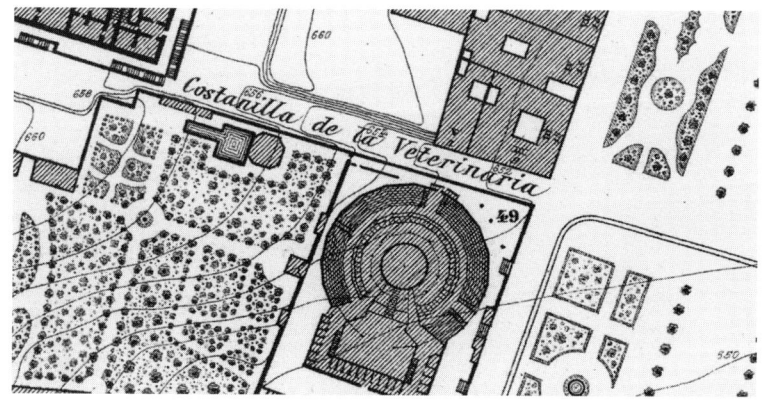

El teatro-circo de Thomas Price fue una de las primeras salas de espectáculos abiertas en el actual barrio de la Justicia, concretamente, en 1868. En el *Plano parcelario de Madrid* de Ibáñez de Ibero, fechado en 1872-1874, podemos apreciar su ubicación en la esquina entre el paseo de Recoletos y la costanilla de la Veterinaria, posteriormente ampliada y convertida en el final de la calle Bárbara de Braganza. Es posible también observar su planta circular, con un vestíbulo situado al sur. Era una modesta construcción de madera que luego acabaría trasladándose a un edificio más importante en la plaza del Rey. Biblioteca Regional de Madrid. Cartoteca, Mp. VI/10, hoja n.º 7.

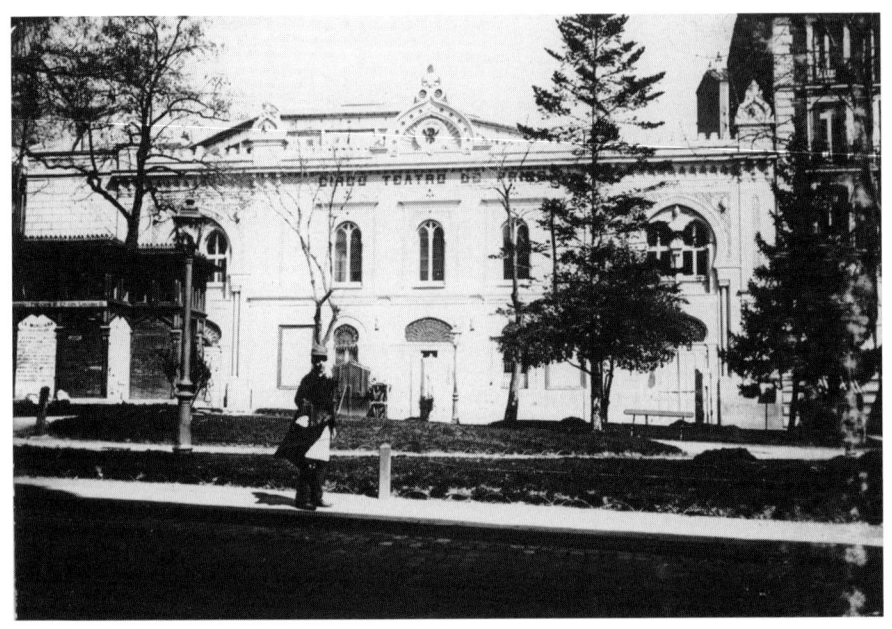

Fachada del circo de Price en la plaza del Rey alrededor de 1900. El nuevo circo-teatro Price de la plaza del Rey fue una moderna construcción del arquitecto Agustín Ortiz de Villajos, un pionero en la introducción de las estructuras metálicas en los edificios madrileños destinados a espectáculos. Tras inaugurarse en 1880 disfrutó de una trayectoria de casi un siglo de éxito con sus variados espectáculos, hasta su derribo y sustitución por el edificio que actualmente es la sede del Ministerio de Cultura. Biblioteca Regional de Madrid, Mg. XXII/12.

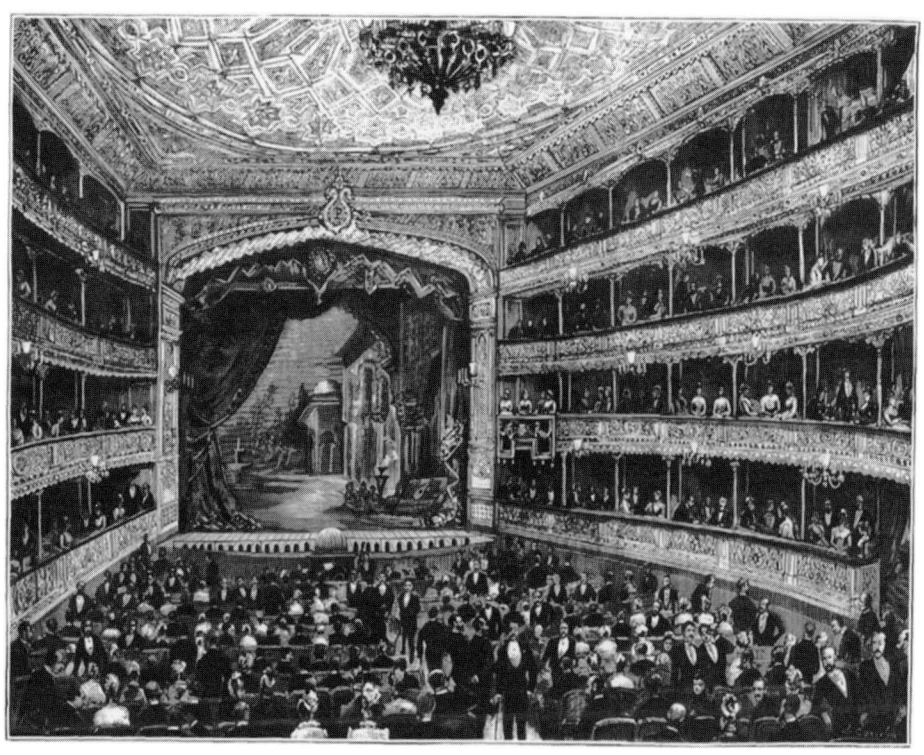

Dibujo de Juan Comba que ilustra la tarde del estreno del teatro de la Princesa —actual María Guerrero— el 15 de octubre de 1885. El teatro, dedicado a María de las Mercedes de Borbón y Habsburgo-Lorena, hija primogénita de Alfonso XII, nació bajo el impulso del marqués de Monasterio, Alfonso Osorio de Moscoso (1857-1901), que ordenó la construcción del edificio en la calle del Marqués de la Ensenada, aunque ahora el sector entre Bárbara de Braganza y Almirante lleva el nombre de Tamayo y Baus, dramaturgo del siglo XIX. Revista *La Ilustración Española y Americana*, n.º XXXIX, 22 de octubre de 1885, p. 5.

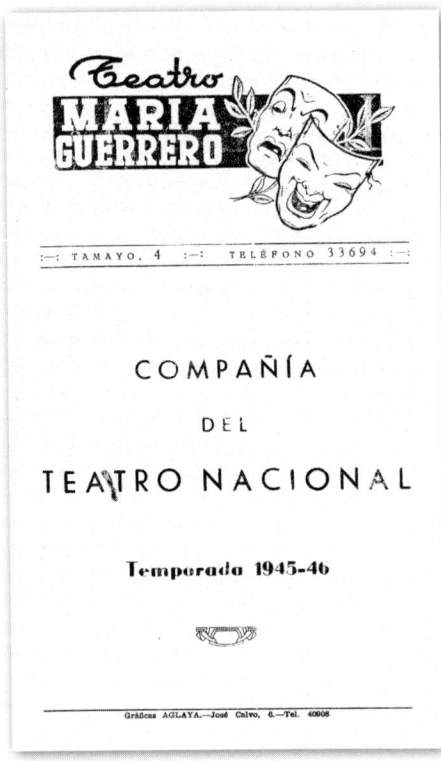

Teatro MARÍA GUERRERO

:—: TAMAYO, 4 :—: TELÉFONO 33694 :—:

COMPAÑÍA

DEL

TEATRO NACIONAL

Temporada 1945-46

Gráficas AGLAYA.—José Calvo, 6.—Tel. 40908

PROGRAMA

La herida del tiempo

(Time and the Conways)

Comedia en tres actos, original de J. B. PRIESTLEY,
traducción de LUIS ESCOBAR

REPARTO
(por orden de aparición en escena)

Diana	M. Carmen Díaz de Mendoza
Carol	Conchita Tapia
Alan	GUILLERMO MARÍN
Marta	Mercedes Albert
Kay	ELVIRA NORIEGA
Mrs. Conway	Carmen Seco
Jean Helford	Pepita C. Velázquez
Geral Morton	Sergio Santos
Ernesto Beever...............	Gabriel Miranda
Robin	José María Mompín

Los actos 1.º y 3.º en el otoño de 1919. El acto 2.º, en una noche de otoño de nuestros días.

Decorado de Víctor María Cortezo, realizado por Ressit.

Realizador, Luis Escobar.

Luminotecnia: M. Romarate.

Portada e información interior del programa de mano de la obra de J. B. Priestley *La herida en el tiempo*, según traducción de Luis Escobar, representada en la temporada 1945/1946 por la Compañía del Teatro Nacional en el teatro María Guerrero. Durante la dictadura de Franco se representaron en este teatro obras fieles al espíritu oficial, pero también otras de una orientación más aperturista de la mano de directores como Cayetano Luca de Tena, Humberto Pérez de la Osa o el propio Luis Escobar. Colección Francisco Juez Enríquez.

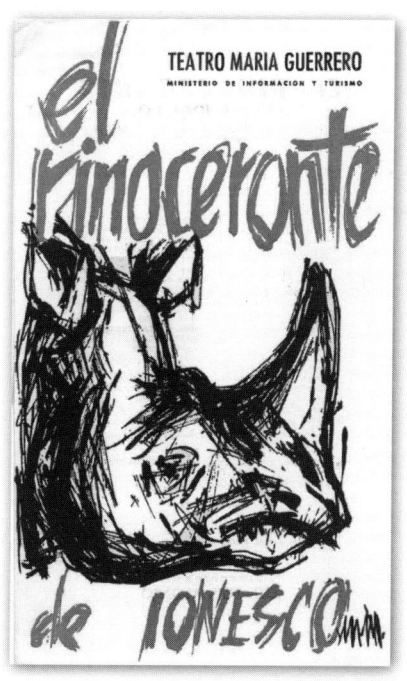

Portada del programa de mano de *El rinoceronte* de Eugene Ionesco, dirigida por José Luis Alonso y representada en el teatro María Guerrero en 1961, según la traducción de Trino Martínez y con escenografía y figurines de Manuel Mampaso. La obra se había estrenado dos años antes en París y llegaba a Madrid de la mano de Alonso el 13 de enero de 1961 con José Bódalo, María Dolores Pradera y Antonio Ferrandis como protagonistas. Fue un éxito, pese a la modernidad y atrevimiento del texto y del montaje de José Luis Alonso, que dirigió el teatro María Guerrero entre 1960 y 1975, con un trabajo reconocido por su calidad y aperturismo en los años finales de la dictadura. Colección Francisco Juez Enríquez.

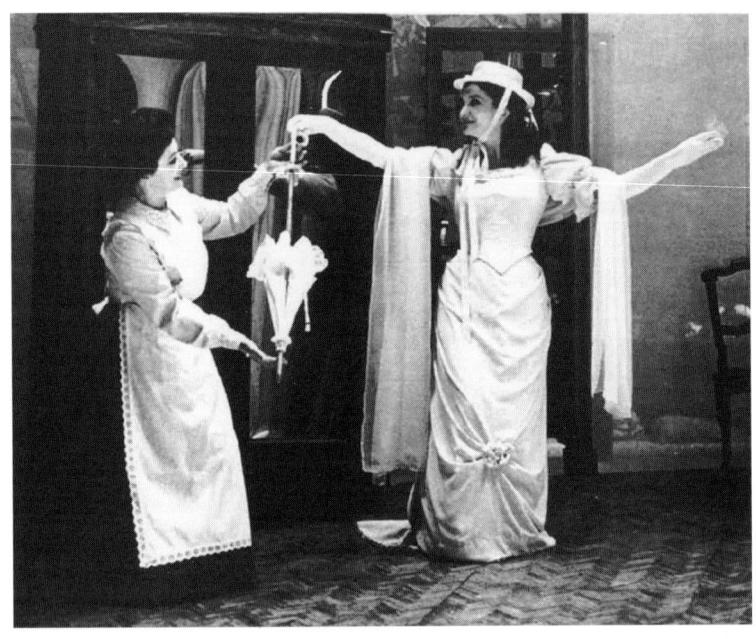

Encarna Paso y Núria Espert, en los papeles del Ama y Rosita en *Doña Rosita la soltera* de Federico García Lorca, representada en el teatro María Guerrero con dirección de Jorge Lavelli en la temporada 1980/1981. Fotografía de Montse Faixat incluida en el programa de mano. Colección Francisco Juez Enríquez.

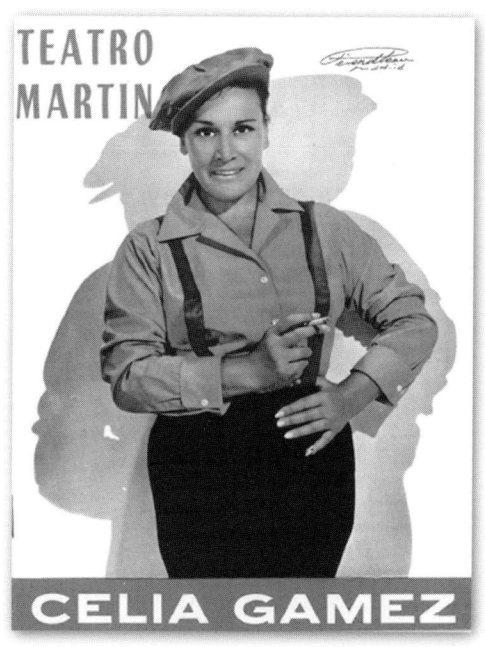

Portada del programa de mano de la revista musical *Mami, llévame al colegio* estrenada el 24 de septiembre de 1964 en el teatro Martín y protagonizada por Celia Gámez. Era una versión suavizada y con cambio de nombre, para que pudiera pasar la censura, de *Las Leandras*, revista musical que la estrella había estrenado treinta y tres años antes en el teatro Pavón. Era la primera vez que Celia actuaba en el Martín, teatro que dirigía desde 1941 José Muñoz Román, autor del libreto de *Las Leandras* y también de su adaptación de 1964. Colección Francisco Juez Enríquez.

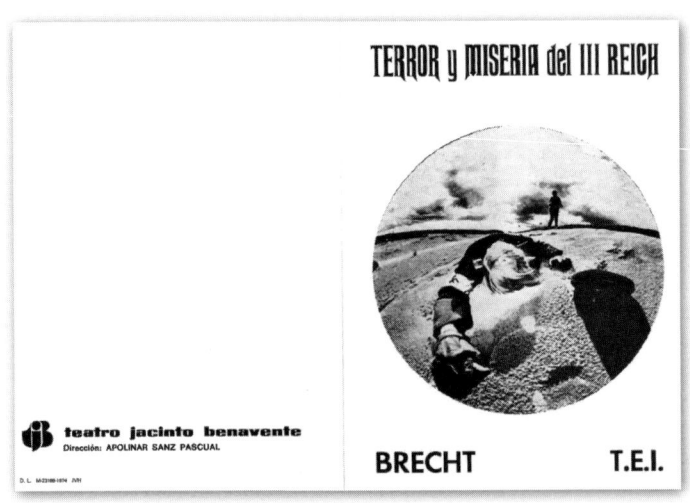

Portada y contraportada del programa de mano de la obra *Terror y miseria del III Reich* de Bertold Brecht, estrenada el 10 de agosto de 1974 en el teatro Benavente por el TEI (Teatro Experimental Independiente) con la dirección de José Carlos Plaza. José Baro Quesada dice en su crítica publicada en *ABC* al día siguiente que «el público, en su mayoría juvenil, no regateó aplausos ni bravos a un espectáculo polémico. Un espectáculo políticamente discutible y teatralmente irreprochable». El Teatro Experimental Independiente (TEI) fue una compañía que nació en 1968 con el objetivo de renovar el panorama teatral español de la época, con un gran afán reivindicativo. Colección Francisco Juez Enríquez.

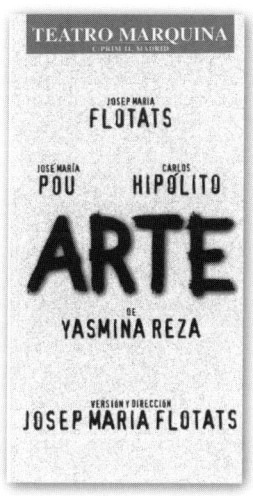

Portada del programa de mano de la obra *Arte* de Yasmina Reza, que se representó con gran éxito en el teatro Marquina entre 1998 y 1999 con la dirección de Josep Maria Flotats, también intérprete junto a Josep Maria Pou y Carlos Hipólito. La obra regresó con otro elenco en 2010. El teatro, inaugurado en 1962 y construido sobre un solar legado al Montepío de Autores por el dramaturgo Eduardo Marquina, cerró en 1982, pero sólo por dos años; el edificio original fue sustituido por otro nuevo que se reinauguró precisamente en 1998. Colección Francisco Juez Enríquez.

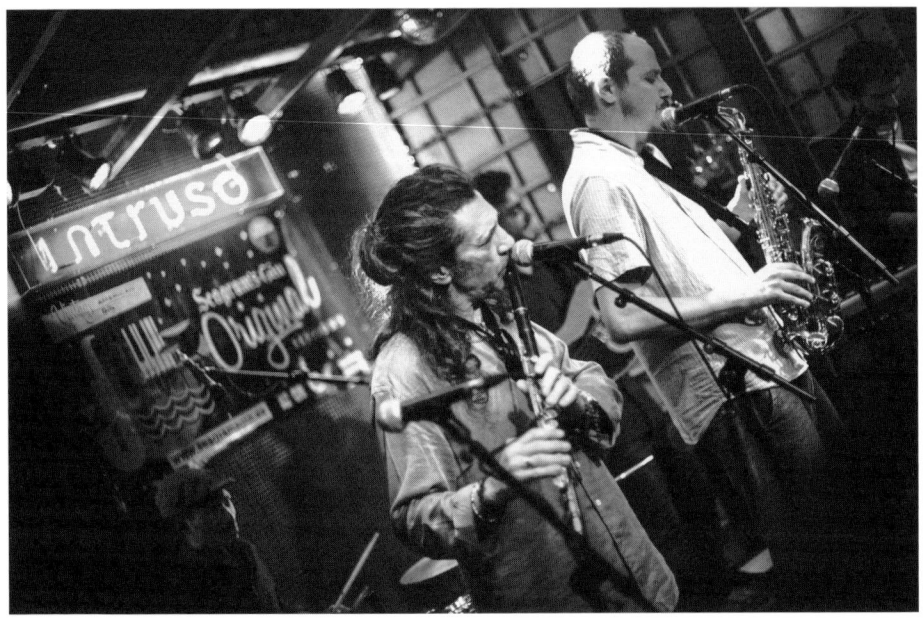

Actuación de Sinouj con Jorge Pardo el 19 de marzo de 2018 en Intruso Bar, club situado en el número 3 de la calle Augusto Figueroa, buen ejemplo de la intensa vida nocturna y musical del barrio de Justicia. Es un local que acoge conciertos, sesiones de disyoqueis y otros eventos, entre los que destacan sus *jam sessions*. Fotografía cortesía de Intruso Bar.

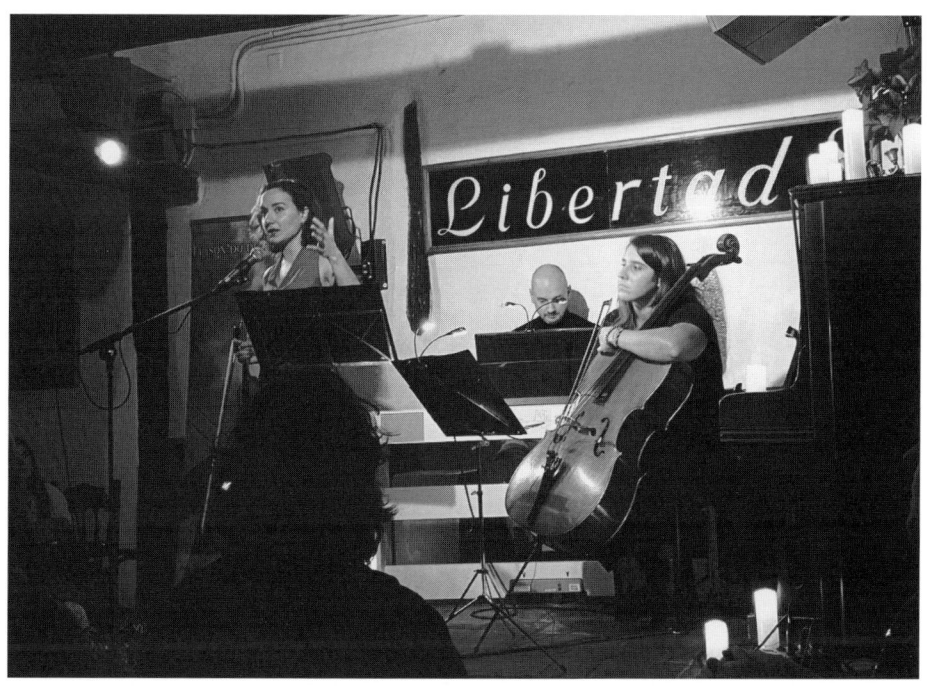

Actuación del Dúo Metha, formado por los hermanos Rocío y Jorge G. Cabello, acompañados al violonchelo por Paloma G. del Busto, que tuvo lugar el 30 de junio de 2022 en el Café Libertad 8. Abierto en 1976, su planta tiene forma de «L», con una primera parte destinada a barra y la segunda con un pequeño escenario y mesas. Casi cincuenta años de conciertos, recitales de poesía, cuentacuentos y otras actuaciones han convertido a este local en un referente en la ciudad. Fotografía cortesía de Dúo Metha.

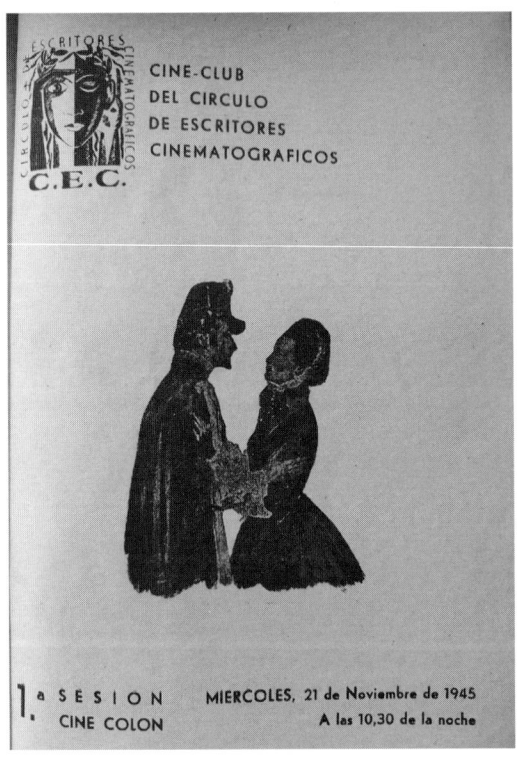

Programa de mano de la primera sesión del cine-club del Círculo de Escritores Cinematográficos celebrada el 21 de noviembre de 1945 en el cine Colón. Situado en el número 6 de la calle Génova, muy cerca de Alonso Martínez, el antiguo cine Royalti cambió en 1940 su nombre por el del descubridor y desde 1945 acogió muchas de las sesiones del primer cine-club creado en España, iniciando un fenómeno que se consolidó en los años cincuenta. Colección Francisco Juez Enríquez.

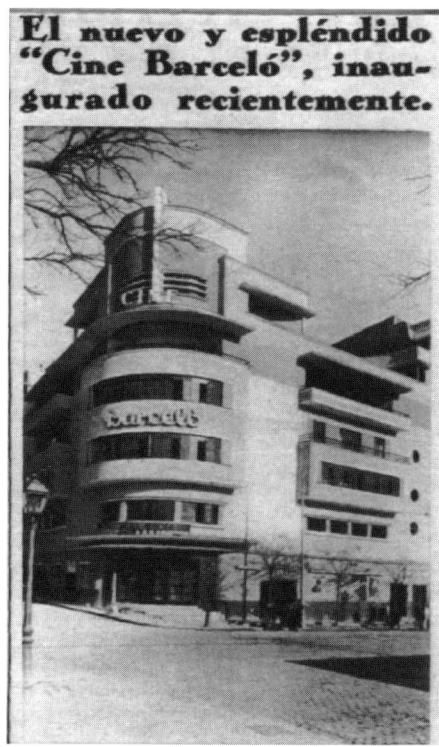

El nuevo y espléndido "Cine Barceló", inaugurado recientemente.

Noticia gráfica de la inauguración del cine Barceló, uno de los edificios más emblemáticos del racionalismo madrileño de los años treinta. Diseñado por el arquitecto Luis Gutiérrez Soto, se construyó como cine, luego se transformó en teatro y finalmente en discoteca en los años de la Movida y hasta la actualidad. Su chaflán curvo coronado por un torreón, sus cuerpos laterales volados y su combinación de materiales siguen otorgando a su fachada una imagen de modernidad, pese a que está cercano a cumplir un siglo. Ha sido declarado bien de interés cultural de la Comunidad de Madrid, en la categoría de monumento, en 2023. Revista *Crónica*, 27 de diciembre de 1931.

BIBLIOGRAFÍA

Arquitectura de Madrid (3 vols. + 1 DVD). Madrid: Fundación COAM, 2003.

BAHAMONDE MAGRO, Ángel; y Luis Enrique Otero Carvajal (eds.): *La sociedad madrileña durante la Restauración: 1876-1931* (2 vols.). Madrid: Comunidad de Madrid-Alfoz, 1989.

BAHAMONDE MAGRO, Ángel; y Julián Toro Mérida: *Burguesía, especulación y cuestión social en Madrid en el siglo XIX.* Madrid: Siglo XXI, 1989.

BRANDIS, Dolores: *El paisaje residencial de Madrid.* Madrid: MOPU, 1983.

CEBOLLADA, Pascual; y Mary G. Santa Eulalia: *Madrid y el cine.* Madrid: Comunidad de Madrid, 2000.

CHUECA GOITIA, F.; J. Horcajada Álvarez; y J. M.ª Álvarez Cienfuegos: *Tribunal Supremo de Justicia.* Madrid, 1995.

CRUZ, Jesús: *Los notables de Madrid: Las bases sociales de la revolución liberal española.* Madrid: Alianza, 2000.

DÍEZ DE BALDEÓN, C.: *Arquitectura y clases sociales en el Madrid del siglo XIX.* Madrid: Siglo XXI, 1986.

DOMÍNGUEZ RUIZ, Ignacio Elpidio: *Cuando muera Chueca.* Barcelona-Madrid: Egales, 2018.

FERNÁNDEZ DELGADO, Javier; Mercedes Miguel Pasamontes; y María Jesús Vega González: *La memoria impuesta: Estudio y catálogo de los monumentos conmemorativos de Madrid (1939-1980).* Madrid: Ayuntamiento de Madrid, 1982.

FERRANDO, J. Nicolás: *Chueca.* Madrid: Temporae, 2014.

GÓMEZ ESCRIBANO, Raúl (coord.): *Juan Moya Idígoras: Arquitecto en el Madrid de Alfonso XIII* [catálogo de la exposición celebrada en Biblioteca Regional de Madrid Joaquín Leguina del 30 de septiembre de 2022 al 8 de enero de 2023]. Madrid: Comunidad de Madrid, 2022.

GUTIÉRREZ RUEDA, Laura; y Carmen Gutiérrez Rueda: *Historia de un barrio: Barquillo-Salesas.* Madrid: L. Gutiérrez, 2006.

LILY, Shangay: Adiós, *Chueca: Memorias del gaypitalismo: La creación de la «marca gay».* Madrid: Akal, 2026.

Márquez Pozo, Beatriz: *Más allá de Chueca: Análisis urbano desde una perspectiva queer* [trabajo fin de grado]. Madrid: ETS Arquitectura, Universidad Politécnica de Madrid, 2023.

Martínez Martín, Jesús A.; y Luis Enrique Otero Carvajal: *La sociedad urbana en el Madrid contemporáneo: Homenaje a Ángel Bahamonde*. Madrid: Los Libros de la Catarata, 2018.

Navascués, Pedro: *Arquitectura y arquitectos madrileños del siglo xix*. Madrid: Instituto de Estudios Madrileños, 1973.

Olaguer-Feliu, Fernando: «El antiguo barrio del Barquillo: Tradición en el trabajo del hierro», en *Establecimientos tradicionales madrileños*, t. iv. Madrid: Cámara de Comercio e Industria de Madrid, 1984.

Pérez-Blanco y Pernas, Ignacio: *El palacio de Elduayen*. Madrid: MAPFRE RE, 2021.

Pinto Crespo, Virgilio (coord.): *Madrid: Atlas histórico de la ciudad, 1850-1939*. Madrid: Fundación Caja de Madrid-Lundwerg, 2001.

—: (dir.): *Los viajes de agua de Madrid durante el Antiguo Régimen*. Madrid: Fundación Canal, 2010.

Répide, Pedro de: *Las calles de Madrid* (1.ª ed. de 1971, recopilación de artículos de 1921-1925). Madrid: Afrodisio Aguado, 1985.

Rodríguez Martín, Nuria: *La capital de un sueño: Madrid en el primer tercio del siglo xx*. Madrid: Centro de Estudios Políticos y Constitucionales, 2015.

Sánchez Fernández, David Miguel: *Cines de Madrid*. Madrid: Ediciones La Librería, 2012.

—: *Cines de barrio*. Madrid: Ediciones La Librería, 2014.

Solé Romeo, Gloria: *La instrucción de la mujer en la Restauración: La Asociación para la Enseñanza de la Mujer*. Madrid: Editorial de la Universidad Complutense, 1990.

Veksler, Bernardo: *Del Barquillo a Chueca: Transformaciones y glamour de un barrio madrileño*. Madrid: Visión Net, 2005.

VV. AA.: *Fernando de Castro y su legado intelectual*. Madrid: Fundación Fernando de Castro-Fundación Beneficentia et Peritia Iuris, 2001.